RESEARCH ON THE SELECTION
AND COMBINATION STRATEGIES OF
GOVERNMENT R&D SUBSIDY POLICY

政府研发补贴政策工具选择与组合策略

韦烨剑 —— 著

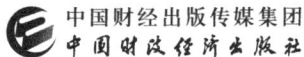

中国财经出版传媒集团
中国财政经济出版社

图书在版编目（CIP）数据

政府研发补贴政策工具选择与组合策略/韦烨剑著. --北京：中国财政经济出版社，2023.8
ISBN 978-7-5223-2323-7

Ⅰ.①政… Ⅱ.①韦… Ⅲ.①研制-财政补贴-研究 Ⅳ.①F810.451

中国国家版本馆 CIP 数据核字（2023）第 115834 号

责任编辑：庄　莉　　　责任校对：胡永立　　　责任印制：刘春年

政府研发补贴政策工具选择与组合策略
ZHENGFU YANFA BUTIE ZHENGCE GONGJU XUANZE YU ZUHE CELUE

中国财政经济出版社 出版

URL：http://www.cfeph.cn
E-mail：cfeph@cfeph.cn

（版权所有　翻印必究）

社址：北京市海淀区阜成路甲 28 号　邮政编码：100142
营销中心电话：010-88191522
天猫网店：中国财政经济出版社旗舰店
网址：https://zgczjjcbs.tmall.com
北京财经印刷厂印刷　各地新华书店经销
成品尺寸：170mm×240mm　16 开　16.25 印张　267 000 字
2023 年 8 月第 1 版　2023 年 8 月北京第 1 次印刷
定价：78.00 元
ISBN 978-7-5223-2323-7
（图书出现印装问题，本社负责调换）
本社质量投诉电话：010-88190744
打击盗版举报热线：010-88191661　　QQ：2242791300

序

全面建成社会主义现代化强国、实现第二个百年奋斗目标，以中国式现代化全面推进中华民族伟大复兴，是全党全国各族人民在新时代新征程的中心任务。在我国现代化建设全局中，创新处于核心地位，企业是创新的主体，政府研发补贴是促进企业创新的重要政策工具。改革开放以来，我国围绕现代化建设需要，逐步建立起具有本国特色的政府研发补贴政策体系，为助推我国社会主义市场经济发展、科技能力和国防实力跃升发挥了重要作用。但也要清醒地认识到，政府研发补贴是一把"双刃剑"，运用得当会对企业创新产生诱导和促进作用；运用失当则会产生挤出或抑制效应，减少企业创新投入，遏制创新产出，降低创新质量和效率。当前，我国已进入新发展阶段，正处于由高速增长向高质量发展转变的关键时期，生产函数的组合发生了重大变化，亟需以高质量政府研发补贴助力早日实现高水平科技自立自强。从外部环境看，百年变局加速演进，新一轮科技革命和产业变革正在重构全球创新版图、重塑国际经济格局，世界主要创新型经济体积极推进战略布局、谋求先发优势，纷纷出台创新战略和政府研发补贴新政，为争夺先进技术和产业的市场份额展开激烈竞争。全球保护主义抬头，个别国家重启地缘科技战略和产业政策，强推"筑墙设垒""脱钩断链""去风险"等，不断升级对华科技遏压力度。我国面临逆水行舟、不进则退的残酷竞争态势，一旦坐失机遇，就有可能落入"中等收入陷阱""低增值陷阱"等现代化陷阱，进而迟滞强国建设、民族复兴进程。从国内自身看，我国刚迈入创新型国家行列，正处于从以技术追赶为主向技术追赶和前沿创新并举转变的阶段，社会生产力发展表现出多层次性，技术发展具有多样性，基础研究短板突出、原始创新能力不强、关键核心技术被"卡脖子"等问题凸显，传统政府研发补贴政策难以充分满足复杂多元的国家战略需求和市场现实需要。与此同时，我国经济正面临"三期叠加"和"三重压力"的复杂局面,财政紧平衡和收支矛盾持续存在,要求政府研发补贴政策提升效能、更加注重精准和可持续。面对新阶段新形势新挑战,如何优化调整我国政府研发补贴政策体系,提高政府研发补贴的科学性、精准性、有效性,是我国推进现代化建设、实现高质量发展必须回答的一个重要理论和实践课题。

韦烨剑博士的专著《政府研发补贴政策工具选择与组合策略》,坚持问题导向和系统观念,从各国政府研发补贴政策实践差异和实证研究结果异质性出发,深入分析了实现高企业研发强度的政府研发补贴政策工具选择和组合策略类型,以及新发展阶段我国政府研发补贴政策的适应性,并在此基础上从领导体制、战略策略、制度设计、组织实施等方面提出了富有针对性的政策建议。

本书仔细读来,有以下几个较为突出的亮点:一是本书在系统梳理国内外文献和政策实践过程中敏锐发现,世界主要创新型经济体在政府研发补贴政策工具选择和组合上存在较大差异,学术界对政府研发补贴政策工具的有效性问题也存在不同认识,然而运用传统计量分析方法难以有效解释这类多重并发因果关系。为此,本书基于政策组合视角,开创性地引入模糊集定性比较分析法,对政府研发补贴和企业研发投入的非对称因果关系进行了宏观实证分析,发现了有助于实现高企业研发强度的不同政府研发补贴政策"配方"。这表明,在不同国家、不同创新生态下,不同政府研发补贴政策工具选择和组合策略产生了相似的政策效果,没有哪一种工具选择和组合策略是"普世"的最优政策,只有最适合特定国家或地区的政策。二是本书研究发现,既有理论研究与政策实践也存在一定程度的矛盾和分离现象,传统市场失灵理论并不能充分证明各类政府研发补贴的合理性,究其原因在于传统分析和还原方法无法满足解释分析复杂性条件下政府研发补贴等相关现实问题的需要。为此,本书引入复杂性科学与演化经济学的理论和概念,系统分析了不同政府研发补贴政策工具和组合的形成逻辑,一定程度上弥补了传统市场失灵理论在以复杂性、非线性、自组织为特点的新创新环境下解释力不足的问题,为重新审视和深刻把握政府在国家创新体系中的定位和职能、政府研发补贴的作用和机理等提供了新的支撑。三是本书研究发现,既有研究对我国政府研发补贴政策工具选择和组合策略的适应性分析较少,对政策工具与政策目的匹配性分析更是缺乏。为此,本书基于系统性思维和复杂性方法,对我国政府研发补贴政策目的、政策工具以及政策适应性进行了研究,基于企业微观样本,对直接资助、税收优惠两种政府研发补贴政策工具的影响效应进行了差异性分析，并引入复杂性理论的创新模式分类，对我国政府研发补贴政策工具与政策目的进行了匹配性分析，发现针对"卡脖子"技术、前沿/颠覆性技术以及传统产业技术创新等不同类型技术创新，应当分类施策，选择不同政府研发补贴政策工具和组合。总而言之，本书具有较强的理论意义和现实意义，逻辑清晰、结构严谨，数据客观权威，研究方法科学新颖，结论具有一定的前瞻性、指导性、操作性，不仅找到了当前各国政府研发补贴政策实践差异和实证研究结果异质性的内在原因，而且为新时代新征程我国政府研发补贴政策实践提供了部分理论和经验支撑。

当然，正如韦烨剑博士自己在书中所说，政府研发补贴政策研究是一个常做常新的课题，未来可作进一步细化研究。比如，理论研究方面，可以通过建模等方式进一步深化对政府研发补贴的复杂性研究；宏观实证研究方面，可以综合运用模糊集定性比较分析和传统计量方法，对更大样本量的数据和更多的前因条件/自变量进行研究；微观实证研究方面，可以进一步强化研究的稳健性与时效性，引入新的创新维度、创新指标或数据样本等。这些都需要在以后的研究中不断改进和深化。

韦烨剑是我的博士生，有着深厚的家国情怀、扎实的理论功底和良好的能力素养。这本著作是他在边工边读、学用相长中完成的，反映了他在治学和做事上的谨严、求实、勤勉。看到他多年的研究成果付梓出版，我深感欣慰，欣然为其作序。

马海涛

2023 年 8 月 18 日

前　言

现代经济增长理论表明，技术进步和知识积累是决定经济增长的重要因素，而技术进步的根源是技术创新，技术创新的源泉是研究与试验发展，企业在技术创新中发挥着主体作用。由于创新技术具有公共产品的溢出性、成果的非排他性以及收益的非独占性等特征，导致企业从事技术创新活动的私人收益率低于社会收益率，企业技术创新不可避免地会遇到市场失灵和投资不足等问题。这为政府干预企业技术创新活动提供了恰当的理由。工业经济体中的大多数政府都试图通过研发补贴政策，包括直接资助和税收优惠等，来引导企业从事技术创新活动。如何科学精准地选择和组合政府研发补贴政策工具，充分发挥其诱导作用和促进作用，减少其挤出效应和抑制效应，是长期以来政策制定者和学界都特别关心关注的理论和实践问题。

从国际上看，近年来，尽管世界经济遭受金融危机、世纪疫情、地缘政治冲突等多重冲击，但大多数工业经济体依然加大了政府研发补贴力度。不过，各国在政府研发补贴政策工具选择和组合策略上存在较大差异，部分国家为企业研发提供了丰厚的直接资助和慷慨的税收优惠；另一些国家则在直接资助方面提供很少支持，主要采取税收激励措施；还有一些研发密集型国家的税收激励相对较少，主要依赖甚至仅依赖直接资助。各国政府研发补贴的慷慨程度和政策组合的差异性表明，政策制定者在政府研发补贴的最优强度和各政策工具的有效性等问题上存在认识分歧。与政策制定者一样，当前学界对政府研发补贴政策工具的有效性问题也存在不同认识，同时受计量方法、有效数据、样本数量等限制，大多数研究聚焦于对个别政策工具的有效性分析，缺少对政策组合的实证研究和比较分析。实现高企业研发强度的政府研发补贴政策工具选择和组合策略有几类？是否存在一种最优政策"配方"？不同政策"配方"形成逻辑是什么？针对这几个悬而未决的问题，本书通过引入一种新的实证分析方法——模糊集定性比较分析，对 40 个经合组织成员国和合作伙伴经济体的政府研发补贴政策进行横向评估，以寻找各国政策实践差异和实证研究结果异质性的内在原因，发现有助于实现高企业研发强度的政府研发补贴政策组合类型。在此基础上，运用复杂性科学与演化经济学的理论和概念，结合历史研究和案例研究，对代表性国家政府研发补贴政策工具选择和组合策略进行比较分析，为我国借鉴国际有益经验，立足实际动态调整政府研发补贴政策体系提供启示和借鉴。

从国内来看，20 世纪 80 年代以来，我国逐步建立起具有本国特色的政府研发补贴政策体系，有力促进了模仿创新和产业追赶。当前，我国政府研发补贴政策综合采用直接资助和税收优惠两种工具，无论是补贴总额还是单项补贴强度，均处于经合组织成员国和合作伙伴经济体的中等水平。进入新发展阶段，我国经济面临从高速增长向高质量发展的升级转换，最核心的是要提高全要素生产率、提高科技进步贡献率，关键在于推动生产函数实现从柯布—道格拉斯函数向罗默函数的转变，使科技创新成为经济增长的内生变量。同时，新一轮科技革命和产业变革方兴未艾，中美经贸摩擦在科技领域愈演愈烈，都倒逼我国加快推进高水平科技自立自强，早日实现从"中国制造"向"中国创造"的蜕变。面对新形势新任务新挑战，我国政府研发补贴政策工具选择和组合策略的现状和适应性如何？哪种政策工具对企业技术创新具有更强的诱导和促进作用？现行政策能否有力有效支撑各类政策目标同步推进？针对这些重要实践问题，本书通过宏观政策研究和微观实证研究，对我国政府研发补贴政策的目的、工具、适应性进行了系统深入分析。鉴于我国刚步入创新型国家行列，正处于从技术追赶为主向技术追赶和前沿创新并举的阶段，社会生产力发展的多层次性决定了政府研发补贴政策的多目的性，本书除了对直接资助、税收优惠两种政府研发补贴政策工具的影响效应进行了差异性分析外，还引入复杂性理论的创新模式分类，对我国政府研发补贴政策工具与各大政策目的进行匹配性分析，以提高政策建议的科学性、精准性、实效性。

本书的主要内容包括以下 7 个部分：

第一章绪论部分，交代了本书的研究背景和意义；界定了本书的核心概念；阐述了本书的研究内容、框架、方法及创新之处等。

第二章文献综述部分，从市场失灵理论出发，对政府运用研发补贴干预企业技术创新活动的经济学理论基础进行了梳理；从宏观、行业、微观 3 个层面，以及投入影响、产出影响、影响因素、影响效应4个维度，就国内外文献进行了比较全面的梳理和回顾；在此基础上，总结评述了既有研究的贡献和有待拓展之处，进而引出本书的研究视角。

第三章宏观实证研究部分，通过整理和匹配经合组织研发税收激励数据库和主要科学技术指标数据库，采用40个经合组织成员国和合作伙伴经济体2013—2017年的数据，使用模糊集定性比较分析方法，评估了不同国家政府研发补贴政策组合对本国企业研发投入的影响，并对5种实现高企业研发强度的政策"配方"进行了横向案例比较分析。与传统回归分析技术相较，本书采用的模糊集定性比较分析是一种组态比较分析技术，综合了案例导向和变量导向方法的优点，运用集合论和布尔代数对必要和充分条件关系进行分析，不仅适用于中小样本的宏观研究，而且允许探索复杂的、非对称的因果关系。研究发现，虽然多半高企业研发强度国家实行的是"高直接资助、高税收优惠"策略，但一些采取"低直接资助、高税收优惠""高直接资助、低税收优惠""低直接资助、低税收优惠"策略的国家同样能够实现高企业研发强度，表明没有所谓最优的政府研发补贴政策组合，只有最适合的政策组合；政府根据本国创新战略或科技政策，适当地资助高等教育研发或政府研发，也有助于激励企业提高研发强度，表明公共部门研发和私人研发是互补的。

第四章国际比较研究部分，从第三章分析结果中选择美国、日本、德国、瑞士等4个高企业研发强度国家，分别作为"高直接资助、高税收优惠""低直接资助、高税收优惠""高直接资助、低税收优惠""低直接资助、低税收优惠"等4种政府研发补贴政策组合策略的典型，运用复杂性科学与演化经济学的理论和概念，就不同政府研发补贴的作用机理、政策演进和体制机制等进行比较分析，探寻危机驱动型、产业促进型、扩散导向型、科学基础型等政策形成的历史逻辑、理论逻辑和实践逻辑，以及对我国优化完善政府研发补贴政策体系的启示。研究发现，不同政府研发补贴政策工具选择和组合策略，源于不同国家的不同政治文化、经济基础、创新禀赋，同时没有一种政府研发补贴政策工具或组合策略是万能的，其适应性取决于国家创新体系、技术复杂程度、技术发展水平等诸多要素。我国宜借鉴相关典型国家的做法和经验，逐步用功能性政府研发补贴政策取代选择性政策，科学利用使命导向型和扩散导向型直接资助政策，相机择用增额型和总额型税收优惠政策，统筹运用政府研发补贴政策和其他资助政策。

第五章国内政策研究部分，运用系统性思维和复杂性范式，从政策目的、政策工具、政策适应性等3个方面，结合价值链进化理论、微笑曲线理论、贸易政策不确定性指数等，系统梳理分析我国政府研发补贴政策的事实与特征。研究发现，我国政府研发补贴具有3重政策目的，包括促进传统产业技术进步，推动产业向全球价值链中高端跃进；实现高技术产业赶超，解决关键核心技术"卡脖子"问题；培育战略性新兴产业，布局前沿技术和颠覆性技术研发等。我国综合采用直接资助和税收优惠两种政策工具，主要包括自然科学基金联合基金项目、重大专项、重点研发计划、技术创新引导专项（基金）等4种直接资助亚类工具，以及研发费用加计扣除、固定资产加速折旧、所得税名义税率优惠等3种税收优惠亚类工具。我国既有政府研发补贴政策对企业技术创新活动具有较强的投入增值性、产出增值性和行为增值性，但在设计实施过程中，依然存在一些有待改进的短板和弱项，包括政策统筹力度不够、市场作用发挥不够、基础研究投入不够、开放合作意识不够等。上述研究，为第六章的实证分析提供了部分事实证据。

第六章微观实证研究部分，通过整理和匹配中国工业企业数据库、中国专利数据项目、中国工业企业专利数据平台、谷歌专利数据库，基于企业微观样本，对直接资助、税收优惠两种政府研发补贴政策工具的影响效应进行了差异性分析，并引入复杂性理论的创新模式分类，将我国技术创新分为"卡脖子"技术创新、前沿/颠覆性技术创新以及传统产业技术创新等3类，以对我国政府研发补贴政策工具与3大政策目的进行匹配性分析。研究发现，直接资助对企业的创新规模和效率均存在较为明显的正向推动效应，但是对创新质量正向作用的显著性偏弱；税收优惠无论是对企业的创新规模，还是创新的效率和质量，均有显著的正向影响，即税收优惠可以在多个维度有效促进企业技术创新，且税收优惠对企业技术创新的正向促进作用较直接资助更大。对于"卡脖子"技术创新，直接资助对创新的带动作用较税收优惠更为显著；对于前沿/颠覆性技术创新，直接资助和税收优惠均具有较为明显的正向推动效应；对于传统产业技术创新，税收优惠的正向作用更强，这意味着，在带动企业技术创新方面，税收优惠具有功能性、普适性特点，而直接资助的选择性、针对性更强。在使用Heckman两阶段法、工具变量法克服了样本选择偏差、互为因果等内生性问题后，上述主要结论依然稳健。分别替换被解释变量、解释变量、估计方法后，上述主要结论依然稳健。此外，直接资助和税收优惠对不同属性企业存在异质性影响,其中,税收优惠对于高新技术企业、成熟期企业、国有企业的技术创新效应更大;直接资助对于高新技术企业、成长期企业、非国有企业的技术创新效应更大。地区制度优势可以有效提升税收优惠对企业技术创新的正向促进效应,但在直接资助上不明显。高产业集聚水平将抑制本地企业的技术创新,并进一步抑制直接资助和税收优惠政策效应的发挥。进一步的机制分析结果发现,直接资助和税收优惠对企业技术创新的影响机制既有交叉也有不同,直接资助可以通过缓解企业融资约束、提高企业商业信用来提升企业技术创新能力,税收优惠在缓解企业融资约束的同时,通过提高企业的资本劳动比以提升企业技术创新能力。

第七章是对全书进行总结,并得到相应的政策启示。包括:加强政策统筹,优化完善决策议事协调咨询机制;重视战略策略,统筹推进三大政策目标实现;发挥两个作用,着力提高政府研发补贴政策适应性;坚持分类施策,灵活运用不同政策工具和组合策略。其中,对传统产业技术创新,建议侧重发挥税收优惠作用,采取"低直接资助、高税收优惠"策略;对"卡脖子"技术创新,建议侧重发挥直接资助作用,采取"高直接资助、低税收优惠"策略;对前沿/颠覆性技术创新,建议综合直接资助和税收优惠作用,采取"高直接资助、高税收优惠"策略。

本书的创新之处在于:

第一,拓宽了研究视角。以往研究多从总体上或单一政策工具上分析政府研发补贴政策效果,本书基于政策组合的视角,系统分析直接资助和税收优惠两类政策工具对企业技术创新的影响效应,填补了政府研发补贴政策组合研究领域的一些空白。

第二,引入了模糊集定性比较分析法。以往研究大多聚焦于对政府研发补贴政策有效性的净效应分析,受制于有效数据的可得性和样本数量的有限性,宏观实证研究相对较少。本书开创性地将模糊集定性比较分析法运用于政府研发补贴政策研究,克服了传统计量研究的一些局限性,为政府研发补贴政策研究提供了新的思路和有益补充。

第三,引入了复杂性范式。传统市场失灵理论无法充分证明政府补贴应用研究和试验发展的合理性,与主流实践之间存在一定程度的分离现象。本书引入复杂性科学与演化经济学的理论和概念来分析政府研发补贴问题,一定程度上弥补了传统市场失灵理论解释力不足的问题。

第四，辨析了政策差异性和匹配性。本书创新性地对两类政府研发补贴政策工具的影响效应进行了差异性分析和匹配性分析，丰富了实证研究成果；在企业研发投入、专利申请（授权）、新产品产值等创新规模性和效率性指标的基础上，利用谷歌专利数据库爬取企业发明专利对应的被引数，引入衡量创新的质量性指标；并综合运用多种策略保证了结果的稳健性。

目　录

第1章　绪　论 …………………………………………………………（ 1 ）
　1.1　研究背景与意义 ………………………………………………（ 1 ）
　1.2　核心概念界定 …………………………………………………（ 11 ）
　1.3　研究内容与方法 ………………………………………………（ 14 ）
　1.4　创新之处 ………………………………………………………（ 18 ）

第2章　文献综述 ………………………………………………………（ 21 ）
　2.1　理论研究 ………………………………………………………（ 21 ）
　2.2　实证研究 ………………………………………………………（ 25 ）
　2.3　文献评述与本书研究视角 ……………………………………（ 39 ）

第3章　政策组合视角下政府研发补贴政策评估
　　　　——基于40个国家的模糊集定性比较分析 …………………（ 43 ）
　3.1　引言 ……………………………………………………………（ 43 ）
　3.2　文献回顾 ………………………………………………………（ 46 ）
　3.3　研究设计 ………………………………………………………（ 48 ）
　3.4　数据分析与结果 ………………………………………………（ 51 ）
　3.5　本章小结 ………………………………………………………（ 58 ）

第4章　复杂性视角下政府研发补贴政策国际比较 …………………（ 61 ）
　4.1　引言 ……………………………………………………………（ 61 ）
　4.2　政府研发补贴是应对复杂性挑战的重要举措 ………………（ 62 ）
　4.3　美国：危机驱动型政府研发补贴政策 ………………………（ 67 ）
　4.4　日本：产业促进型政府研发补贴政策 ………………………（ 82 ）
　4.5　德国：扩散导向型政府研发补贴政策 ………………………（ 90 ）
　4.6　瑞士：科学基础型政府研发补贴政策 ………………………（ 96 ）

4.7　比较与借鉴 …………………………………………… (101)
　　4.8　本章小结 …………………………………………… (107)
第5章　我国政府研发补贴政策的现状分析 ……………………… (113)
　　5.1　引言 ………………………………………………… (113)
　　5.2　政策目的 …………………………………………… (114)
　　5.3　政策工具 …………………………………………… (121)
　　5.4　政策适应性 ………………………………………… (130)
　　5.5　本章小结 …………………………………………… (138)
第6章　我国政府研发补贴政策的效应评估
　　　　——来自微观企业的经验证据 ……………………… (141)
　　6.1　引言 ………………………………………………… (141)
　　6.2　研究设计 …………………………………………… (144)
　　6.3　基本回归结果 ……………………………………… (151)
　　6.4　进一步分析 ………………………………………… (153)
　　6.5　稳健性检验 ………………………………………… (158)
　　6.6　异质性讨论和调节效应检验 ……………………… (173)
　　6.7　影响机制分析与检验 ……………………………… (184)
　　6.8　本章小结 …………………………………………… (190)
第7章　结论、政策启示与展望 …………………………………… (192)
　　7.1　本书结论 …………………………………………… (192)
　　7.2　政策启示 …………………………………………… (197)
　　7.3　研究不足与展望 …………………………………… (206)
附　录 ………………………………………………………………… (208)
参考文献 ……………………………………………………………… (212)
后　记 ………………………………………………………………… (242)

第 1 章

绪 论

1.1 研究背景与意义

1.1.1 研究背景

本书的研究背景主要涉及4个方面：一是习近平经济思想的新论断；二是世界百年变局和民族复兴全局的新态势；三是新时代新征程、新发展阶段的新要求；四是市场和政府两个作用的新定位。同时，结合既有学术研究与政策实践中存在的矛盾和分离现象，确立本书的研究选题为"政府研发补贴政策工具选择与组合策略"。具体而言，本书将上述背景情况分以下4点进行阐述。

(1) 创新是引领发展的第一动力

党的十八大以来，习近平（2017，2019，2020，2021，2022）在不同场合反复强调，创新是引领发展的第一动力。这一重大论断，是习近平经济思想对马克思主义关于发展理论的创造性发展（王志刚，2021），与邓小平关于"科学技术是第一生产力"的重要论断一脉相承（林念修，2015），对于如何"解放生产力、发展生产力"这一事关社会主义本质的核心课题作出了重大理论创新，彰显了中国共产党人对社会主义建设规律、人类社会发展规律的深刻洞察和准确把握。

纵观5个多世纪以来世界大国兴衰的历史，我们不难发现，科技创新始终在其中发挥着举足轻重的作用。如图1-1所示，16世纪以后，西班牙破天荒地通过海上力量取得了全球领先地位（布热津斯基，2007），肯尼迪（2013）将之归因为以"火药革命"为代表的"武器技术螺旋上升发展"的结果。西班牙通过船坚炮利，在殖民地掠取了大量财富，领先世界大约一个世纪。之后，从西班牙独立出来的荷兰，依靠金融和航海技术迅速崛起为世界贸易强国，并取代西班牙成为最大的殖民国家，称霸世界大约一个半世纪，但后因脱离生产性经济而被英国取代。1721年，英国首相沃波尔通过商法改革，推动工作重心由传统的征服贸易向提升制造业转变。18世纪下半叶开始，英国凭借工业革命和政府产业促进政策，逐步成为世界上技术最先进的国家（张夏准，2020），综合国力跃居第一，是西班牙之后的第二个"日不落帝国"。其间，德国持续挑战英国霸权，通过有组织的工业间谍、自发形成的工业研究实验室和强有力的知识产权保护制度等，迅速追赶英国技术水平，牢牢把握住第二次工业革命浪潮，一度成为欧洲大陆上最具科技实力和综合国力的国家，但因为在两次世界大战中与全球为敌，最终没有成为全球性大国。美国从英国独立后，长期实行幼稚产业保护政策，推动经济和科技实力迅速追赶超越，到第二次世界大战结束时，已经成为世界工业霸主（张夏准，2020）。此后，美国保持甚至扩大了尖端技术方面的领先地位，加上首屈一指的经济、文化、军事实力，使美国成为唯一且全面的全球性超级大国（布热津斯基，2007）。

如图1-2所示，自唐朝以来，中国经历了4次完整的兴衰大周期，最近一次衰落肇始于16世界中叶西方文明的崛起，显现于19世纪上半叶鸦片战争前后，直到20世纪中叶新中国成立才迎来了新一轮的复兴历程。与以往不同，最近一次衰落十分漫长，其原因是多方面的，达利欧（2022）分析了8个关键决定因素，其中一个重要因素，在于中国屡次与科技革命失之交臂（习近平，2016）。"科技兴则民族兴，科技强则国家强"。新中国成立以来，在中国共产党的正确领导下，经过全政府、全社会的不懈努力，中国科技发展取得了举世瞩目的巨大成就，全球地位曲线上升，斜率不断加大，综合地位仅次于美国，比历史上任何时期都更接近民族复兴目标。

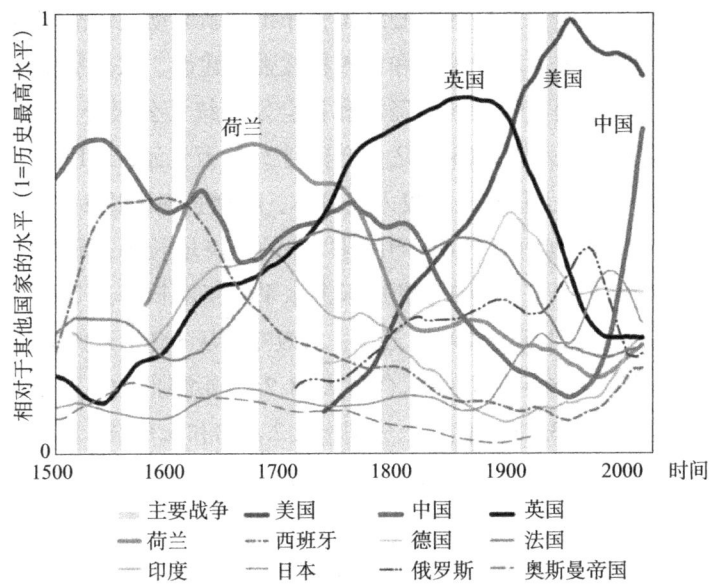

图 1-1　1500 年以来世界主要国家的相对地位

资料来源：达利欧（2022）。

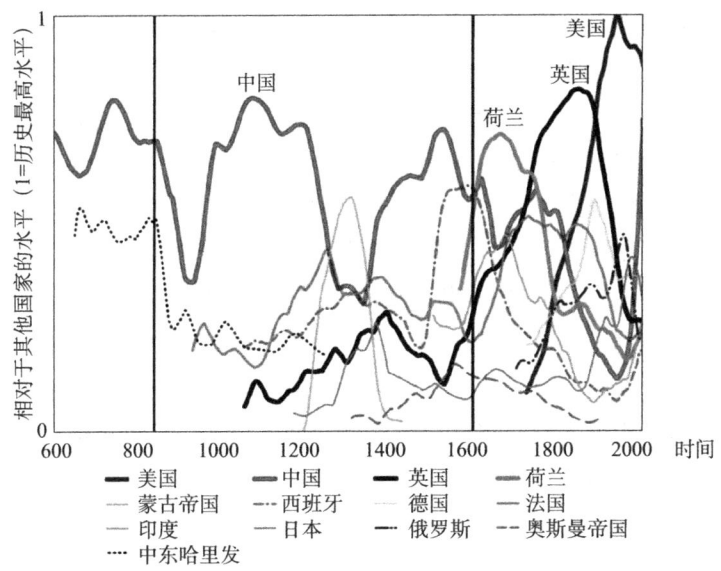

图 1-2　600 年以来世界主要国家的相对地位

资料来源：达利欧（2022）。

（2）科技自立自强是高质量发展的必要条件

进入新时代，以习近平同志为核心的中共中央高度重视科技创新事业，把创新放到国家现代化建设全局的核心地位,作出创新驱动发展战略等一系列重大决策部署,加快推进创新型国家和世界科技强国建设,取得历史性成就、发生历史性变革。根据国家年度国民经济和社会发展统计公报分析,2012—2021年,我国全社会研发投入从1.03万亿元增长到2.79万亿元,2013年以来始终是仅次于美国的世界第二大科技经费投入经济体,年增长率高达11.71%,远高于美国、欧盟、日本同期水平,也高于中国以往的经济增长率;研发投入强度从1.98%提高到2.44%,已达到中等发达国家水平,年增长率达2.35%;全年授予专利权从125.5万件上升到460.1万件,有效专利从390.5万件上升到1542.1万件,均翻了近两番;全年签订技术合同从28.2万项增加到67万项,成交金额由6437.1亿元增加到3.73万亿元,分别增长2.4倍和5.8倍。国家创新能力综合排名从世界第34位上升至第12位,是前30位中唯一的中等收入经济体。

在肯定成绩的同时,也要清醒看到,我国科技整体实力依然滞后于国家发展需要,与世界上主要创新型经济体之间还有不小差距,仍处于将强未强阶段,存在诸多困难和挑战。从国内来看,中国进入新发展阶段,经济面临从高速增长向高质量发展的升级转换,最核心的是要提高全要素生产率、提高科技进步贡献率,关键在于推动生产函数实现从柯布—道格拉斯函数向罗默函数的转变(见图1-3),使科技创新成为经济增长的内生变量。如果实现了这个转变,就能实现经济高质量发展,如果不能实现这个转变,就有可能掉入"中等收入陷阱"。然而,当前中国的技术创新总体上仍属于复制型、追赶型,研发投入总量和强度与美国都有较大差距,创新能力综合排名仍在瑞士、瑞典、芬兰、新加坡等小国之下,企业独立研发、自主创新活动并不活跃,"2021中国企业500强"专利总量中发明专利占比只有41.05%,虽然比2012年增加了近一倍,但仍远低于欧美日等发达经济体企业90%以上的占比。虽然有不少产业、产品规模位居世界第一,但大而不强、效益不高,总体上处于全球产业链、价值链的中低端。应当说,要推动生产函数转变,需要进一步激发企业等创新主体的主动性和创造性。

图1-3　生产函数的转变

资料来源:吴易风,朱勇.内生增长理论的新发展[J].中国人民大学学报,2000(05):25-32.

从国际上看,当今世界正面临百年变局,美国不愿意看到中国崛起,妄图纠集盟友，通过贸易制裁、出口管制、交流阻断等多种手段，对中国科技等领域实施打压和遏制。再加上2020年以来新冠疫情、2022年俄乌冲突等交织叠加影响，国际和国内产业链、供应量、创新链遭受巨大冲击，集成电路、元器件等中国高度依赖从美西方国家进口的技术（见图1-4）面临被随时"卡脖子"等风险隐患。与此同时，新一轮科技革命和产业变革方兴未艾，从德国的《高技术战略》到法国的《未来工业计划》，再到美国两院先后公布的《创新与竞争法》和《竞争法》等，世界主要创新型经济体都在推进战略布局、谋求先发优势，为争夺先进技术和产业的市场份额展开激烈竞争，中国面临逆水行舟、不进则退的残酷竞争形势。如果错过这一轮变革，就有可能迟滞民族复兴进程，甚至再次沦为后进国家。

图1-4　2019年中国进口情况

注：剔除农产品、石油、黄金等上游资源性产品。

资料来源：Harvard University. THE ATLAS OF ECONOMIC COMPLEXITY，https：//atlas. cid. harvard. edu/，2022-03。

为此，党的十九届五中全会站在"两个一百年"历史交汇点上，统筹国内国际两个大局，统筹发展安全两件大事，首次明确提出"把科技自立自强作为国家发展的战略支撑"，并将这一重要论断写入了全会通过的"十四五"规划建议。党的二十大对加快实施创新驱动发展战略做出部署，要求"加快实现高水平科技自立自强"（习近平，2022）。科技自立自强是进入新发展阶段的必然选择，是贯彻新发展理念的内在要求，是构建新发展格局的本质特征（侯建国，2021），是推动高质量发展的关键着力点（王志刚，2020）。只有加快实现高水平科技自立自强，完成"中国制造"向"中国创造"蜕变，才能在新一轮科技革命和产业变革中占据制高点，在中美战略博弈和世界经济格局演变中保持战略主动，在民族复兴进程中厚植发展优势。

（3）企业是技术创新的主体

企业是实现创新与技术变革的核心行为体（霍尔和罗森伯格，2017）。推动高水平科技自立自强，关键要发挥企业技术创新主体作用。一般情况下，企业在研发中的作用与高等院校、科研院所不同，高等院校科研焦点多集中在对前沿知识的探索上，科研院所通常致力于使命导向的知识创造和基础应用，企业则致力于研发新产品新技术新应用，以在自由和开放的市场中赢得竞争、赚取利润。企业研发活动及其成果，是大多数先进社会持续驱动经济发展的重要引擎。

改革开放以来，中国不断建立完善社会主义市场经济体制，企业成为经济活动的主要参与者和技术进步的主要推动者（习近平，2020）。特别是党的十八大以来，企业科技活动日趋活跃，创新能力显著增强。综合 2013 年和 2021 年《中国科技统计年鉴》数据分析，2020 年较 2012 年，有研发活动和研发机构的企业数分别增加了 3.44 倍和 7 591.46 倍，研发人员全时当量和研发经费内部支出分别增加了 1.80 倍和 2.55 倍，专利申请数和发明专利分别增加了 3.24 倍和 3.63 倍，有效发明专利数增加了 6.61 倍。如图 1-5 所示，中国企业研发投入占全社会研发投入比重仅次于日本和韩国，高于其他所有经合组织成员国，近 6 年来始终高达 76%。

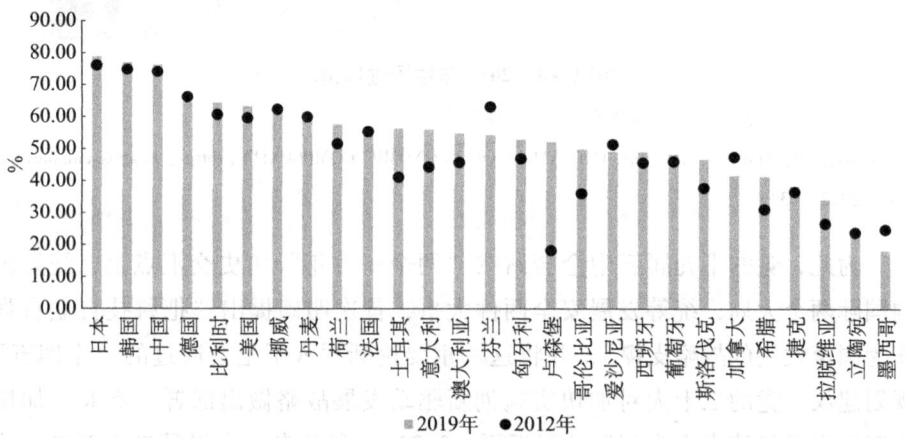

图 1-5　2019 年和 2012 年中国与经合组织成员国企业研发投入占全社会研发投入比重

注：因数据缺失，不包含智利、冰岛、爱尔兰、以色列、新西兰、挪威、波兰、瑞典、瑞士、英国等 10 个经合组织成员国。根据其他年份数据，这 10 个国家的企业研发投入占全社会研发投入比重均不高于中国。

资料来源：OECD, MSTI Main Science and Technology Indicators, https://stats.oecd.org/Index.aspx?DataSetCode=RDTAX#, 2021-09。

同时，中国企业研发活动也存在自身的短板和弱项，研发投入、产出与美国、日本、德国、瑞士等世界科技强国相比还有一定距离。一是中国企业研发强度相对还不够高。根据 2021 年 9 月版经合组织主要科技指标数据库（September 2021 edition of MSTI）数据分析，2019 年中国企业研发强度为 1.71，低于美国、日本、德国、瑞士的 2.27、2.53、2.20、2.26①，刚刚将近于经合组织平均水平（1.76），较以色列（4.39）、韩国（3.73）存在两倍以上的差距。二是中国企业研发贡献相对还不够大。根据数据分析，2019 年中国企业研发支出占工业增加值百分比为 2.10，低于美国、日本、德国、瑞士的 3.60、3.48、3.55、3.32②，远低于以色列的 7.36 和韩国的 5.40。三是中国企业研发融资难度相对较高。根据世界知识产权组织《2021 年全球创新指数报告》数据分析，中国信贷获取便利度全球排名第 74 名（60 分），低于美国、德国、瑞士的第 4 名（95 分）、44 名（70 分）、61 名（65 分），略高于日本的 88 名（55 分）。四是中国高水平研发企业数量还不够多。根据科睿唯安（原汤森路透知产与科技事业部）发布的新一期全球百强创新企业，中国大陆仅占 5 个，低于美国、日本、德国的 18 个、35 个、9 个，仅比瑞士多 1 个，甚至仍低于台湾地区。根据西蒙（2015）的统计，全球 2 734 家隐形冠军企业中，中国仅有 68 家，远低于美国、日本、德国、瑞士的 366 家、220 家、1 307 家、110 家，与国家经济体量极不匹配。

（4）政府研发补贴是新发展阶段促进企业技术创新的有效手段

引导企业加大研发投入、发挥技术创新主体作用，既需要营造良好的创新环境，使市场在资源配置中起到决定性作用，也需要更好发挥政府作用，把集中力量办大事的制度优势和超大规模的市场优势结合起来。改革开放后，中国对高度集中的计划经济体制进行了深刻反思，建立起开放搞活的市场经济体制。中共中央强调发挥市场在资源配置中的决定性作用，但并非不发挥政府的作用。理论和实践都已证明，"政府万能论"是行不通的，"市场万能论"也是行不通的。企业研发活动受知识的非竞争性、技术的非排他性、创新的不确定性等诸多条件约束，使社会贴现率与私人贴现率、公共偏好与企业偏好之间存在差异（霍尔和罗森伯格，2017），需要政府提供引导和支持，使社会偏好转变为

---

① 因瑞士 2019 年数据缺失，使用 2017 年数据替换。
② 因瑞士 2019 年数据缺失，使用 2017 年数据替换。

市场需求。世界上的创新型经济体大都如此,虽然它们通常倡导并向发展中国家兜售所谓的自由贸易和自由放任政策,但事实上它们并非因为实施这些政策而获得成功,英国剑桥大学经济学教授张夏准(2020)将之誉为"富国陷阱"。

与此同时,我们也要高度警惕政府这只"看得见的手"可能带来的副作用,突出"更好"目标,寻找符合新发展阶段需要的好制度、好政策。长期以来,中国受日本产业政策的影响,偏好利用产业补贴等来引导企业的研发活动。实践证明,无论是在日本还是中国,产业补贴有力促进了两国在追赶阶段幼稚产业的发展。但没有一种政策是"万灵药",发展环境发生了变化,理念和政策措施也要随之改变。在日本,因为1973年第一次石油危机引发严重经济衰退,小宫隆太郎等经济学家对旧有产业政策进行了深入的批判性分析,提出推动选择性产业政策向功能性产业政策转变(吴敬琏等,2018)。20世纪80年代后,随着日本多数行业在模仿创新中实现了技术赶超(小田切宏之和后藤晃,2019),加上大藏省寻租行为的曝光,日本原有的产业补贴政策逐步取消,取而代之的是以研发税收优惠为代表的研发补贴政策,创新政策从属于产业政策也让位给了创新政策。

在同一时期,中国全面引进日本战后初期的产业政策(吴敬琏等,2018),有力促进了中国模仿创新和产业追赶。但进入新发展阶段,固守产业补贴等原有产业政策已经无法满足经济社会发展需要。一方面,这种选择性政策可能引发市场失灵和权力寻租,近年来新能源、芯片等领域产业补贴引发低水平重复投资和"劣币驱逐良币"问题就是最生动的案例。另一方面,专项性补贴也不符合世贸组织《补贴与反补贴措施协定》。中国目前是全球反补贴涉案最多的国家,自2006年以来一直是全球反补贴目标第一国(傅志华和王光,2021)。因此,借鉴先发国家经验,推动产业政策向创新政策转型、产业补贴向研发补贴转变,势在必行。

按照世贸组织规则,研发补贴,包括直接资助(如赠款、贷款和资本注入)和税收优惠等,属于不可诉的"绿色补贴"(石广生,2011)。尽管其属于"临时适用"制度且已过适用期限,但仍然具有较大政策空间(王光,2021),并正在积极推进规则改革(贾瑞哲,2020),随时可能被激活适用。当前,几乎所有工业经济体都采取研发补贴政策来促进企业技术创新。根据经合组织最新统计,截至2021年,38个经合组织成员国全部出台了直接资助政策,34个出台了税收优惠政策(高于2000年的20个);2006—2019年,在有可用数据的48个经合组织成员国和合作伙伴经济体中，29个提高了研发补贴强度。

（5）复杂性世纪需要适应性的政府研发补贴政策工具和组合策略

千禧年伊始，著名物理学家霍金富有洞见地指出，21世纪将是复杂性的世纪（Sanders，2003）。当前，我们身边的技术、经济和社会呈现高度复杂化，以至于没有一个人可以完全了解它们（里克罗夫特和董开石，2016）。复杂技术因其高收益和难模仿等特点，已取代简单技术，成为创新型国家科技创新和产业发展的主流，是新时代国家竞争优势的重要组成。以推动复杂技术创新为目的的政府研发补贴政策，和复杂技术创新过程本身一样，必须具有综合性特征（Metcalfe，1994）。某类政策工具对企业技术创新的作用是非线性的，各类政策工具之间也存在着丰富的相互作用，这些作用中存在着大量正反馈、负反馈等回路，很小的原因可能产生很大的结果，复杂性作为作用的结果而凸显出来（金，2018）。所以，通过单个的、片面的、还原论的方法，是难以充分认识和把握政府研发补贴政策作用和机理的，也难以用于指导制定科学、经济、有效的政府研发补贴政策。这就要求政策制定者善于运用系统性思维和复杂性理论，统筹谋划运用各类政府研发补贴政策工具和组合策略，不断提高政府研发补贴政策的适应性。

从当前政策实践来看，各主要经济体在政策工具选择和组合策略上差别很大。如图1-6所示，笔者对《经合组织研发税收激励数据库2021》（OECD R&D Tax Incentive Database 2021）收录的2019年企业研发投入强度前25强国家[①]进行分析发现，各国对政府研发补贴政策工具的选择偏好不同、组合策略各异。比如，美国、法国、韩国等国家为企业研发提供了慷慨的直接资助和税收优惠；澳大利亚、意大利、日本等国家倾向于采用税收激励措施；德国、瑞士、新西兰等国家倾向于采用直接资助政策；瑞典、丹麦、芬兰等国家则提供有限的直接资助和税收优惠。中国则好似秉持着"中庸之道"，无论是补贴总额还是单项补贴力度都居于这些国家的中等水平，直接资助和税收优惠基本呈现五五开。直接资助和税收优惠哪种工具更管用？"高直接资助、高税收优惠""低直接资助、高税收优惠""高直接资助、低税收优惠""低直接资助、低税收优惠"哪种策略更有效？对于这些问题，学术界做了初步的探索和研究，但与政策制定者一样，也存在迥异的理解和认识，一些基本问题仍未得到

---

① 因数据缺失，不包含以色列。

解决。只有把这个问题搞清楚，才能为新发展阶段中国政府研发补贴政策制定和修订提供更有力的学理支撑。

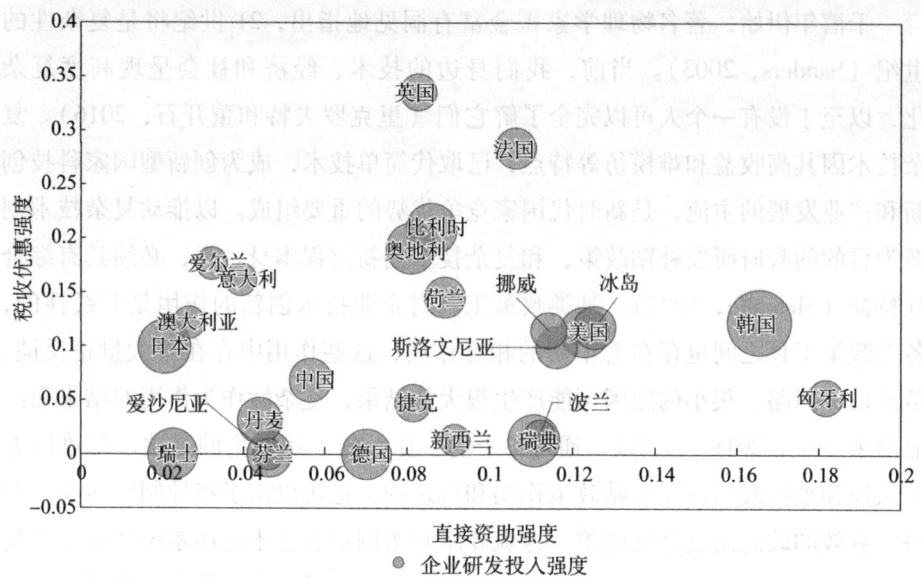

图 1-6　2019 年 25 国政府研发补贴（直接资助和税收优惠）占 GDP 的百分比

资料来源：OECD, R&D Tax Incentives Database, https：//oe.cd/rdtax, 2021 年 9 月。

1.1.2　研究意义

（1）理论价值

政府研发补贴政策研究是一个既"古老"又现实的课题。早在 19 世纪 60 年代，以美国为代表的发达国家就开始有组织地对这一课题开展研究，形成了以市场失灵理论为核心的、大量卓有成效的研究成果。2000 年以来，越来越多的中国学者也开始关注这个课题，引入西方理论、结合我国实际，开展了一系列理论和实证研究。应该说，前期的研究成果特别是市场失灵理论，有效回答了简单技术时代政府与市场的关系、政府研发补贴与企业技术创新的关系等问题，有力地指导了"二战"后美西方国家的政府研发补贴政策制定实施，推动世界科技取得了前所未有的进步。然而，随着技术的持续复杂化和政策实践的不断创新，政府研发补贴政策与传统的市场失灵等理论基础之间逐渐出现了脱节的现象。人们发现，各国政府研发补贴政策工具选择和组合策略并不是单一的，一些有效的政策实践反映出了与既有经济学分析或理论相反的假设，学术成果间的"矛盾"现象也日益增多。这就需要学界引入新的论点和假设为政府干预提供依据,以证实更大程度和不同类型干预的合理性。同时,当前国内外文献对政府研发补贴政策工具的比较研究还不多,对政府研发补贴组合策略的研究更是少之又少。因此,在前人研究基础上,引入复杂性理论和模糊集定性比较分析等新理论新方法,深入考察政府研发补贴政策工具选择及组合策略,能够进一步丰富现有文献成果,为相关实践提供更有力的理论支撑。

(2) 现实意义

今天,中国经济发展环境出现了重大变化,决定经济发展的有些因素是恒定的,但有些因素发生了变迁。恒定的是发展作为执政兴国的第一要务没有变,改革开放的基本国策没有变,我国仍处于并将长期处于社会主义初级阶段的国情没有变。发生变化的主要是生产函数的组合发生了变化,表现在劳动力、技术两个要素上。改革开放 40 多年来,中国主要依靠低成本的劳动力优势实现了快速发展,现在劳动力成本在逐步上升,相对竞争力在下降。与此同时,科学技术因素的重要性全面提升,特别是原本以市场换技术的方式受到了阻碍,2018 年以来中国部分高新技术企业还受到了"卡脖子"的威胁,这就对技术内生性提出了更强烈的要求。然而,技术创新属于"慢变量",没有外界干预就会出现"市场失灵"的问题。如何有效发挥市场在资源配置中的决定性作用,更好发挥政府作用,成为了一个亟待解决的问题。财政是国家治理的基础和重要支柱,要发挥好政府作用,首先要发挥好财政作用。党的二十大报告提出,"提升科技投入效能,深化财政科技经费分配使用机制改革,激发创新活力",为此明确了方向、提供了遵循。科学设计直接资助政策和税收优惠政策,搞清楚当前我们应该采取什么样的补贴策略,建立什么样的甄选机制,实行什么样的政策组合,给予什么样的补贴强度,怎么使政府研发补贴产生最大的诱导效应和促进效应,起到"四两拨千斤"的作用,具有十分重要的现实意义。

1.2 核心概念界定

1.2.1 研发补贴

关于什么是研发补贴,目前学术界还没有统一、权威的定义,内涵、外延差别很大。有的学者认为，研发补贴是一种旨在帮助企业进行有益于社会的私人研发的政策工具（Aerts 和 Schmidt，2008，Fu 等，2012，Meuleman 和 De Maeseneire，2012，Choi 和 Lee，2017，王旭和何玉，2017）。他们认为，对私人研发的税收减免或抵免并不区分研发项目，即使在税收优惠的支持下研发投入增加，也不一定会选择公共回报与私人回报差距较大的研发项目（Cappelen，2012，Choi 和 Lee，2017），因此认为研发税收优惠不属于研发补贴，而属于财政激励。有的学者则认为，税收优惠通过降低企业税收负担的形式，同样给予企业研发资助，属于间接研发补贴（Hægeland 和 Møen，2007，Montmartin，2013，关勇军等，2013）。还有的学者将政府采购或对高等教育机构、研究机构的研发资助等都作为研发补贴（Guellec 和 Van Pottelsberghe，2003，邹洋等，2016）的组成部分。

本书所研究的研发补贴，借鉴世贸组织《补贴与反补贴措施协定》第四部分第 8 条的定义，即"对企业进行研究活动的援助，或对高等教育机构、研究机构与企业签约进行研究活动的援助"（石广生，2011），明确政府自身或委托其他机构向企业提供的直接资助或税收优惠等属于研发补贴，但对高等教育机构、研究机构独立进行的基础研究活动的资助不属于研发补贴范畴。参考该协定界定研发补贴，有助于研究对标国际规则，提出更贴合实际的政策建议。同时，这也和近年来经合组织发起的 microBeRD 研究项目是一致的，经合组织还专门为此设立了"对商业企业研发支出的研发税收支出和政府直接资助（R&D Tax Expenditure and Direct Government Funding of BERD）"数据库。

1.2.2 政策工具

本书参考经合组织建议（Appelt 等，2019）和既有研究重点，同时考虑数据的可得性，将研发补贴政策工具分为直接资助（直接支持）和税收优惠（间接支持）两类进行研究。在公共预算压力要求财政政策提升效能、更加注重精准和可持续[①]的背景下，对两类研发补贴主要政策工具进行统筹研究很有必要。既有文献通常根据政策设计、时间安排、企业成本、福利影响等来区分两类政策工具（Montmartin 和 Herrera，2015）。从政策设计看，两类政策工具的主要区别在于，直接资助通常允许企业选择项目，而税收优惠通常与企业研

[①] 中央经济工作会议在北京举行 [N]. 人民日报，2021 - 12 - 11（1）.

发项目的选择无关；从时间安排看，直接资助并不必然需要企业进行初始研发投资，而税收优惠必须先行对研发项目进行资金投入；从企业成本看，直接资助较税收优惠程序更加繁琐，通常需要更高的行政成本，且更容易存在寻租空间；从福利影响看，直接资助更具针对性，可以充分利用行业、地区以及技术机会，而税收优惠更中性，可以利用市场机制激励企业开启优胜劣汰的选择过程（霍尔和罗森伯格，2017）。表1-1对两类政策工具的优缺点进行了汇总。

表1-1 政府研发补贴政策工具的优缺点

工具类型	优点	缺点
直接资助	● 适用于公共回报与私人回报差距较大的研发项目。 ● 理论上来讲，企业之间的竞争可以确保公共资金用于最好的研发项目。 ● 可用于减少经济周期对企业研发投入的影响。 ● 有利于鼓励合作和技术转让，从而加强知识的外部性。 ● 提供了一种传统问责的方式，允许检验机制所带来的成本。 ● 可以提高获得资助的企业（特别是中小企业）的声誉，从而降低其资本成本。 ● 具有针对性，可以充分利用行业、地区以及技术机会。	● 企业和政府的管理成本很高。 ● 资助范围有限，无法为大量项目提供资助。 ● 导致不同研发领域和企业之间资源配置的市场扭曲。 ● 项目实施存在寻租空间。 ● 由于政策目标导向压力，项目选择倾向于高成功潜力项目，即在没有任何公共资金的情况下实施的具有高私人生产力的项目。 ● 由于政策通常具有针对性，项目实施可能会产生挤出效应并影响研发回报。
税收优惠	● 政策更加中性，因为税收优惠通常适用于所有企业，尤其是中小企业（尽管也可能针对特定部门），一旦予以合适的政策选择，就会利用市场机制开启优胜劣汰的选择过程。 ● 企业自主决定希望投资的研发项目。 ● 降低公共市场被操纵的风险。 ● 不需要具体的预算项目。 ● 实施和管理成本相对较低。 ● 税收优惠直接降低了研发成本，理论上减少了挤出效应。	● 成本难以控制，并且由于存在漏洞，可能无法产生理想效果。 ● 对确实获得足够利润或大量投资于研发的企业（特别是大企业）效果有限，且可能被用于"赢者通吃"的竞赛。 ● 由于税收优惠可以降低无论如何都会进行的研发项目的成本（特别是在大额税收抵免的情况下），所以仍然可能产生挤出效应。 ● 税收优惠受到机会主义行为双重影响，有利于短期回报最高的研发项目，具有高研发社会回报的项目不易受到此类政策工具青睐。 ● 企业选择项目时产生的知识外部性很少，而且合作很少是获得税收优惠资格的条件。

备注：改编自Montmartin和Herrera（2015）.

1.2.3 组合策略

在经济政策领域，政策组合一词是由诺贝尔经济学奖获得者Mundell（1962）提出来的。但直到21世纪初，该词才开始在政府研发补贴政策研究文献中使用。直接资助和税收优惠相对使用的多样性,以及各国用于支持企业进行研发的政策工具的组合表明,对于哪些工具在提高企业研发方面最有效,尚缺乏共识(Dumont,2017)。但现有研究大多只针对某一类政策工具的有效性进行分析,缺少对政策组合有效性的评估(Castellacci 和 Lie,2015)。而且,数量十分有限的政策组合研究得出的结论还存在很大差异(埃德勒等,2020)。为此,本书拟通过模糊集定性比较分析(Fuzzy-Set Qualitative Comparative Analysis,fsQCA)方法,对经合组织成员国和金砖国家政府的研发补贴政策组合情况进行横向比较分析,形成"高直接资助、高税收优惠""低直接资助、高税收优惠""高直接资助、低税收优惠""低直接资助、低税收优惠"等4类组合策略(如图1-7所示)。在这些国家中,中国无论是总研发补贴强度还是单项政策工具强度都正好居于中等水平,将组合策略分为这4类,既有利于简化所研究的问题,又有利于为我国政策实践提供借鉴。

图1-7 政府研发补贴政策组合策略四分类

1.3 研究内容与方法

1.3.1 研究问题

本书将"政府研发补贴政策工具选择与组合策略"作为研究选题,拟从各国政府研发补贴政策实践差异和实证研究结果异质性出发,以系统性思维和复杂性方法,系统分析实现高水平企业研发投入的政府研发补贴政策工具选择和组合策略类型,以及新发展阶段我国政府研发补贴政策的适应性,以期得到一些具有现实意义和价值的政策启示:政府应当如何选择研发补贴政策工具和组合策略,才能更好发挥研发补贴诱导和促进效应,达到服务国家科技创新战略的各大政策目的,促进经济高质量发展和高水平科技自立自强。为此本书主要研究以下4个问题:

第一,实现高企业研发强度的政府研发补贴政策工具选择和组合策略有哪些?是否存在一种最优"配方"?

第二,不同政府研发补贴政策工具选择和组合策略形成的历史逻辑、理论逻辑和实践逻辑是什么?

第三,我国政府研发补贴政策现状,包括政策目的、政策工具、政策效果,是什么样的?

第四,我国政府研发补贴政策工具选择和组合策略适应性如何?哪种政策工具对企业创新具有更强诱导和促进作用?现行政策能否有力有效支撑各类政策目标同步推进?

1.3.2 研究框架

围绕以上研究问题,第一,本书通过对文献的系统回顾和评述,确立研究视角;第二,运用模糊集定性比较分析方法,对40个经合组织成员国和合作伙伴经济体的政府研发补贴政策组合进行了研究,比较分析影响企业研发强度的各类政策工具和不同政策"配方"的实践效果,为后文研究提供部分事实证据;第三,引入复杂性科学与演化经济学相关理论和概念,对美国、日本、德国、瑞士政府研发补贴作用机理、政策演进和体制机制进行研究,探寻不同政策组合策略形成的历史逻辑、理论逻辑和实践逻辑;第四,基于系统性思维和复杂性方法,从政策目的、政策工具、政策适应性等3个方面,对我国政府研发补贴政策现状进行分析,并寻找政策适应性可能存在的不足和问题;第五,基于企业微观样本对我国政府研发补贴政策的效应进行评估,分析直接资助、税收优惠两种政府研发补贴政策工具对企业技术创新的影响效应,并比较两者影响程度的差异性,分析两者与3种不同类型技术——"卡脖子"技术、前沿/颠覆性技术以及传统产业技术——创新的匹配性,以分析政策工具与政策目的的适应性;第六,总结全文并提出政策建议。论文的研究路径如图1-8所示。

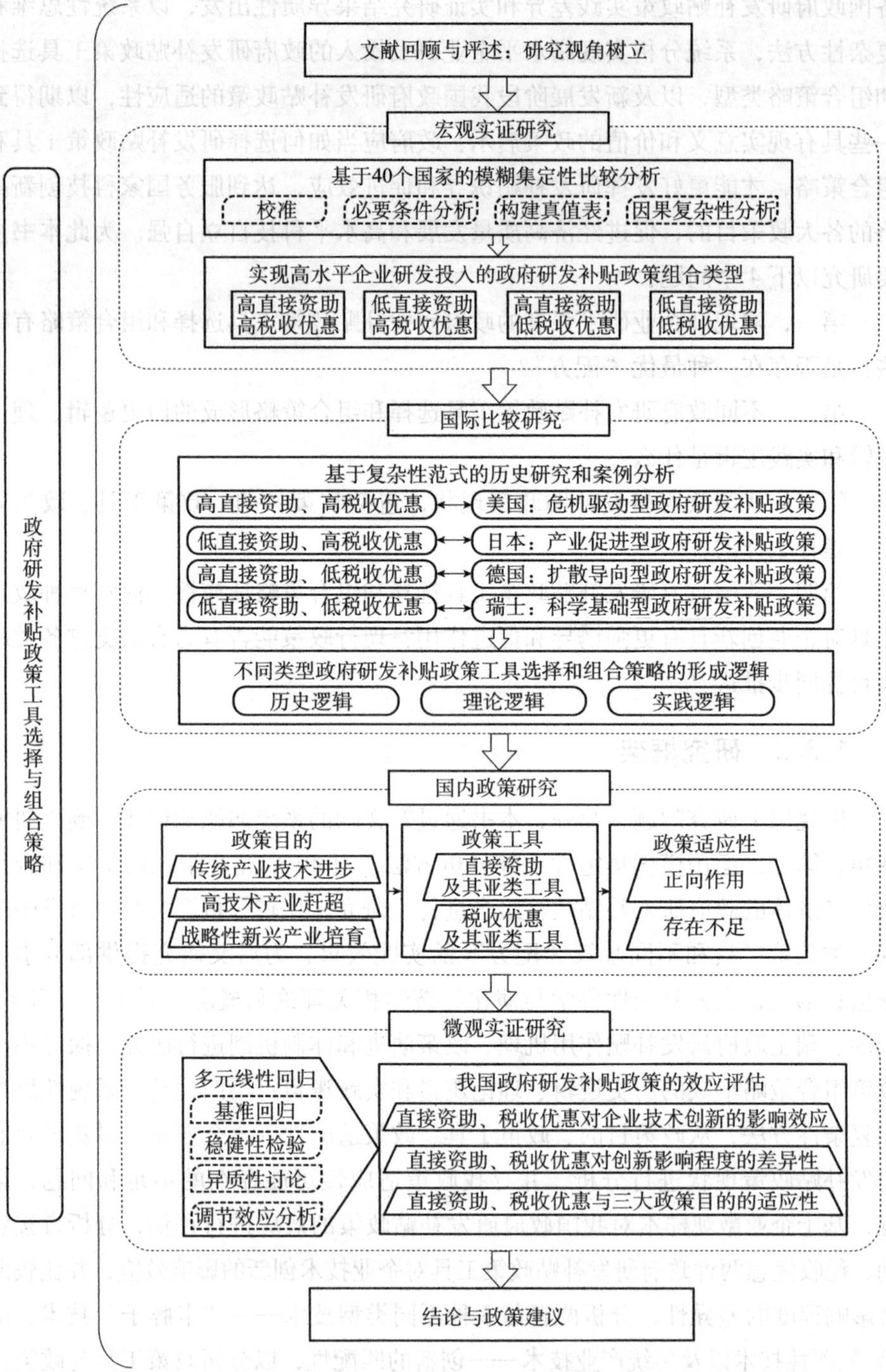

图1-8 本书研究框架

1.3.3 研究方法

本书坚持归纳法与演绎法相结合、实证分析与规范分析相结合、定性分析与定量分析相结合、个量分析与总量分析相结合，主要采用以下 5 种方法进行研究：

（1）文献分析法。本书研究建立在既有研究的基础上，相关理论基础和实证研究进展是本书的基石。理论部分，主要学习了 Nelson（1959）和 Arrow（1962）的市场失灵理论及其创新发展成果，在分析该理论与主流实践之间存在分离现象的基础上，引入里克罗夫特和董开石（2016）的复杂性理论。实证研究部分，主要从投入影响、产出影响、影响因素、影响效应等 4 个维度，就国内外研究成果进行了比较全面的梳理和汇总，在此基础上确立了本书的研究视角。此外，在国内政策研究部分，本书基于对我国政府研发补贴相关方针政策、法律法规、标准规范的系统收集整理分析，运用系统性思维和复杂性方法，结合价值链进化理论、微笑曲线理论、贸易政策不确定性指数等，梳理形成中国政府研发补贴的战略层次和政策目的，两大类、7 亚类主要政策工具，以及 3 大正向作用和 4 个方面不足。

（2）定性比较分析法。在宏观实证研究部分，本书引入了美国社会学家 Ragin（1987）提出的定性比较分析法。这种组态比较分析技术，将模糊集和集合论方法、定性和定量分析相结合，适用于中小样本宏观研究和非对称因果关系分析，可以克服传统计量研究的一些局限。本书采用定性比较分析法的最新成果——模糊集定性比较分析法，评估了 40 个国家政府研发补贴政策组合对其企业研发投入的影响，并对 5 种实现高企业研发强度的政策"配方"进行了横向比较分析。

（3）历史比较分析法。在国别比较研究部分，本书从复杂性视角出发，运用复杂性科学与演化经济学的理论和概念，结合历史研究和案例研究，对美国、日本、德国、瑞士政府研发补贴的作用机理、政策演进和体制机制等进行分析，探寻 4 种不同政策组合策略形成的历史逻辑、理论逻辑和实践逻辑，以及对我国优化完善政策体系的启示。

（4）计量经济分析法。在微观实证研究部分，本书主要通过整理和匹配中国工业企业数据库、中国专利数据项目、中国工业企业专利数据平台、谷歌专利数据库，基于企业微观样本分析直接资助、税收优惠这两种政府研发补贴政策工具对企业技术创新的影响效应。基准回归模型主要为纳入核心解释变量、控制变量以及各类固定效应的多元线性回归模型（OLS）。在此基础之上，进一步对相关结果进行稳健性检验、异质性讨论及调节效应分析，以保证结果的稳健性与完备性，涉及的相关计量模型及方法主要包括：Heckman 两阶段法、工具变量回归（IV）、负二项回归模型等。

（5）数据资料搜集法。本书研究离不开宏观和微观数据的支撑，宏观指标主要有商业企业研发支出的税收优惠和直接资助、商业企业研发支出、高等教育研发支出、政府研发支出、国民生产总值、全球创新指数、国家经济复杂性指数等，数据主要来源于《中国科技统计年鉴》、美国联邦研发基金调查数据库（NCSES）、日本《科学技术统计调查报告》、日本《税制调查会资料》、经合组织主要科学技术指标数据库（OECD MSTI database）、经合组织研发税收激励数据库（OECD RDTAX database）、世界知识产权组织《全球创新指数报告》以及中国科技部、美国科学促进会、美国国家科学基金会、日本内阁府、日本书部科学省、哈佛大学、圣路易斯联邦储备银行、科睿唯安等网站。微观指标主要有政府研发税收优惠和直接资助、企业研发投入、新产品产值、专利申请量、专利申请引用量，以及企业规模、年龄、资本密集度、盈利能力、员工薪酬、综合生产效率、行业集中度等，数据主要来源于中国工业企业数据库、中国专利数据项目、中国工业企业专利数据平台、谷歌专利数据库（Google Patent）等。

1.4 创新之处

本书在既有政府研发补贴政策研究基础上，基于政策组合和复杂性的视角，利用权威的数据和科学的研究方法，深入探讨了世界主要经济体实现高水平企业研发投入的政府研发补贴政策组合类型、形成逻辑，以及我国政府研发补贴政策工具选择和组合策略的现状和适应性。总体来说，本书创新之处主要体现在以下几个方面：

第一，在研究问题上，拓宽了既有研究视角。诚然，政府研发补贴政策研究是一个"古老"的话题，国内外文献对这一问题开展了系统而深入地研究。

但是，这一问题也是一个常谈常新的课题，学者和决策者在不同历史时期对这一问题的关注点也不尽相同。进入新时代新征程，中国要利用有限的科技财政，更好服务国家科技创新战略，促进经济高质量发展和高水平科技自立自强，就必须做到系统谋划、综合施策。仅仅从总体上或单一工具上分析政府研发补贴政策效果，已经无法满足实践需要。近年来，为消除单一政策工具研究中隐藏的估计偏差，个别学者对政府研发补贴政策组合问题展开了初步研究，但少有的研究文献主要涉及整体上的政府研发补贴政策（埃德勒等，2020），对两类工具效果的研究则形成了截然不同的结论。为此，文章从全局和战略的视野，从政策组合和复杂性的视角，系统分析了政府研发补贴政策工具选择和组合策略对企业技术创新的影响效应与作用机理，填补了政府研发补贴政策组合研究领域的一些空白，并为中国政府研发补贴政策的革新提供有益的参考和借鉴。

第二，在理论分析和案例分析上，引入了复杂性范式，研究了政策设计和实施的图景。政府为什么要对技术创新提供研发补贴？传统理论将之归因于市场失灵。然而，诚如美国技术变革研究学者 Mowery 和英国科技政策研究学者 Steinmueller 所言，技术政策的经济学理论基础与技术政策之间存在二分法，技术政策往往反映出与经济学分析或理论相反的假设；需要引入另外的论点和假设为政府干预提供依据，以证实更大程度和不同类型干预的合理性（霍尔和罗森伯格，2017）。本书分析发现，政府研发补贴政策研究同样存在理论与实践脱节的现象。究其原因，在于正统经济学家受经典物理学影响，长期以来一直致力于一种还原论的研究方案，但社会现象的复杂性意味着这种方法论在实践中难以成功地应用（霍奇逊，2007）。为此，近年来欧美学者和实践者开始探寻新的支撑理论，他们寻得的结果之一是复杂性科学和演化经济学的融合（此外，还有技术知识不完全分布或扩散假设、新增长理论、经济地理学等）。本书借鉴里克罗夫特和董开石（2016）的研究思路，引入复杂性科学与演化经济学的理论和概念来研究政府研发补贴问题，为我们理解政府在科技创新中的角色、政府研发补贴的作用和机理等提供了新的视角和思路，在一定程度上弥补了传统市场失灵理论解释力不足的问题。同时，本书运用复杂性范式，对典型国家政府研发补贴的作用机理、政策演进和体制机制等进行了分析，弥补了现有研究"均未分析影响政策效果和政策间相互作用的具体机制、具体部门或管理条件及实施过程"（埃德勒等，2020）的不足；对我国政府研发补贴的政策目的、政策工具、政策适应性进行了梳理,弥补了现有研究缺少对当前我国政策战略性、系统性、实践性研究分析的不足。

第三,在宏观实证研究上,开创新地将模糊集定性比较分析法运用于政府研发补贴政策研究。传统政府研发补贴政策研究大多聚焦于对某一种或几种政策工具有效性的净效应分析,并通过比较不同政策工具影响的弹性系数来评判政策优劣。这类研究遵循物理学范式和边际分析技术,忽略了自变量间可能存在的"化学反应"和相互依赖性。同时,受制于有效数据的可得性和样本数量的有限性,国内外学者对政府研发补贴政策的宏观实证研究相对较少。模糊集定性比较分析法是一种组态比较分析技术,适用于中小样本的宏观研究和非对称的因果关系分析,可以分析不同的前因条件(本书中是政府研发补贴政策工具)如何组合以实现特定的目标结果(本书中是高水平的企业研发投入),以及前因条件的多种组合是否导致相同的结果,非常适合用于分析像政府研发补贴和企业研发投入等现实世界中广泛存在的非对称性关系。定性比较分析法自1987年开发以来(特别是模糊集定性比较分析法自2000年开发以来),在社会科学研究特别是创新研究中获得了广泛的应用,但在财税领域仍然是一个新鲜事物,提及定性比较分析法的国内学术论文仅有4篇。在国内,本书首次将定性比较分析法引入政府研发补贴政策研究。

第四,在微观实证研究上,创新性地辨析了政府研发补贴政策的差异性和匹配性。既有研究关于不同政府研发补贴政策工具对企业技术创新影响的比较分析较少,对政策工具与政策目的适应性的分析更是缺乏,本书对直接资助、税收优惠两种政府研发补贴政策工具的影响效应进行了差异性分析,并引入复杂性理论的创新模式分类,将我国技术创新分为"卡脖子"技术、前沿/颠覆性技术以及传统产业技术创新等3类,以对我国政府研发补贴政策工具与3大政策目的进行了匹配性分析,进一步拓宽了相关领域研究视角,丰富了实证研究成果。在具体分析中,本书进一步拓展了衡量创新的维度,在企业研发投入、专利申请(授权)、新产品产值等规模性和效率性指标的基础上,利用谷歌专利数据库(Google Patent)爬取企业发明专利对应的被引数,引入衡量创新的质量性指标,构建起较为多元的企业创新指标体系。同时,运用多种策略保证了结果的稳健性,如使用多维度被解释变量,严格控制个体固定效应,使用Heckman两阶段法、工具变量法解决内生性问题,替换解释变量、被解释变量及估计方法等。

第 2 章

文献综述

2.1 理论研究

在经济学文献中，创新政策特别是政府研发补贴政策，一直是学者们十分感兴趣的课题（Czarnitzki 和 Lopes-Bento，2013）。而政府干预私营部门研发活动的经济理由，则依赖于熟悉的市场失灵理论（Arrow，1962）。虽然，熊彼特早在 110 年前就提出了"创新"的概念，并认为资本主义经济增长的主要源泉是技术创新，而不是资本和劳动力（熊彼特，1990）。但是，由于该论点过于超前，并没有引起当时主流经济学家们的足够重视。直到 20 世纪 50 年代，对技术创新的经济学理论研究才重新在美国兴起。这源于"二战"临近结束时，美国决策层认识到"一个在新基础科学知识上依赖于其他国家的国家，它的工业进步将是缓慢的，它在世界贸易中的竞争地位将是虚弱的，不管它的机械技艺多么高明"（布什，2004），而罗斯福总统 1941 年下令成立的科学研究与发展局（OSRD），在二战期间动员全国科技力量研制出原子弹和雷达的成功经验告诉他们，"联邦政府应该接受新的职责，鼓励科学知识的创造和青年科学人才的培养","履行这些职责时应该使联邦资金发挥效力"（布什，2004）。但是，美国决策层关于政府研发补贴的正当性，主要是基于历史经验的归纳总结，并没有从经济学上给出严格的证明。为此，当时新成立的负责军事规划与研发决策研究的兰德（RAND）公司，支持学者研究发表了一系列颇具影响力的学术成果，其中，Nelson（1959）和Arrow（1962）为政府干预私营部门技术创新活动提供了最早的经济学理论支撑。

Nelson和Arrow的论点可以归纳为3个主要问题。一是非竞争性。技术创新产出具有信息的特点。信息的特点是规模报酬递增，因为信息一旦产生，就可以反复使用，而不管其生产规模如何。由于相同的信息单元可以由相同或不同的用户多次使用，因此信息的生产成本不依赖于使用信息的规模（Arrow，1962，Arrow，1996）。一家企业使用现有知识绝不会降低另一家企业使用相同知识的能力，使用已经存在的知识的边际社会成本为零。从福利经济来讲，为了获得最大的静态经济效率，知识应作为一个公共池来管理，并且可以为所有使用该知识的人自由访问。但是，如果管理科学知识，私营企业创造新知识的动力将会减少（Nelson，1959）。二是非排他性。由于知识的非排他性，企业永远无法占有其研发投资的所有好处，即使它必须承担所有成本（Arrow，1962）。技术创新产出具有很大的外部性，研究结果往往对赞助研究的企业没什么价值，但却可能对另一家企业来说很有价值，而且研究结果往往不能很快获得专利（Nelson，1959）。正是因为这种非排他性，减少了企业投资技术创新的动机。三是不确定性。技术创新的投入和产出都具有很高的不确定性，因为人们并不总是知道技术创新投入的预期结果是否会在产出方面获得，即便获得了预期结果，也无法确定技术创新产出是否能够取得市场的成功。事实上，从一个绝妙的想法到一个技术发明，最终到一个成功的市场应用的道路是漫长、冒险和蜿蜒的。换句话说，发明或创新的输出永远不能通过其输入完美预测（Arrow，1962）。因此，为了进行这样一个不确定的项目，企业必须愿意承担这一努力的固有风险。由于假设企业往往厌恶风险，这将导致风险的次优配置，这意味着将存在对风险项目的歧视（Arrow和Lind，1978）。企业技术创新的上述性质，为政府研发补贴的正当性提供了有力的证据。企业技术创新的市场失灵，需要政府伸出"看得见的手"加以干预，需要政府研发补贴予以诱导和促进。

继 Nelson 和 Arrow 的工作之后，一些学者丰富和发展了他们的探讨。Howe 和 McFetridge（1976）构建了描述利润最大化企业研发决策过程的结构化方程，分析了政府研发补贴对企业研发支出的影响，形成的理论分析框架沿用至今。Spencer 和 Brander（1983）通过构建三阶段博弈模型，为在不完全竞争国际市场中的研发或出口补贴等"产业战略"政策，提供了政府干预理论解释。Romano（1989）根据专利寿命的长短、创新竞争的特征，以及与补贴资金的产生相关的额外负担的程度，分析了研究市场的最优补贴，发现如果研究市场存在垄断，最优补贴总是积极的；相比之下，在竞争激烈的研究市场中，对于"长期"专利生命或"高"超额负担，最优补贴为零。Segerstrom（1991）建立了经济增长的动态一般均衡模型，分析发现创新补贴对企业研发投入及经济增长的正向作用。Leyden 和 Link（1991）构建了政府研发和私人研发具有互补关系的理论框架，认为基础技术是政府和私人研发之间的关键联系，观察到的互补性是资金、技术和知识共享之间在生产层面技术互补的结果。Jones 和 Williams（1998）提供了从回报率到研究投资不足程度的直接映射的分析框架，弥合了原有增长文献与实证生产力文献之间的差距，保守估计发现最佳研发投资至少是实际投资的 2 到 4 倍，需要运用政府研发补贴克服市场失灵问题。Hinloopen（1997，2000）研究了研发补贴的效果如何取决于企业的合作程度，发现非合作研究在促进研发活动方面比合作研究更为有效，同时分析这两项政策的实施情况表明，补贴合作和非合作研发可以带来相同的市场结果。Hall（2002）从研发财务约束的角度支持了政府研发补贴的作用，提出与物质资本投资相比，研发本身不能用作信贷的抵押品。因此，研发投资往往因缺乏外部贷方或投资者而受到阻碍。Mukoyama（2003）分析了创新与模仿在成长过程中的相互作用，研究结果表明，补贴模仿可能会提高整个经济的技术进步速度。Kleer（2010）采用一个简单的信号模型，对政府研发补贴是私人投资者信号的假设进行了研究，发现质量信号对政府研发补贴的诱导作用至关重要。

进入新千年，随着"增长的极限"问题在高速增长的中国经济中显现，包括政府研发补贴在内的创新政策研究，也逐渐成为国内学者关注的焦点。胡明勇和周寄中（2001）较早尝试从理论上分析政府研发补贴对私人部门技术创新的作用及其政策工具的特点，发现政府各类政策工具都具有促进作用，同时相互之间还存在替代和补充关系。程华（2003，2005）基于溢出效应分析了政府研发补贴政策的合理性，并对直接资助和税收优惠做了比较分析。柳剑平等（2005），郑绪涛和柳剑平（2008），陈莞和谢富纪（2009）利用博弈模型，对促进研发活动的税收优惠和直接资助政策工具进行了研究。刘穷志（2007）基于 Barro 和 Sala-i-martin（1995）创新模型构建理论模型，研究发现公共支出对自主创新具有激励作用，但存在最优规模。柳剑平和程时雄（2009），李长英等（2009），谢申祥和王孝松（2013a，2013b）基于 Spencer 和 Brander（1983）的研究，构建三阶段博弈模型，对研发补贴政策的效果进行了分析。安同良等（2009）建立了一个研发补贴政策制定者与企业间的动态不对称信息博弈模型，分析了企业发送虚假信号与政府研发补贴产生"逆向"激励作用之间的关系及克服的方法。刘卫民和陈继祥（2009）通过双寡头模型分析发现，最优研发补贴率与技术溢出正相关。吴勇和陈通（2011）构建一个三阶段博弈模型，分析发现政府对非合作研发补贴的绩效比对合作研发补贴更高。高宏伟（2011）运用博弈论分析了政府补贴对不同类型国企研发投入的挤出效应。方海燕等（2012）基于三阶段博弈模型和逆向归纳法，对不同类型政府研发补贴政策工具的绩效进行求解，发现研发卡特尔策略下产品创新补贴优于研发投入补贴。史安娜等（2013）构建了政府研发补贴的博弈模型，就政企两方相互作用过程进行分析发现，政府应该调整固有的"选择性"补贴理念。王宇和刘志彪（2013）在一般均衡框架下，使用特定要素模型研究了不同补贴方式对传统产业和新兴产业发展的不同影响，认为研发补贴效果取决于知识溢出效应。马晓楠和耿殿贺（2014）通过研究企企、校企共性技术研发博弈，发现政府研发补贴对共性技术研发具有促进作用。柯忠义等（2014）、陈海声和赵佳苗（2016）、张伟等（2016），李文秀和魏守道（2017），赵骅和姚韵（2017），邓若冰和吴福象（2017）从不同视角构建多种类型博弈模型，对政府研发补贴效果进行研究发现，政府补贴有利于提高企业研发支出和社会福利水平。梁彤缨和赵悦祺（2016）基于两阶段双寡头博弈模型，发现研发补贴政策效果并非是单一的互补性或替代性，而是受到技术、政策、行业等多重因素影响。王军和张一飞（2016），张小筠等（2019）对内生增长理论模型予以扩展并求解一般均衡发现，政府研发补贴对企业研发支出具有挤出效应。

2.2 实证研究

2.2.1 宏观层面实证研究

(1) 政府研发补贴对企业技术创新投入的影响

政府研发补贴会对企业技术创新投入产生诱导作用还是挤出作用,始终是学者们最关心的问题。从静态模型到动态模型、从时间序列到空间面板,国内外大多数宏观经济计量研究提供了政府研发补贴可以有效增加企业技术创新投入的证据。

从20世纪80年代开始,美国学者就利用美国国家科学基金会的总时间序列数据,运用广义最小二乘法(GLS)对这一领域进行宏观层面实证研究。Levy和Terleckyj (1983) 是宏观层面研究的开山之作 (David 等, 2000)。Levy和Terleckyj基于美国1949—1981年的数据研究发现,政府合同研发与私人研发投资和生产力之间呈显著正相关关系,在工业中进行的每1.00美元的政府合同研发可以导致约0.27美元的私人研发支出。Terleckyj (1985) 基于美国1964—1984年的数据研究表明,在考虑到政府需求的研发强度之后,这种影响仍然存在。而Lichtenberg (1987) 基于美国1956—1983年的数据研究则显示,当考虑到联邦政府销售的研发强度后,政府研发支出对私人研发支出的诱导效应减少约一半。Robson (1993) 和 Diamond (1999) 分别基于美国1956—1988年和1953—1995年的数据估计表明,政府对科学的资助并没有"挤出"私人科学资金,而是具有诱导效应,但他们将重点放在检查基础研究的效果上。

20世纪90年代后,部分学者利用跨国面板数据来处理可能困扰单个时间序列分析的内生性问题。一开始,学者们主要运用可行广义最小二乘法(FGLS)或工具变量法(IV)对经合组织成员国进行研究。Levy (1990) 基于9个国家1963—1984年的面板数据研究显示,有5个国家的政府研发补贴诱导效应显著,2个国家的挤出效应显著,2个国家的影响效果不显著。Capron 和 Van Pottelsberghe (1997) 基于7个主要工业化国家1973—1990年的相关数据研究显示,政府研发补贴可能会刺激或抑制私人研发投资,具体取决于所考虑的国家或行业,但无论如何,它们总是有助于提高研发总投资。Bloom 等(2002)基于 9 个经合组织成员国 1979—1997 年的税收变化和研发支出面板数据研究显示,税收激励措施可有效提高研发强度,即使考虑永久性的国家特征、世界宏观冲击和其他政策影响,结果同样如此。Guellec 和 Van Pottelsberghe(2003)基于 17 个经合组织成员国 1981—1996 年的汇总数据研究显示,政府研发补贴对企业研发投资产生了积极影响,但其诱导效应存在一定的门槛。

  2000 年以后,部分学者创新性地采用更大样本量的面板数据,使用 5 年平均数据而非年度数据,利用广义矩估计(GMM)控制内生性,对私营部门研发强度的潜在决定因素开展实证研究。Lederman 和 Maloney(2003)利用 40 个国家 1960—2000 年的数据研究发现,财务深度、人均 GDP、知识产权保护、政府动员资源能力、研究机构和公私合作质量等与总研发强度显著正相关。Falk(2006)使用 Guellec 和 Van Pottelsberghe(2003)以及 Lederman 和 Maloney(2003)模型的修改版本,利用 21 个经合组织成员国 1975—2002 年的数据进行分析发现,税收优惠对企业部门研发支出产生了重大而积极的影响;大学研发支出与企业部门研发支出显著正相关;直接研发补贴和高科技出口份额与企业部门研发强度显著正相关,但这些影响仅在使用一阶差分 GMM 估算时才显著。Shin(2006)也通过采用 GMM 方法,基于韩国 1982—2002 年的总时间序列数据研究显示,公共研发资金对私人研发投资水平具有显著的正向影响。

  还有部分学者运用偏差矫正最小二乘虚拟变量(CLSDV)等方法对动态面板数据进行研究。Wolff 和 Reinthaler(2008)基于 15 个国家 1981—2002 年的面板数据,对宏观经济层面私人企业研究补贴有效性进行分析发现,补贴在产生额外的研究支出方面是有效的。Wilson(2009)基于美国 51 个州 1981—2004 年的面板数据研究显示,税收激励措施有效增加了州内的研发。Montmartin(2013)利用 25 个经合组织成员国 1990—2007 年的动态面板数据研究显示,只有间接支持才会显著影响企业资助的研发强度。

  近年来,以法国 SKEMA 商学院副教授 Montmartin 为代表的个别学者发现,此前大多数评估政府研发补贴对企业技术创新的宏观经济影响的研究,都没有考虑空间效应的存在,因而产生了有偏估计。Montmartin 等学者采用空间动态面板数据来讨论和解决这个问题。Montmartin 和 Herrera（2015）利用 25 个经合组织成员国 1990—2009 年的数据，对研发补贴和财政激励的内部（国内）和外部（国外）影响进行了研究，内部影响研究发现，两种工具对私人研发的影响存在非线性关系，表明了诱导效应和挤出效应的可能性；外部影响研究发现，"邻国"实施的政策对国家政策产生了相反的影响，即不同国家实施的研发政策可以替代。Montmartin 等（2018）又基于 Howe 和 McFetridge（1976）开发了一个空间扩展的区域研发投资理论模型，利用 2001—2011 年法国 NUTS3 地区企业数据，就政府研发政策组合对企业技术创新投入的宏观经济影响进行了分析，认为国家补贴是唯一能够产生重大挤入效应的政策工具。

对于政府研发补贴的诱导效应，中国学者利用本国数据也进行了许多卓有成效的研究。童光荣和高杰（2004）利用中国 1995—2001 年时间序列数据，采用回归模型和分布滞后模型进行实证研究发现，政府研发支出对企业研发支出具有诱导效应。赵付民等（2006）利用中国 29 个省区市 1994—2002 年的面板数据，采用一阶差分自回归模型研究发现，政府科技投入对大中型工业企业研发投入具有杠杆效应。梁彤缨等（2012）利用中国 30 个省区市 2004—2008 年的面板数据，分析了直接资助和税收优惠对我国大中型工业企业研发投入的影响，发现两种政策工具都具有显著的诱导作用。

（2）政府研发补贴对企业技术创新产出的影响

政府研发补贴的重要目的是通过提高企业技术创新产出，进而推动社会经济增长和科技进步。然而，学术界鲜有从宏观层面对政府研发补贴与企业技术创新产出关系问题进行的专门研究。一方面原因是当前政府研发补贴宏观层面实证研究，一般聚焦于探讨对经济增长的影响（任国良等，2013）；另一方面可能是因为企业技术创新产出难以找到合适的衡量指标。Levy 和 Terleckyj（1983）在宏观经济层面研究了 1949—1981 年美国政府在研发方面的支出在促进私营部门生产率增长方面的作用，发现政府合同研发存量对私营部门生产率具有积极影响，但该影响比对私人研发支出的影响更小、统计上更弱。

有中国学者利用专利申请量和新产品销售收入等作为企业技术创新产出的代理变量。部分研究发现，政府研发补贴对企业技术创新产出具有促进作用。比如，刘和东（2007，2009）运用协整检验等多种计量方法进行研究发现，财政科技投入对自主创新能力具有促进作用。刘穷志（2007）采用 Granger 因果检验方法和脉冲反应函数研究发现，我国政府研发支出显著激励了自主创新，但激励贡献度不超过20%。叶子荣和贾宪洲（2011）实证研究发现，科技财政对发明专利产出有显著的正向影响，但对其他两类专利无显著影响。樊琦和韩民春（2011）研究发现，我国政府研发补贴政策对国家和区域自主创新产出都具有显著的促进作用。吴芸（2014）运用3种模型回归分析发现，政府科技投入对科技创新具有显著的促进作用，但资金使用效率有待改进。徐维祥等（2018）采用双对数回归模型分析表明，财政补贴对企业创新绩效具有激励作用，与企业研发具有交互作用。

与此同时，也有部分研究认为，政府研发补贴对企业技术创新产出具有抑制效应或没有固定的线性回归关系。程华等（2008）采用确定效应模型研究发现，政府研发补贴从全国总体来看和企业技术创新产出之间没有线性回归关系。冯宗宪等（2011）采用两阶段半参数DEA方法研究发现，政府投入对创新效率具有负向影响。余泳泽（2011）以知识生产函数模型为基础构建空间面板数据模型，选取省级面板数据进行实证研究发现，政府研发补贴对于企业技术创新效率具有负影响。

（3）政府研发补贴对企业技术创新影响的因素

①补贴异质性。补贴异质性是学者们始终关心关注的热门课题。许多学者就不同类型的政府研发补贴对企业技术创新的影响进行了探讨。Levy 和 Terleckyj（1983）研究认为，政府合同研发、针对政府和大学研发活动的政府资助这两种政府研发支出对私人研发产生了积极的影响；但是，政府承包商研发费用报销显然减少了私人研发费用。Robson（1993）研究认为，政府对私人部门基础研究、应用研究、试验发展的补贴，均具有显著激励作用。Guellec 和 Van Pottelsberghe（2003）研究认为，政府直接资助和税收优惠都对企业研发投资产生了积极影响，但两者之间存在替代效应。Falk（2006）研究认为，税收激励措施、大学研发支出、直接研发补贴和高科技出口份额都能够产生诱导效应，但这些影响仅在使用一阶差分GMM估算时才显著。Montmartin（2013）研究发现，直接补贴和间接补贴的影响之间存在明显差异，前者似乎没有产生足够的激励效应来增加研发中的私人投资，而后者则产生了显著的积极影响。Montmartin 和 Herrera（2015）研究认为，直接资助和税收优惠对私人研发的影响具有非线性关系，且两者之间存在替代效应。

与外国学者更关注于比较直接资助和税收优惠对企业技术创新的影响不同，中国学者更关注于比较政府给企业和给科研院所、高等院校的研发补贴对企业技术创新的影响。许治和师萍（2005），赵付民等（2006），余泳泽（2011），廖信林等（2013）对此进行了研究，并得出了截然不同的研究结论。近年来，也有部分中国学者开始关注直接资助和税收优惠对企业技术创新的影响。戴晨和刘怡（2008），梁彤缨等（2012），赵凯和王鸿源（2018）对此进行了研究，从多个角度证明了税收优惠较直接资助在我国具有更强的激励作用，但提出了不同的政府研发补贴组合策略建议。

除了对不同类型政府研发补贴进行比较研究外，一些学者还对政府研发补贴和政府执行研发、金融机构贷款、企业研发投资等进行了横向比较研究。Capron 和 Van Pottelsberghe（1997）研究认为，没有证据显示私人研发投资对生产率增长的影响会远远高于政府研发补贴，因为"一美元就是一美元"。Shin（2006）研究认为，政府执行研发的效果要大于政府补贴的效果。程华等（2008）研究认为，在中国，企业自身研发支出在东、中、西部都明显促进了企业研发产出，金融机构贷款的影响则不显著，政府科技资助只有在中部才具有促进作用。

此外，部分学者就政府研发补贴政策的稳定性对企业科技创新的影响进行了研究。Capron 和 Van Pottelsberghe（1997）研究认为，私人研发投资与政府研发补贴的跨行业和跨国差异可能至少部分地由补贴政策的波动程度来解释，补贴率越不稳定，政府研发补贴的诱导作用就越弱。Guellec 和 Van Pottelsberghe（2003）研究认为政府直接资助和税收激励措施在长期稳定时更有效。

部分学者还对政府研发补贴强度进行了研究。Guellec 和 Van Pottelsberghe（2003）研究认为，政府研发补贴的最优规模约占企业研发的10%。刘穷志（2007）研究认为，我国政府研发支出的最优规模是政府研发支出占GDP的0.621%。聂鸣等（2014）研究发现，政府对企业、高校、科研机构的研发资助与区域研发产出呈正相关关系，但弹性系数差异显著。

②企业异质性。补贴异质性研究的是政府研发补贴政策供给侧的影响因素，企业异质性研究的则是政府研发补贴政策需求侧的影响因素。Capron 和 Van Pottelsberghe（1997）研究发现，当政府研发补贴针对中等技术产业时，更有可能有效地刺激私人研发。程华等（2008）对我国29个省市的政府研发资助进行分析发现，只有中部地区政府研发资助对企业研发产出具有促进作用，东西部地区作用都不显著。樊琦和韩民春（2011）研究发现，政府研发补贴对自主创新产出影响的弹性系数，经济相对发达地区明显大于经济相对落

后地区。廖信林等（2013）研究发现，政府直接资助对企业研发投入具有杠杆效应，且工业化后期的杠杆效应强于工业化中期、工业化中期强于工业化初期。

（4）政府研发补贴对企业技术创新影响的效应

①溢出效应。随着研究的不断深入，特别是空间动态面板模型等新技术的应用，部分学者对政府研发补贴可能产生的"外部"影响（包括行业溢出效应和空间溢出效应）产生了兴趣。Capron 和 Van Pottelsberghe（1997）研究发现，总体水平评估的政府研发补贴对私人研发投资的影响低于所有分类行业的影响的加权平均值，这表明重要的产业间负影响正在发挥作用。Wilson（2009）研究发现，美国各州的税收激励措施在有效增加州内研发的同时，挤出了其他州的研发投入。估计结果显示，州内研发相对于州内用户成本的长期弹性约为-2.5，而其相对于州外用户则约为+2.5，表明税收激励措施在各州之间属于"零和游戏"。Montmartin 和 Herrera（2015）研究发现了政府研发补贴对私人研发投资的影响存在积极的空间溢出效应，国家研发政策之间存在竞争/替代效应。Montmartin 等（2018）研究发现，在法国，除国家补贴外，税收抵免、地方补贴、欧洲补贴等其他政府研发补贴工具在地区间产生了"以邻为壑"的政策结果。

②时滞效应。进入21世纪以来，部分学者对政府研发补贴影响的时效性产生了浓厚兴趣，绝大多数实证研究发现，政府研发补贴对企业技术创新的影响具有时滞效应。Bloom 等（2002）利用简单的研发投资模型进行研究后发现，税收激励措施使研发成本每下降10%，就会刺激短期研发水平上升1%以上，而长期研发水平则略高于10%。Falk（2006）研究认为，政府执行研发显示出更持久的影响，持续长达12年，并在第9年达到高峰，而几乎没有任何证据可以证明政府补贴具有长期影响。童光荣和高杰（2004）研究发现，企业研发支出与当期和前期的政府研发支出均显著相关。刘和东（2007，2009）研究认为，中国财政科技投入，在短期内对自主创新能力的变动影响显著，在短期和长期都与原始创新能力具有双向促进效应。李爱鸽和钟飞（2013）研究认为，直接资助和税收优惠对企业研发投入的影响，长期大于短期。

③调节效应和中介效应。近年来，我国一些学者还就政府研发补贴对企业技术创新影响路径上的调节效应和中介效应进行了研究。孙伟等（2015）采用 Griliches（1979）提出的知识生产函数，研究发现政府投入和环境规制都对

企业技术创新具有促进作用。邹洋和王茹婷（2018）研究发现，政府研发补贴对企业研发投入的激励作用，随财政支出分权度的增加而下降，但两者综合作用仍为正。颜晓畅（2019）通过构建 5 个固定效应面板回归模型，研究发现我国政府研发补贴对企业技术创新具有促进作用。其中，企业创新能力发挥中介作用，区域创新能力发挥正向调节作用。

2.2.2 行业层面实证研究

与宏观层面和微观层面汗牛充栋的实证研究成果相比，行业层面的实证研究相对较少。早在 20 世纪 70 年代末 80 年代初，美国学者就利用美国国家科学基金会的面板数据，运用最小二乘法（OLS）或二阶段最小二乘法（2SLS）等，对政府研发补贴的诱导效应进行了行业层面的实证研究。Goldberg（1979）采用新古典投资方法，利用 1958—1975 年的数据，控制行业虚拟变量和其他控制变量，研究发现当前的联邦研发具有负的和显著的系数，而滞后一期的联邦研发具有正的和显著的系数。与此相对，Lichtenberg（1984）利用 1963—1979 年的数据，对私人研发投资（或就业）对同期和滞后一期联邦研发进行回归，同时控制了行业效应和时间效应，研究发现公共研发减少了私营研发投资和行业就业水平，每增加 1 美元联邦研发，会挤出 8 美分的私人研发投资。Levin 和 Reiss（1984）则创造性地开发了一个结构方程系统，并对政府研发补贴进行内生化，利用 1963 年、1967 年、1972 年这 3 年的数据和 2SLS，发现政府研发强度对私人研发强度具有积极而显著的影响，具体说就是每增加 1 美元的公共资金会刺激 7 到 74 美分的私人研发投资。

其他国家学者利用本国制造业的横截面数据或面板数据，对政府研发补贴是否存在诱导效应或促进效应进行了行业层面的实证研究。来自英国谢菲尔德大学的学者 Buxton（1975）提出了一种全面的技术变革过程理论，并利用英国制造业 11 个行业的数据进行了检验，结果表明政府应该保持或增加对研究支出的贡献。来自丹麦经贸研究中心的学者 Sorensen 等（2003）利用丹麦制造业数据研究发现，公共创新支持对私人研发支出产生积极而显著的影响，估计弹性为 0.062。来自上海财经大学的学者 Zhu 等（2006）利用上海工业部门数据进行实证评估，显示政府直接拨款对工业研发投资具有积极影响，而政策的稳定性进一步增强了积极作用；但是税收优惠的效果并不明确，这或与工业部门企业倾向于更普遍和成本更低的科技活动有关。来自英国诺丁汉大学和法国巴黎综合理工大学的学者 Görg 和 Strobl（2007）利用爱尔兰制造业的面板数据研究发现，对国内企业来说，小额补贴可以增加私人研发支出，而过大的补贴可能会挤占私人研发融资；对外国企业来说，无论补贴规模如何，都不会导致私人研发融资的增加或挤出效应。

进入 21 世纪，中国学者开始利用工业企业面板数据进行行业层面的实证研究。朱平芳和徐伟民（2003），杨红和蒲勇健（2008），李永等（2014）利用上海、重庆等直辖市工业企业分行业面板数据，对政府研发补贴的诱导效应及补贴异质性、企业异质性进行研究，得出了与 Zhu 等（2006）不同的研究结论。

此后，更多的学者利用全国大中型工业企业分行业面板数据，对政府研发补贴影响进行了多方位的深入研究。程华和赵祥（2008，2009）基于改进型广义 C-D 生产函数，研究发现政府科技资助具有促进效应和溢出效应，且对中等资助强度以及低、中低技术产业的促进作用更明显。王俊（2010，2011a，2011b）先后研究发现，政府研发补贴的激励效应，在研发决定方程中显著存在，但在专利决定方程中却是不显著的；政府研发资助重点应放在规模较小发展前景较好的高科技企业上；政府研发税收优惠的激励效应是显著的，对高科技企业的激励效应更明显。白俊红和李婧（2011），白俊红（2011），李瑞茜和白俊红（2013）使用多种模型开展实证研究发现，政府研发资助能够显著促进企业技术创新，政府研发资助强度、企业自身研发投入、知识存量、规模、技术水平及产权类型等因素，均会对资助效果产生不同程度的影响。孙伟和江三良（2015）研究显示，环境规制存在时，政府研发补贴可以显著促进企业技术创新。

还有部分学者利用中国高技术产业 5 个细分行业面板数据进行了实证研究。姜宁和黄万（2010）分析发现，政府研发补贴能否产生诱导效应与补贴率有关，且具有滞后性和行业异质性。李晋和邓峰（2013）分析发现，政府研发补贴对企业技术创新产出具有促进效应。李婧（2013）分析发现，政府研发资助对国企技术创新具有抑制效应，而对非国企具有促进效应，并对企业研发支出、利润、消化吸收能力等因素的影响进行了研究。

2.2.3 微观层面实证研究

（1）政府研发补贴对企业技术创新投入的影响

①诱导效应。20 世纪 60 年代以来，北美学者就开始对政府研发补贴具有

诱导效应还是挤出效应进行研究。个别北美学者研究认为，政府研发补贴具有诱导效应。Hamberg（1966）被公认为是第一个在微观层面横截面数据上使用回归方法来解决政府研发补贴与企业技术创新关系的学者（David 等，2000）。他将美国 405 家企业样本分为 8 个行业组，使用 OLS 回归后发现，国防部合同与 6 个行业私人研发正相关，而对另外 2 个行业则是不显著的负相关。Howe 和 McFetridge（1976）报告了加拿大电气、化工和机械行业 81 家企业的计量经济学调查结果，发现政府研发补贴对各行业企业技术创新投入均具有正向的影响，但只有电力行业是显著的。

2000 年以后，北美以外的学者开始对政府研发补贴的诱导/挤出作用进行大量微观层面的实证研究，大多数非北美数据支撑了政府研发补贴具有诱导效应或没有挤出效应。Busom（2000），González 等（2006），González 和 Pazó（2008）等学者利用西班牙制造业企业数据，使用参与方程和研发努力方程等研究发现，西班牙政府研发补贴没有全部或部分挤出效应。Czarnitzki 和 Fier（2002），Almus 和 Czarnitzki（2003），Czarnitzki 和 Hussinger（2004），Czarnitzki 和 Licht（2006），Czarnitzki 和 Toole（2007），Czarnitzki 和 Delanote（2015）等学者利用欧洲经济研究中心（ZEW）曼海姆创新小组（MIP）的德国企业调查数据研究证明，政府研发补贴增加了企业研发投资。Aerts 和 Schmidt（2008），Czarnitzki 和 Lopes-Bento（2012，2013）等学者引入非参数匹配估计和具有重复横截面的有条件的双重差分（CDiDRCS）等方法，利用德国、比利时、卢森堡等国家和地区的社会研发调查（CIS）数据，证实了政府研发补贴对企业研发投资的积极影响。Duguet（2004，2012），Marino 等（2016）等学者利用法国年度研发调查数据或年度商业调查数据等，使用双重差分与倾向得分匹配等方法，研究证明了政府研发补贴没有挤出效应。Choi 和 Lee（2017）利用韩国制药业企业数据，发现政府研发补贴刺激而不是挤出小型生物技术风险投资公司的私人研发支出。

中国学者利用微观数据就政府研发补贴对企业技术创新投入的影响进行实证研究是近十多年的事情，但也形成了大量的研究成果。程华和赵祥（2008），徐宝达和赵树宽（2017），马嘉楠等（2018），马嘉楠和周振华（2018），陈婷婷（2018），苏娜（2019）等，利用浙江、吉林、上海、广东、北京等地方企业数据，采用倾向值匹配法等，验证了政府研发补贴的诱导效应。另外一些学者则利用上市公司数据验证了政府研发补贴的诱导效应。解维敏等（2009），岳松和庄瑜（2010），陈玲和杨文辉（2016），陈远燕（2016），陈明明等（2016），赵康生和谢识予（2017），贺炎林和朱伟豪（2017），陈战光等（2018），邱通（2018），沈鹏远和邹海峰（2018），林木西等（2018），杨亭亭等（2018），李香菊和贺娜（2019）等，利用中国上市公司数据研究发现，我国政府研发补贴对上市公司研发支出具有显著的诱导效应。杨德伟和汤湘希（2011），许国艺（2014），王遂昆和郝继伟（2014），顾群（2015），顾群等（2016），林菁璐（2018），庄婉婷等（2018）等，利用深市中小板上市公司数据，采用混合截面数据 OLS 回归、工具变量的二阶段回归、面板数据的固定效应模型与随机效应模型进行回归等方法，发现了政府研发资助可以显著地促进企业技术创新的证据。梁彤缨等（2017），孙慧和王慧（2017），卢馨等（2017），张向达和齐默达（2018）等，利用中国创业板企业或战略性新兴产业上市公司数据，运用倾向得分匹配、固定效应模型等方法，分析发现政府研发补贴具有诱导作用。姚东旻和朱泳奕（2019）等，利用中国工业企业数据库，运用倾向得分匹配与双重差分方法，分析发现政府研发补贴具有显著的诱导作用。

②挤出效应。与美国早期的研究及其他国家的研究不同，自 20 世纪 70 年代末以来，绝大多数美国学者利用美国微观数据研究表明，美国的政府研发补贴具有显著的挤出效应或诱导效应不显著。Shrieves（1978）对纳入 1965 年美国工业研究实验室的 411 家企业的数据进行实证研究发现，政府资助创新努力与私人融资努力之间显著逆相关。Carmichael（1981）利用 NASA 和 DOD 提供的 46 家美国运输业企业数据分析发现，政府研发补贴挤出私人投资占 8%。Lichtenberg（1984，1987，1988）采用供需框架并将政府研发补贴内生化后研究发现，政府研发补贴会减少或不会影响企业技术创新投入。Wallsten（2000）对美国小企业创新研究（SBIR）计划执行情况进行研究发现，SBIR 拨款挤出了企业的研发支出。

郭晓丹和何文韬（2011）、周晓艳和卞元月（2018）等个别中国学者基于中国上市公司数据或工业企业数据的研究，也取得了类似的结论。

③非线性关系。随着计量工具的发展和应用，越来越多的研究结果显示，政府研发补贴与企业技术创新之间具有非线性关系。刘虹等（2012），王文煜和朱卫东（2015）研究发现，政府研发补贴与企业技术创新投入和产出之间均呈倒 U 形关系。戴小勇和成力为（2014）研究发现财政补贴与企业技术创新投入

间的非线性关系,制造业国有企业财政研发补贴最佳占比为 13.45%—27.75%。张信东和武俊俊(2014),武咸云等(2016),宋丽颖和杨潭(2016)研究发现,政府研发补贴存在临界点,补贴强度只有低于此点才能发挥诱导作用,否则就会产生挤出效应。张向达和齐默达(2018)研究发现,政府研发补贴强度和增速对企业研发投入的影响分别呈 U 形和倒 U 形分布。近年来,张辉等(2016),宋林和乔小乐(2017),罗植(2018),邵学峰和赵志琦(2019)通过门槛回归的方法,同样验证了政府研发补贴与企业技术创新投入间的非线性关系,并各自计算出补贴强度边界值。

(2)政府研发补贴对企业技术创新产出的影响

外国文献基本支持了政府研发补贴具有促进效应的假设。Czarnitzki 和 Hussinger(2004),Czarnitzki 和 Licht(2006),Czarnitzki 和 Lopes-Bento(2014)利用曼海姆创新小组的德国制造业企业数据,采用专利生产函数研究发现,公共研发补贴在创新产出方面具有显著的额外性。Hewitt-Dundas 和 Roper(2010)利用北爱尔兰 1 156 家企业和爱尔兰 1 571 家企业数据,使用 IV 方法进行实证研究发现,对企业的赠款援助可以有效地鼓励企业开展新的创新,并提高其创新活动的质量和复杂程度。Hunermund 和 Czarnitzki(2019)则对欧洲最大的多边补贴计划"泛欧计划"进行了研究,显示该计划将创造 53% 的更多就业机会和 48% 的更高销售额。

与国外文献不同,国内文献的研究结论没有一边倒地支持促进效应的假设。张小红和逯宇铎(2014),张信东等(2014),刘继兵等(2014),郭研等(2015),董静等(2016),孙慧和王慧(2017),高雨辰等(2018)等学者研究显示,政府研发补贴促进了企业技术创新产出。吴剑峰和杨震宁(2014),李爱玲(2015),郑延冰(2016),范寒冰和徐承宇(2018)等学者研究认为,政府研发补贴对企业技术创新产出没有或部分没有产生(显著的)促进效应。近年来,还有林洲钰等(2015),张帆和孙薇(2018)等个别学者研究发现,政府研发补贴与企业技术创新产出呈现倒 U 形关系或双拐点倒 U 形关系。

(3)政府研发补贴对企业技术创新影响的因素

①补贴异质性。近年来,部分外国学者对政府研发补贴工具、强度和政策组合等影响因素进行了研究。Czarnitzki 和 Lopes-Bento(2013)利用比利时佛兰德斯地区的社会创新调查数据研究发现,政府补贴次数与诱导效应正相关,一个补贴项目可以创造或保障经济中的五个研发工作岗位。Marino 等(2016)

利用法国企业数据评估了实验组（补贴接受者）和控制组（补贴非接受者）之间以及不同实验（小型，中型和大型补贴接受者）企业之间研发补贴的影响，研究发现挤出效应在中高水平的直接资助以及税收抵免政策下似乎更为明显。Dumont（2017）利用比利时可用支持计划企业数据与其他企业数据相匹配研究发现，当企业同时从不同的计划中受益时，研发支持的有效性会降低，特别是当企业将补贴与多种税收优惠结合起来时。但 Czarnitzki 和 Lopes-Bento（2014）在分析欧洲和国家资金对企业层面创新投入的影响时发现，这些政策是补充关系，即国家和欧洲政策的共存不会导致挤出效应。

许多中国学者对政府研发补贴方式进行了比较研究。唐清泉等（2008），周海涛和张振刚（2015）将政府研发补贴分为直接补贴和间接补贴，比较研究发现间接补贴对自主创新企业、企业研发资金投入、大型企业创新绩效更有效，直接补贴对公共品性质的行业、企业人力投入、初创型企业创新绩效更有效。关勇军等（2013），许玲玲（2014），郑春美和李佩（2015），陈远燕（2016）将政府研发补贴分为直接资助和税收优惠，利用上市公司或高新技术企业数据研究发现，直接资助政策效果更好。而朱云欢和张明喜（2010），王欢芳和李密（2018）的研究则得出了相反的结论，他们认为税收优惠政策效果更强。此外，张杰等（2015），刘素荣（2018），苏娜（2019）利用地方和部门数据，分别从贷款贴息类型的补贴和无偿资助等类型的补贴、与收益相关的补贴和与资产相关的补贴、"创新行为激发"补贴和"区域人才集聚"补贴等其他维度对不同类型的政府研发补贴进行了比较研究。

②企业异质性。部分国外学者对企业规模、研发基础、地域性差异等影响因素进行了研究。Busom（2000）利用西班牙企业的横截面研究发现，小企业比大企业更有可能获得补贴，这可能反映了公共机构的政策目标。Czarnitzki 和 Licht（2006）考察了德国西部和东部公共研发补贴投入和产出的额外性，发现过渡期间德国东部的输入额外性更为明显，但现有的西德创新体系研发生产率仍然高于东德。Czarnitzki 和 Lopes-Bento（2012）利用比利时、德国、卢森堡、南非、西班牙等 5 国的统一微观数据，采用非参数匹配方法进行跨国比较分析发现，如果没有获得补贴，公司研发投入将大大减少。Czarnitzki 和 Delanote（2015）利用德国初创中小企业数据，对独立的高科技公司、独立的低技术公司和非独立的同行进行比较，研究发现对独立的高科技初创公司的研发补贴具有更高的诱导效应。

部分中国学者，包括程华和赵祥（2008），许国艺等（2014），许国艺（2015），郭兵和罗守贵（2015），董静等（2016），马嘉楠等（2018），马嘉楠和周振华（2018），赵康生和谢识予（2017），邢斐和董亚娇（2017），苏娜（2019）等，对企业规模、行业属性、研发强度、研发基础、产品多样化程度等影响因素进行了研究，发现企业规模越大、吸收能力越强、产品多样化程度越低，政府研发补贴政策效果越好；特别是对民营企业、中等研发强度企业、低技术企业，政府研发补贴政策促进效应更大。

部分中国学者对企业所有权性质、地域性差异等影响因素进行了研究。刘虹等（2012），王遂昆和郝继伟（2014），王一卉（2013），林洲钰等（2015），张辉等（2016），董静等（2016），温明月（2017），孙晓华等（2017），应梦洁和曾绍伦（2017），李新功（2018），赵玉林和谷军健（2018），邱通（2018），林木西等（2018），邵学峰和赵志琦（2019）等多数学者研究认为，针对非国有企业、东部地区企业的政府研发补贴绩效更高。只有刘继兵等（2014），陈明明等（2016）等个别学者研究认为，针对国有企业的政府研发补贴绩效更高。

近年来，还有部分中国学者，包括汤颖梅和王明玉（2016），童锦治等（2018），马嘉楠和周振华（2018）等，结合企业生命周期理论等进行实证研究，但就政府研发补贴对成熟期企业更有效，还是对成长期和衰退期企业更有效，结论不一。

③研发异质性。与宏观层面和行业层面的实证研究不同，微观层面研究在分析影响因素时，增加了对研发异质性的关注。早在20世纪80年代，美国学者就对这一问题进行了比较深入的研究。Higgins 和 Link（1981）利用美国制造业企业数据分析发现，企业对研发支出的分配与其收到的联邦资金数额无关。次年，Link（1982）进一步将企业研发支出分为基础研究支出、应用研究支出和开发研究支出，同时控制了企业利润、多样化和高技术导向等变量，发现联邦政府资助激励了企业的总研发支出和开发研究支出，降低了企业基础研究支出，对应用研究支出没有显著作用。Aerts 和 Thorwarth（2008）利用佛兰德斯年度研发调查数据，运用参数匹配模型和 IV 回归模型研究发现，研发补贴主要有助于增加开发支出。Clausen（2009）利用挪威社会研发调查数据进行研究发现，"开发"补贴替代了企业内部研发支出，而"研究"补贴激励了该研发支出。

近年来，顾群（2015），顾群等（2016），李新功（2018）等个别中国学者也在这一领域展开探索研究，发现政府研发补贴对基础研究作用更突出。

(4) 政府研发补贴对企业技术创新影响的效应

①时滞效应。部分学者意识到，政府研发补贴对企业技术创新的影响可能是动态的、长期的，据此对政府研发补贴的时滞效应进行了研究。Czarnitzki 和 Lopes-Bento（2012）利用比利时、德国、卢森堡、南非、西班牙等5国数据研究发现，几乎所有政府都将受益于其补贴政策的延期。Klette 和 Moen（2012）利用挪威高科技产业企业数据，对"匹配补助金"制度（即补贴是针对性的，企业必须为补贴项目提供50%的自有风险资本）进行了研究，发现政府研发补贴从短期看作用不明显，但从长期影响看显示出积极的动态效应。

中国学者也对时滞效应进行了研究。程华和赵祥（2008），岳松和庄瑜（2010），尚洪涛和黄晓硕（2018）研究发现，政府研发补贴具有显著诱导（促进）时滞效应。胡瑞卿和郑旭东（2016），应梦洁和曾绍伦（2017）则发现，政府研发补贴可能存在"先挤入、后挤出"的影响。范寒冰和徐承宇（2018），李香菊和贺娜（2019）等还研究了政府研发补贴时滞效应可能带来的其他影响。

②调节效应和中介效应。无论是在宏观层面还是在微观层面，调节效应和中介效应始终是我国学者十分关心关注的问题。刘虹等（2012），佟爱琴和陈蔚（2016），贺炎林和朱伟豪（2017），张帆和孙薇（2018）对政治环境——包括政治联系、政治关系、反腐力度等——的调节效应进行了研究。郭研等（2015），林洲钰等（2015），张杰等（2015），吴非等（2018）对制度环境——包括政策环境、法治环境、知识产权保护制度完善程度等——的调节效应进行了研究。王文华和张卓（2013），朱治理等（2016），赵康生和谢识予（2017），卢馨等（2017）对地方金融发展水平的调节效应进行了研究。梁彤缨等（2017），王刚刚等（2017），王旭和何玉（2017），邱通（2018）对融资约束的调节效应进行了研究。许国艺（2014），邹彩芬等（2014），赵玉林和谷军健（2018），邢斐和王红建（2018），康志勇等（2018）对市场环境和需求的调节效应进行了研究。吴剑峰和杨震宁（2014），高雨辰等（2018），庄婉婷等（2018），杨亭亭等（2018），邹洋等（2019）对企业自身治理的调节效应以及企业研发合作、企业研发投入的中介效应进行了研究。

2.3 文献评述与本书研究视角

2.3.1 现有研究总结

国内外文献关于政府研发补贴政策的研究成果异常丰硕。从 20 世纪 50 年代开始，西方学者就基于国家战略和发展的需要，有组织地开展了一系列富有成效的学术研究活动，较国内研究早了近半个世纪。中国学者对这一领域的关注是近 20 年左右的事情。虽然起步较晚，但也进行了大量有益的探索，形成了较为丰富的研究成果。本章从市场失灵理论出发，对政府运用研发补贴干预企业技术创新活动的经济学理论基础进行了梳理，并从投入影响、产出影响、影响因素、影响效应 4 个维度，就国内外对政府研发补贴政策的实证研究文献进行了比较全面的梳理和汇总，发现不同国家、不同地区、不同时间节点的研究关注的焦点不同，不同层面样本数据的研究得出的结论不同。

第一，总体上看，国外文献关注的重点始终在政府研发补贴对企业技术创新投入的影响方面，国内文献则特别关注政府研发补贴对企业技术创新产出的影响，直到近几年才将关注的重点放在政府研发补贴对企业技术创新投入的影响方面；美国文献的研究更容易发现政府研发补贴存在挤出效应和抑制效应的证据，其他国家和地区的文献则大多支持政府研发补贴存在诱导效应和促进效应的假设；国外文献更加关注政府研发补贴可能存在的溢出效应，国内文献更加关注政府研发补贴对企业技术创新影响路径上的调节效应和中介效应。

第二，在既有实证研究中，微观层面文献远超过宏观和行业层面的文献，说明学界对微观计量研究的偏好。这种偏好，既是因为政府研发补贴政策实施的对象是企业这一微观主体，更是因为传统回归分析技术对样本数量和有效数据的要求，限制了宏观层面的研究。同时，大多数文献关注的焦点集中在政府研发补贴对企业技术创新投入的影响和政府研发补贴对企业技术创新影响的因素两个方面，对政府研发补贴对企业技术创新产出的影响和政府研发补贴对企业技术创新影响的效应两个方面的关注主要是 2000 年以后的事情。

第三，在政府研发补贴对企业技术创新投入的影响方面，宏观层面和行业层面的实证研究，绝大多数发现存在诱导效应，除了 Lichtenberg（1984）利用美国国家科学基金会 1963—1979 年的行业面板数据研究发现政府研发补贴总体上会减少企业技术创新投入以外，其他文献只在国别研究和补贴异质性研究中发现了挤出效应；而在微观层面，有部分文献发现政府研发补贴对企业技术创新投入存在明显的挤出效应，且其中有近一半的文献发现，政府研发补贴总体上会减少企业技术创新投入，还有部分文献发现两者之间存在非线性关系，即政府研发补贴有挤出企业技术创新投入的概率。这说明在微观层面的研究得到挤出效应的可能会更大。

第四，在政府研发补贴对企业技术创新产出的影响方面，无论是宏观层面和行业层面的研究，还是微观层面的研究，绝大多数文献都支持了政府研发补贴对企业技术创新产出的促进效应。近5年来，也有部分微观层面研究发现，政府研发补贴对企业技术创新产出可能没有显著影响或存在非线性关系，这些结论主要集中在对某一行业或规模的企业的研究中，对下一步开展企业异质性研究具有重要参考价值。

第五，无论是哪个层面甚至哪个年代的文献，都十分重视对补贴异质性的研究。尤其是对直接资助和税收优惠的比较分析，是近年来学者们比较关心和关注的课题。不过，对不同国家、不同地区、不同行业、不同企业的实证分析得出了不一样的研究结论。有的认为直接资助优于税收优惠，有的认为税收优惠胜过直接资助，还有的建议对不同类型企业使用不同的补贴政策或政策组合。此外，行业层面和微观层面的研究还特别重视对企业异质性的比较分析。国外文献关注的焦点主要集中在企业规模、研发基础、地域差异等方面，国内文献除了关注上述内容外，还特别关注企业所有权性质、生命周期、行业属性、研发强度、产品多样化程度等方面内容。最后，微观层面还增加了对研发异质性的关注，特别关注政府研发补贴对企业基础研究、应用研究和试验发展的不同影响。对于研究分析我们国家基础研究投入特别是企业基础研究投入薄弱的问题，具有重要的理论和实践意义。

第六，近年来，国内外学者越来越重视政府研发补贴对企业技术创新影响效应的研究，尝试揭开政府研发补贴如何发挥作用的"黑箱"。国外学者十分重视对政府研发补贴溢出效应的研究，利用空间动态面板模型等方法，从宏观层面和行业层面探索了国与国、地区与地区之间的政府研发补贴政策是否存在"以邻为壑"的问题。进入21世纪以来，部分国内外学者对政府研发补贴影响的时效性产生了浓厚兴趣，绝大多数实证研究发现，政府研发补贴对企业技术创新的影响具有时滞效应。近年来，国内学者还就政府研发补贴对企业技术创新影响路径上的调节效应和中介效应进行了研究，重点分析了政治环境、制度环境、金融环境、市场环境和企业自身治理对政府研发补贴政策的影响。

2.3.2 有待拓展之处与本书研究视角树立

通过对国内外研究现状的回顾，可以看出，政府研发补贴政策相关研究成果已经较为丰富，既有理论研究也有实证研究，既有宏观层面的探讨也有行业层面和微观层面的探讨，并且在继续向前发展。但是，这也是一个常学常新的研究领域，还存在很多问题值得进一步深入探索和研究，特别是当前的科研成果尚无法有效反映和解释复杂多样的社会实践，两者之间存在着一定程度的分离现象，需要在理论和实证研究方面投入更多精力，持续守正创新。

比如，在各国的政策实践中，不同国家在政策工具的选择和组合策略上差别很大，仅从直接资助和税收优惠二分视角，就存在"高直接资助、高税收优惠""低直接资助、高税收优惠""高直接资助、低税收优惠""低直接资助、低税收优惠"等4种情形，但无论是在政治界还是在学术界，对哪种政策工具更有效莫衷一是，这为本书带来了第一个启示：直接资助和税收优惠的选择和组合，可能不存在一种"普世"的最优解，而需要相机决策、对"症"下"药"。

再比如，当前绝大多数实证研究都聚焦于对个别政策工具有效性的分析，这可能会导致隐藏的处理偏差。虽然近年来 Montmartin（2013）、Dumont（2017）等学者已经开始关注政策组合问题，并分别从宏观和微观层面对此进行了初步探讨，但受有效数据、样本数量、计量方法等局限，依然无法解决结论不一的问题。这为本书带来了第二个启示：是否可以引入新的技术和方法，深化对政府研发补贴政策工具选择和组合策略问题的研究。

又比如，市场失灵理论作为当前支撑政府研发补贴政策的主流理论，虽然为基础研究补贴的正当性提供了充分的论证，但却难以充分证明政府补贴应用研究和试验发展的合理性，这为本书带来了第三个启示：是否可以引入新的理论和概念，来解释政府研发补贴政策的必要性和合理性，分析和阐释政府研发补贴政策工具选择和组合策略问题。

还比如，当前针对我国政府研发补贴政策的研究，还主要停留在该不该使用补贴、怎么提高自主创新能力等老问题上，针对新时代新征程提出的时代课题研究不够，针对工具选择和组合策略这类宏观问题研究不够，这为本书带来了第四个启示：如何紧密结合中国之问、时代之问，客观系统地看待分析我国政府研发补贴政策体系的现状和问题，就政策工具选择和组合策略提出有针对性的政策建议。

为此，本书在既有研究的基础上，拟聚焦政府研发补贴政策工具选择与组合策略这个课题，系统深入分析国际成功经验和我国实践做法。理论上，引入复杂性科学与演化经济学的理论和概念，结合历史研究和案例研究，对政府研发补贴政策工具及其组合策略的历史逻辑、理论逻辑和实践逻辑进行分析；实证上，综合运用模糊集定性比较分析方法和传统计量经济分析方法，从宏观和微观两个层面，对政府研发补贴政策工具选择与组合策略进行政策效应评估。最终，以期得到一些富有价值的政策启示：政府应当如何选择研发补贴政策工具和组合策略，才能更好服务国家创新驱动发展战略，促进经济高质量发展和高水平科技自立自强。

第 3 章

政策组合视角下政府研发补贴政策评估
——基于 40 个国家的模糊集定性比较分析

3.1 引言

党的十九大报告指出，创新是引领发展的第一动力，是建设现代化经济体系的战略支撑。党的二十大报告强调，坚持创新在我国现代化建设全局中的核心地位，加快实现高水平科技自立自强。现代经济增长理论表明，技术进步和知识积累是决定经济增长的重要因素（Romer，1990），而技术进步的根源是技术创新（柳卸林，1993），技术创新的源泉是研究与试验发展（R&D，以下简称研发），企业在技术创新中发挥着主体作用。由于创新技术具有公共产品的溢出性、成果的非排他性以及收益的非独占性等特征，导致企业从事技术创新活动的私人收益率低于社会收益率，企业技术创新不可避免地会遇到市场失灵和投资不足等问题（Tassey，2004）。这为政府干预企业技术创新活动提供了恰当的理由。

工业经济体中的大多数政府都试图通过研发补贴政策，包括直接资助

（如赠款、贷款和资本注入）和税收优惠等，来引导企业从事技术创新活动。按照世界贸易组织《补贴与反补贴措施协定》第四部分第8条的规定，政府研发补贴与贫困地区补贴、环境保护补贴一样，是符合特定要求的专项性补贴，属于不可诉补贴，又称"绿色补贴"（石广生，2011）。过去十年，尽管世界经济遭受金融危机的严重冲击，但是大多数工业国家和新兴工业国家依然加大了政府研发补贴力度。如图3-1所示，2007年至2017年，在36个经合组织成员国与4个金砖国家中①，26个国家的政府研发补贴总额占GDP的比重增加，其中13个国家的增幅超过100%，中国的补贴强度增长25.6%。

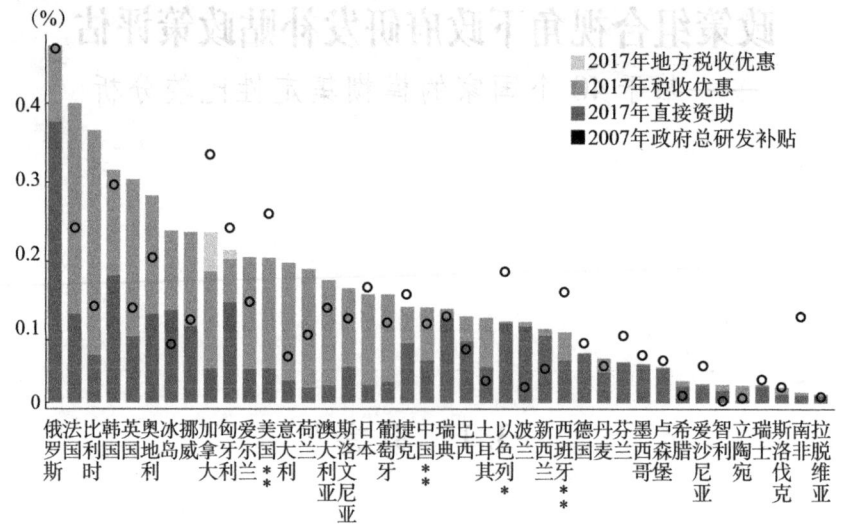

图 3-1　2017 年和 2007 年经合组织成员国与金砖国家政府研发补贴总额占 GDP 的百分比

＊：缺少税收优惠数据

＊＊：缺少地方税收优惠数据

数据来源：OECD, R&D Tax Incentives Database, https://oe.cd/rdtax, 2020 年 4 月。

同时，可以清楚地看到，各国政府在研发补贴政策的选择和组合上也存在较大差异。部分国家为企业研发提供了丰厚的直接资助和慷慨的税收优惠，如法国、韩国、英国、奥地利等。另一些国家则在直接资助方面提供的支持很少，主要通过税收激励措施，如荷兰、澳大利亚、意大利、日本等，其税收优惠占政府研发补贴总额的80%以上。还有一些研发密集型国家的政府研发补

---

① 因数据缺失，不包含印度。

贴相对较少，主要依赖甚至仅依赖直接资助，如瑞士、芬兰、丹麦、德国等。中国则好似秉持着"中庸之道"，无论是补贴总额还是单项补贴力度都居于40个国家的中等水平，直接资助和税收优惠基本呈现五五开。各国政府研发补贴的慷慨程度和政策组合的差异性表明，政策制定者在政府研发补贴的最优强度和各政策工具的有效性等问题上存在认识分歧。

与政策制定者一样，学术界对政府研发补贴政策工具的有效性问题也存在不同认识。尽管在大多数国家，企业可以获得直接资助和税收优惠，但是迄今为止，对政府研发补贴政策的研究，大都聚焦于对个别政策工具的有效性分析上（Busom 等，2015，Guerzoni 和 Raiteri，2015）。在不控制其他可用工具的情况下，估算单一政策工具可能会导致隐藏的处理偏差。同时，近年的实证分析研究结果表明，不同学者对直接资助或税收优惠的有效性存在不同的看法（Dimos 和 Pugh，2016，Castellacci 和 Lie，2015）。总体上看，研究结果的异质性不仅是计量方法和数据采用引起的，还与行业或国家背景以及政策工具的具体设计和实施有关（Montmartin 等，2018）。Castellacci 和 Lie（2015）在其结论中指出，大多数研究分别评估直接资助和税收优惠的影响，未来的研究应评估政策组合的有效性。

本章通过统筹考虑各类政府研发补贴政策工具，采用模糊集定性比较分析（Fuzzy-Set Qualitative Comparative Analysis，fsQCA）方法，评估了40个国家的政府研发补贴政策组合对本国企业研发投入的影响。定性比较分析（QCA）自20世纪80年代美国社会学家 Ragin（1987）首次提出以来，在社会科学研究中越来越受欢迎（马克斯等，2015），特别是在创新研究中（Seny Kan 等，2016），因为这种方法相对于基于回归的方法具有特殊优势（Woodside，2013）。作为一种组态比较分析技术，fsQCA 方法适用于中小样本的宏观研究，允许探索复杂的、非对称的因果关系，可以分析不同的前因条件（本章中是政府研发补贴政策工具）如何组合以实现特定的目标结果（本章中是高企业研发强度），以及前因条件的多种组合是否导致相同的结果（Ragin，2000），这些都是传统回归分析技术所不"擅长"的。本章使用 fsQCA 方法对40个国家的政府研发补贴政策组合进行系统评估和横向比较，目的就是想通过引入一种新的实证分析方法，克服当前政府研发补贴研究使用净效应分析的局限性，寻找各国政府研发补贴政策实践差异和实证研究结果异质性的内在原因，发现实现高水平企业研发投入的政府研发补贴政策组合类型，为我国借鉴国际有益经验，立足实际动态调整政府研发补贴政策体系，助力实现科技高水平自立自强提供启示。

3.2 文献回顾

为填补政府研发补贴政策组合研究领域的空白，消除单一政策工具研究中隐藏的估计偏差，为政策制定者科学决策提供理论支持，近年来，国外部分学者对这一问题展开了初步研究并取得了富有成效的进展。一些微观计量研究认为，政府研发补贴政策工具之间是互补的。Hægeland 和 Møen（2007）是最早使用企业级数据评估直接资助和税收优惠之间相互作用的人之一。他们的结果表明，挪威政府研发补贴政策工具之间是互为补充的。此后，Corchuelo 和 Martínez-Ros（2009）、Bérubé 和 Mohnen（2009）、Duguet（2012）、Czarnitzki 和 Lopes-Bento（2014）等学者，分别利用西班牙、加拿大、法国、德国等国家的企业数据进行实证研究，同样发现政府研发补贴政策工具之间存在互补效应。与此同时，另一些研究表明，政府研发补贴政策工具之间存在替代效应，即通过引入另一种工具可以减少一种工具的影响。Marino 等（2016）利用双重差分和匹配估计等方法，运用法国企业样本分析了存在或不存在研发税收抵免制度的情况下直接资助的政策效果。研究表明，在存在研发税收抵免制度时，中高水平直接资助的挤出效应似乎更为明显。Dumont（2017）采用固定效应面板回归，对比利时企业数据进行分析发现，当企业同时从不同的研发补贴政策工具中受益时，补贴的有效性会降低，特别是当企业将直接资助与多种税收优惠结合起来时。值得注意的是，得出替代效应结论的微观计量研究，主要基于法国、比利时等高政府研发补贴强度国家。

虽然受有效数据和样本数量等限制文献相对较少，但是宏观计量研究也有助于分析政府研发补贴政策组合。Guellec 和 Van Pottelsberghe（2003）利用17个经合组织国家数据研究提出，直接资助和税收优惠可以有效增加企业研发投入，但增加一种政策工具的支持会降低另一种政策工具支持的效果。Montmartin（2013）采用偏差矫正 LSDV 法，利用25个经合组织国家数据研究表明，只有税收优惠才会显著影响企业资助的研发强度。如果在一个国家内的直接资助和税收优惠之间出现替代效应，则这些政策与其他国家实施的政策之间会出现一定的互补性。Montmartin 和 Herrera（2015）引入空间动态面板模型，利用 25 个经合组织国家数据研究发现，政府研发补贴政策与企业研发投入之间存在非线性关系，国家内实施的政府研发补贴政策工具之间，以及国与国政府研发补贴政策之间都存在替代效应。Montmartin 等（2018）基于研发投资模型的空间扩展，对法国的地区数据进行分析发现，国家资助是唯一能够产生重大挤入效应的政策工具，相反，税收抵免、地方资助、欧盟资助等其他政策工具的补贴设计、规模和空间分配，似乎使它们在法国背景下成为以邻为壑的政策。

国内学者也对政府研发补贴政策组合做了部分研究。朱平芳和徐伟民（2003）、徐伟民（2009）利用上海市高新技术企业数据，研究了政府直接资助和税收优惠这两个政策工具间的交互作用，前者发现两个政策工具互为补充，后者发现两个政策工具间可能存在"系统失灵"问题。还有一些学者利用我国各省区市数据进行了研究，戴晨和刘怡（2008）表示税收优惠比直接资助对企业研发投入具有更强的激励作用，梁彤缨等（2012）发现两个政策工具都对企业研发投入具有积极引导作用，赵凯和王鸿源（2018）认为"低直接资助、低税收优惠"策略更有利于提高企业创新收益。

诚如前文所述，国内外实证分析研究基于不同的国家背景、不同的政策环境、不同的计量工具，形成了不同的分析结论。哪类政策工具作用更优，哪种政策组合效果更好，什么补贴力度更适当，学者们看法不一而足，可谓"仁者见仁，智者见智"。其中，国内研究大都停留在采用简单的研发投资模型，引入直接资助和税收优惠交互项，进行回归分析的范式上，既没有对政府研发补贴的内生性和选择性偏误等问题进行处理，也没有考虑空间效应影响，而这些都会产生有偏估计。国外研究虽然已经普遍认识到样本选择性偏误和变量间内生性等问题，并采用工具变量、匹配估计、双重差分等方法对这些问题进行了处理，但是各类方法都有已知的优点以及一些限制，比如因果推理依赖于条件独立性假设或可观察性假设等（Dumont，2017）。此外，运用净效应分析建立因果关系的其他局限性，比如自变量相互独立、因果对称性、单项线性关系等（里豪克斯和拉金，2017），同样阻碍了对政府研发补贴政策组合效果的评估。分析结论的多样性和分析方法的局限性，要求我们尝试摆脱固有思维，引入新的技术和方法，进一步深化对政府研发补贴政策组合问题的探讨和研究。

3.3 研究设计

3.3.1 研究样本

本章使用的数据来源于经合组织 2020 年 4 月发布的"经合组织研发税收激励数据库（OECD RDTAX database）"。该数据库旨在为政策制定者和研究人员提供可用的数据基础设施，以研究经合组织成员国和合作伙伴经济体中研发税收激励措施的使用与影响（Appelt 等，2019）。该数据库包括 36 个经合组织成员国和 11 个非成员经济体政府对商业企业研发支出（BERD）的税收优惠和直接资助的时间序列数据。我们选取其中 2013—2017 年的数据，将这些数据与经合组织 2020 年 2 月发布的"经合组织主要科学技术指标数据库（OECD MSTI database）"中的商业企业研发支出、高等教育研发支出（HERD）、政府研发支出（GOVERD）等数据，以及 2019 年 12 月发布的国民生产总值（GDP）数据，按照国家英文名称简称进行合并，剔除数据存在严重缺失的国家样本，并参照 Lederman 和 Maloney（2003）、Falk（2006）的做法，使用 5 年平均值数据进行分析，最终获取了共 40 个国家样本（包括 35 个经合组织成员国和 5 个非成员经济体）的横截面数据。

3.3.2 研究方法

为了克服传统回归分析技术的局限性，本章选择 QCA 方法研究政府研发补贴政策组合问题。第一，QCA 方法是一种组态比较分析技术。传统政府研发补贴政策研究大多聚焦于对某一种或几种政策工具有效性的净效应分析，即每单位政府研发补贴诱导或挤出了多少单位的企业研发投入，并通过比较不同政策工具影响的弹性系数来评判政策优劣。这类研究遵循物理学范式和边际分析技术，却忽略了自变量间可能存在的"化学反应"和相互依赖性（杜运周和贾良定，2017）。QCA 方法关注多重并发因果关系，采取整体视角和组合思维，将不同政府研发补贴政策工具等前因条件看成潜在合作者而非竞争对手进行组态分析，从而帮助我们发现产生高企业研发强度这一定性结果的不同前因"配方"，并可以从中探寻更经济、更有效、更适宜的政策组合。第二，QCA

方法是一种集合分析方法。与基于相关分析的传统计量研究方法相较，QCA方法综合了案例导向和变量导向方法的优点（Ragin，1987），运用集合论和布尔代数对必要和充分条件关系进行分析，第一次让理论和实践语言匹配起来（拉金，2019）。不同于具有对称性的相关关系，集合关系是非对称的，更适合用于分析像政府研发补贴和企业研发投入等现实世界中广泛存在的非对称性关系（夏鑫等，2014）。第三，QCA方法适用于中小样本的宏观比较分析。由于有效数据的可得性和样本数量的有限性等原因，国内外学者对政府研发补贴政策的实证研究，通常偏好基于企业层面的微观计量研究（任国良等，2013）。QCA方法突破了传统回归分析对样本数量的限制，不仅适用于大样本研究，同时还适用于中小样本研究，已被广泛应用于宏观、中观、微观等各层面的实证研究当中。事实上，QCA方法最初就是作为一种"宏观比较"的分析方法被广泛接受的（里豪克斯和拉金，2017）。

Ragin于1987年开发了QCA，并在他的《比较方法》（Ragin，1987）一书中对其进行了首次描述。但是，当时的QCA方法只能处理二分变量，即变量只能取值0或1。因此，研究人员必须简化其数据，而这可能会导致变量信息的丢失。为了克服这一障碍，Ragin于2000年将模糊集引入QCA，创建了fsQCA（Ragin，2000）。fsQCA方法可以通过校准程序，为变量分配0到1之间的任何值，从而在一定程度上将变量的"质性"维度和"量化"维度结合起来。QCA特别是fsQCA开发以来，在社会科学研究领域获得了广泛的应用，但在财税领域仍然是一个新鲜事物，提及fs/QCA方法的国内学术论文仅有4篇，作者分别是王菁等（2016）、徐家良等（2019）、李华和张瑜娟（2020）、司晓悦和马一铭（2020）。要应用fs/QCA方法，研究人员可以从国际COMPASSS网站[①]发布的各种软件包中进行选择。本章采用由Ragin和Davey共同开发的独立软件"fs/QCA v3.0"[②]以及Cronqvist开发的Excel加载项"QCA Add-In v1.1"[③]进行fsQCA研究。

3.3.3 研究变量

既有研究表明，企业研发投入受政府研发投入的影响，既包括受政府对商

---

① http://compasss.org/。
② Ragin C, Davey S. fs/QCA [Version 3.0] [EB/OL]. http://www.socsci.uci.edu/~cragin/fsQCA/software.shtml，（2017-12-30）[2020-4-19]。
③ Cronqvist L. QCA Add-In [Version 1.1] [EB/OL]. https://www.qca-addinn.net，（2019-02-22）[2020-4-19]。

业企业研发支出的直接资助或税收优惠等研发补贴的直接影响，也包括受政府资助的高等教育研发支出或政府研发支出的间接影响。为综合分析政府各类研发投入的影响，本章的结果变量和条件变量采用 Guellec 和 Van Pottelsberghe（2003）、Falk（2006）所建模型的修改版来指定：

$$BUSBERD_i = f(DF_i, TS_i, GOVHERD_i, GOVGOVERD_i, GDPPCAP_i)$$

如表 3-1 所示，BUSBERD 表示企业出资的商业企业研发支出占 GDP 的百分比，用于衡量政府研发补贴政策组合效果。DF 和 TS 分别表示政府对商业企业研发支出的直接资助和税收支持（含地方税收支持）占 GDP 的百分比，用于衡量两类政府研发补贴强度。GOVHERD 和 GOVGOVERD 分别表示政府资助的高等教育研发支出和政府研发支出占 GDP 的百分比，用于衡量其他政府研发支出强度。GDPPCAP 表示人均 GDP（按 2015 年购买力平价美元计算），用于衡量宏观层面的经济形势，经济形势的好坏会影响政府直接资助和税收优惠强度以及商业企业研发强度。

表 3-1 研究变量的设定

变量类型	变量名称	变量定义	数据来源
结果变量	BUSBERD	企业出资的商业企业研发支出占 GDP 的百分比	OCED
条件变量	DF	政府对商业企业研发支出的直接资助占 GDP 的百分比	OCED
	TS	政府对商业企业研发支出的税收支持占 GDP 的百分比	OCED
	GOVHERD	政府资助的高等教育研发支出占 GDP 的百分比	OCED
	GOVGOVERD	政府资助的政府研发支出占 GDP 的百分比	OCED
	GDPPCAP	人均 GDP（按 2015 年购买力平价美元计算）	OCED

与 Guellec 和 Van Pottelsberghe（2003）、Falk（2006）模型不同，本章借鉴 Appelt 等（2019）的做法，采用 BUSBERD 替代 BERD 作为结果变量，主要是为了避免直接资助和 BERD 的内生性（Appelt 等，2019）；采用 GOVHERD 和 GOVGOVERD 替代 HERD 和 GOVERD 作为条件变量，主要是为了紧密围绕政府研发补贴政策组合这个研究主题，探寻政府研发支出（包括对 BERD、HERD 和 GOVERD 的资助）的最优"配方"。事实上，采用 GOVHERD 和

GOVGOVERD 作为条件变量与采用 HERD 和 GOVERD 作为条件变量,其 fsQ-CA 分析结果是一致的①。正如图 3-2 所示,GOVHERD 是 HERD 的充分必要条件,GOVGOVERD 是 GOVERD 的充分必要条件,GOVHERD 与 HERD 以及 GOVGOVERD 与 GOVERD 显著正相关。此外,鉴于对中等样本的条件变量最好是 4—7 个(李华和张瑜娟,2020),本章共选择了 5 个关键的条件变量。

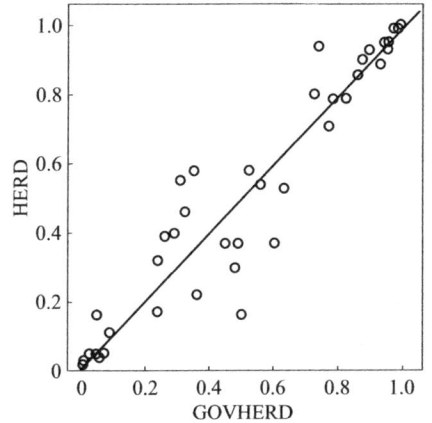 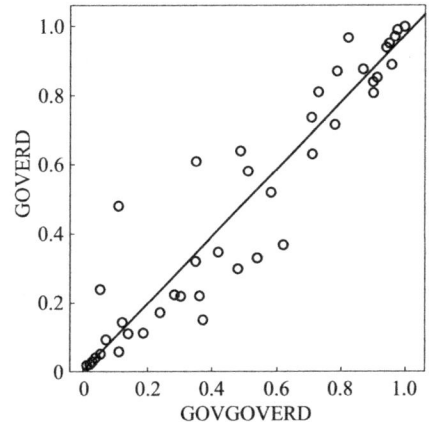

Consistency ($GOVHERD_i \leq HERD_i$) =0.927119　　Consistency ($GOVGOVERD_i \leq GOVERD_i$) =0.913647
Consistency ($GOVHERD_i \geq HERD_i$) =0.921636　　Consistency ($GOVGOVERD_i \geq GOVERD_i$) =0.927456

图 3-2　GOVHERD 与 HERD 及 GOVGOVERD 与 GOVERD 充分必要条件的模糊集分析

注:1. 本图使用的数据已经模糊集校准。

2. 当 Consistency ($X_i \leq Y_i$) ≥ 0.9 且 Consistency ($X_i \geq Y_i$) ≥ 0.9 时,可以认为 X 是 Y 的充分必要条件。

数据来源:OECD,MSTI database,https://oe.cd/msti,2020 年 2 月。

3.4　数据分析与结果

3.4.1　校准

在 fsQCA 中,每一个变量都被认为是一个模糊集,即被定义为具有不同隶

---

① 尽管其一致性和覆盖度具有 0.01 左右的差异。

属度的集合（Ragin，2000）。因此，在进行 fsQCA 分析之前，首先要使用"校准（Calibrate）"程序将每个研究变量转换为模糊集。校准依赖于研究者的实践和理论知识，并且可以通过两种方式完成：直接法（使用"完全隶属阈值""完全不隶属阈值""交叉点"等 3 个定性锚点来进行结构化校准）或间接法（根据案例在目标集中的隶属度进行广泛的分组）（拉金，2019）。当使用李克特量表和指标进行定量数据分析时，建议使用直接校准程序，方法是根据量表（或指标）的值确定隶属关系的 3 个定性锚点（Ortiz De Guinea 和 Raymond，2020）。因此，与常规程序一致，本章使用了 fs/QCA v3.0 中的直接校准程序。

在校准研究变量时，我们遵循 fsQCA 文献中的建议，为每个变量确定了 3 个定性锚点。例如，对于李克特七点量表，一些研究使用值 6 表示完全隶属阈值，用 2 表示完全不隶属阈值，将 4 用作交叉点（Pappas 等，2016）。其他研究则使用百分位数（Plewa 等，2016）或四分位数（Ortiz De Guinea 和 Raymond，2020）校准测量值。本章采用百分位数校准测量值，使用案例中的第 90 百分位数作为完全隶属阈值，第 10 百分位数作为完全不隶属阈值，中位数作为交叉点。校准后各变量的锚点及其统计性描述见表 3-2。确定 3 个定性锚点后，我们使用嵌入在 fs/QCA v3.0 软件中的非线性逐步逻辑函数将所有变量的数据转化为模糊集隶属分数。

表 3-2　　　　　　研究变量的校准和描述性统计

变量名称	模糊集校准			均值	标准差	最高值	最低值
	完全隶属	交叉点	完全不隶属				
BUSBERD	1.8235	0.6176	0.1547	0.9037	0.7215	3.1640	0.0502
DF	0.1331	0.0530	0.0150	0.0706	0.0670	0.3901	0.0040
TS	0.1809	0.0512	0.0005	0.0741	0.0825	0.2886	0
GOVHERD	0.6006	0.2408	0.1151	0.3117	0.1892	0.7783	0.0388
GOVGOVERD	0.2880	0.1412	0.0620	0.1650	0.0933	0.4604	0.0281
GDPPCAP	56 875.6027	37 245.2120	21 777.8834	38 657.7644	16 654.1182	103 213.3799	13 287.2622

3.4.2　必要条件分析

必要条件的模糊集分析通常是 fsQCA 分析的第一步（Ragin，2000）。在模糊集分析中，当结果实例构成条件实例的子集，一个必要条件就存在了。

任何通过必要条件检测，并且一致性（Consistency）得分，即 Consistency $(Y_i \leqslant X_i) = \sum (\min(X_i, Y_i)) / \sum(Y_i)$，高于0.9的条件，我们可以认为是定性结果的必要条件。例如，我们使用本章40个国家样本的 BUSBERD 数据和总研发支出（GERD）数据进行必要条件分析，BUSBERD 和 GERD 分别作为条件变量和结果变量，经模糊集校准和必要条件检测，一致性得分为0.960060，覆盖度得分为0.938965，可以认为 BUSBERD 是 GERD 的必要条件，这为我们在前文中所说的"企业在技术创新中发挥着主体作用"提供了支撑。我们需要将必要条件从真值表分析程序中剔除，因为真值表分析在本质上是充分性分析（里豪克斯和拉金，2017）。本章中的必要条件分析结果见表3-3，一致性得分最高为 GDPPCAP 的0.788086，因此，5个条件变量均不需要从真值表分析程序中剔除。

表3-3　　　　　　　　　　必要条件的模糊集分析

结果变量：BUSBERD		
检测条件：		
	一致性	覆盖度
DF	0.724121	0.762468
TS	0.676270	0.767313
GOVHERD	0.786133	0.798215
GOVGOVERD	0.687500	0.698759
GDPPCAP	0.788086	0.844584

3.4.3　构建真值表

对因果复杂性进行系统分析的关键工具是真值表（Ragin，1987）。构建真值表，核心任务是设定模糊集评价的频数阈值和一致性阈值。频数阈值是指前因条件组合中隶属分数大于0.5的最少案例数。本章共有40个案例和32个条件组合，在这种研究情境下，合理的频数阈值是每个组合至少有一个案例的隶属分数大于0.5，缺乏实质案例的条件组合被视为"逻辑余项"。一致性阈值用于识别哪些前因条件组合通过了模糊集合理论的一致性，一致性分数超过一致性阈值的前因条件组合被指定为结果的模糊子集并编码为 [1]，否则视为不构成模糊子集并编码为 [0]（里豪克斯和拉金，2017）。一致性阈值一般不低于 0.75，本章根据案例隶属分数情况，设定一致性阈值为 0.87。如表 3-4 所示，本次分析共产生了 21 种组态，即 21 种与高企业研发强度这一既定结果相关的前因条件组合。其中，前 15 种组态的一致性分数高于 0.87，其 BUSBERD 编码为 [1]，后 6 中组态 BUSBERD 编码为 [0]。

表 3-4 真值表

国家	DF	TS	GOVHERD	GOVGOVERD	GDPPCAP	案例数	一致性
瑞典（SWE）	1	0	1	0	1	1	0.997817
美国（USA）	1	1	0	1	1	1	0.997722
奥地利（AUT），比利时（BEL），英国（GBR），冰岛（ISL）	1	1	1	0	1	4	0.990689
法国（FRA），韩国（KOR），挪威（NOR）	1	1	1	1	1	3	0.984071
澳大利亚（AUS）	0	1	1	1	1	1	0.980561
捷克（CZE）	1	1	1	1	0	1	0.98
日本（JAN）	0	1	0	1	1	1	0.97561
德国（DEU），芬兰（FIN）	1	0	1	1	1	2	0.974708
意大利（ITA）	1	1	1	1	0	1	0.966197193
加拿大（CAN），荷兰（NLD）	0	1	1	0	1	2	0.961847
瑞士（CHE），丹麦（DNK）	0	0	1	0	1	2	0.958984
爱尔兰（IRL）	0	1	0	0	1	1	0.955027
匈牙利（HUN）	1	1	0	0	0	1	0.933498
卢森堡（LUX）	0	0	0	1	1	1	0.897436
中国（CHN），俄罗斯（RUS），斯洛文尼亚（SVN）	1	1	0	1	0	3	0.879252
葡萄牙（PRT）	0	1	1	0	0	1	0.865882
西班牙（ESP），新西兰（NZL）	1	0	0	1	0	1	0.842437
墨西哥（MEX），波兰（POL）	1	0	0	0	0	2	0.775943
爱沙尼亚（EST）	0	0	1	0	0	1	0.77451
阿根廷（ARG），希腊（GRC），斯洛伐克（SVK），南非（ZAF）	0	0	0	1	0	4	0.578947
智利（CHL），立陶宛（LTU），拉脱维亚（LVA），罗马尼亚（ROU），土耳其（TUR）	0	0	0	0	0	5	0.418204

3.4.4 高企业研发强度的条件组合

条件组合分析是指,在单一条件不构成特定结果必要条件的前提下,通过真值表分析产生特定结果的条件组合。本章使用 fs/QCA v3.0 中的"标准分析(Standard Analyses)"程序对真值表进行条件组合分析,自动获得复杂解(不包括"逻辑余项")、简约解(包括"逻辑余项"但不对其合理性进行评价)和中间解(包括有合理依据的"逻辑余项")。本章导出的中间解与复杂解一致,虽然较简约解更复杂一些,但对案例具有更完整的解释力。因此,本章选用中间解进行条件组合分析,这也是 fsQCA 分析的一般做法。

如表 3-5 所示,中间解给出了 5 个实现高 BUSBERD 的条件组合,以及各组合的原始覆盖度、唯一覆盖度、一致性和案例。其中,原始覆盖度测量了各条件组合对高 BUSBERD 这一结果集合的"解释力"。唯一覆盖度测量了仅由各条件组合本身所解释的结果隶属度的比例。一致性测量了各条件组合的案例在解释高 BUSBERD 方面的一致程度。5 个条件组合总的一致性高达 0.87,显著大于拉金(2019)建议的 0.75 水平,同时总的覆盖度为 0.86,解释程度较好。

表 3-5 中间解

条件组合	原始覆盖度	唯一覆盖度	一致性	案例
DF * GOVHERD * GDPPCAP	0.525879	0.0825195	0.948063	AUT(0.88,0.9),ISL(0.86,0.56),SWE(0.85,0.96),NOR(0.8,0.64),BEL(0.72,0.9),FRA(0.64,0.8),DEU(0.62,0.95),FIN(0.6,0.92),KOR(0.53,1),GBR(0.52,0.59)
GOVHERD * ~GOVGOVERD * GDPPCAP	0.479981	0.0742188	0.943378	CHE(0.98,0.98),DNK(0.86,0.95),ISL(0.86,0.56),SWE(0.81,0.96),BEL(0.65,0.9),CAN(0.63,0.55),AUT(0.52,0.9),GBR(0.52,0.59),NLD(0.51,0.67)
DF * TS * GOVGOVERD	0.408203	0.0454101	0.901834	KOR(0.95,1),FRA(0.87,0.8),SVN(0.79,0.85),RUS(0.75,0.08),NOR(0.72,0.64),USA(0.6,0.93),CHN(0.57,0.91),CZE(0.51,0.46)

续表

条件组合	原始覆盖度	唯一覆盖度	一致性	案例
~DF*TS*GDPPCAP	0.30127	0.0551757	0.906021	NLD (0.88, 0.67), AUS (0.82, 0.71), CAN (0.7, 0.55), JAN (0.62, 0.99), IRL (0.53, 0.48)
DF*TS*~GOVHERD*~GDPPCAP	0.274902	0.00683588	0.819505	HUN (0.88, 0.47), RUS (0.75, 0.08), SVN (0.74, 0.85), CHN (0.57, 0.91)
解的覆盖度: 0.861816				
解的一致性: 0.868602				

组合一：高 DF、高 GOVHERD、高 GDPPCAP 这 3 个条件可以产生高 BUSBERD。在这一组合中，德国、瑞典、奥地利等 10 个国家具有高隶属度。该组合的原始覆盖度、唯一覆盖度和一致性都是最高的，说明高收入国家政府对商业企业研发和高等教育研发提供高水平的资助，最能够积极诱导企业加大研发投入。这印证了 Falk（2006）提出的"大学进行的研发支出与企业部门研发支出显著正相关""直接资助与企业部门研发强度显著正相关"的结论。

组合二：高 GOVHERD、低 GOVGOVERD、高 GDPPCAP 这 3 个条件可以产生高 BUSBERD。在这一组合中，丹麦、瑞士、英国等 9 个国家具有高隶属度。该组合的原始覆盖度、唯一覆盖度和一致性都是次高的，反映了在高收入国家，政府对高等教育研发而非政府自身研发提供高水平的资助，同样可以诱导企业加大研发投入。值得一提的是，丹麦和瑞士属于典型的"低直接资助、低税收优惠"国家，但诚如图 3-3 所示，其高等教育研发强度和政府对高等教育研发的资助强度，在 40 个国家中乃至全球都是最高的。且自 2011 年以来，瑞士每年都位列"全球创新指数（Global Innovation Index，GII）"榜首，丹麦则位列前十。这为赵凯和王鸿源（2018）提出的"低直接资助、低税收优惠"政府研发补贴策略提供了宏观层面的现实案例。

组合三：高 DF、高 TS、高 GOVGOVERD 这 3 个条件可以产生高 BUSBERD。在这一组合中，美国、法国、韩国等 8 个国家具有高隶属度。与实施"低直接资助、低税收优惠"策略的丹麦和瑞士不同，过半的高 BUSBERD 国家实行的是"高直接资助、高税收优惠"策略。其中，又有一半以上国家的政府还向政府研发提供了高额资助。这些国家大都制定有使命导向型的科技政策，比如美国的《国家创新战略》、法国的《未来工业计划》、韩国的《2025 年构想》等，用于推动被视为"国家优先事项"的关键核心技术攻关。

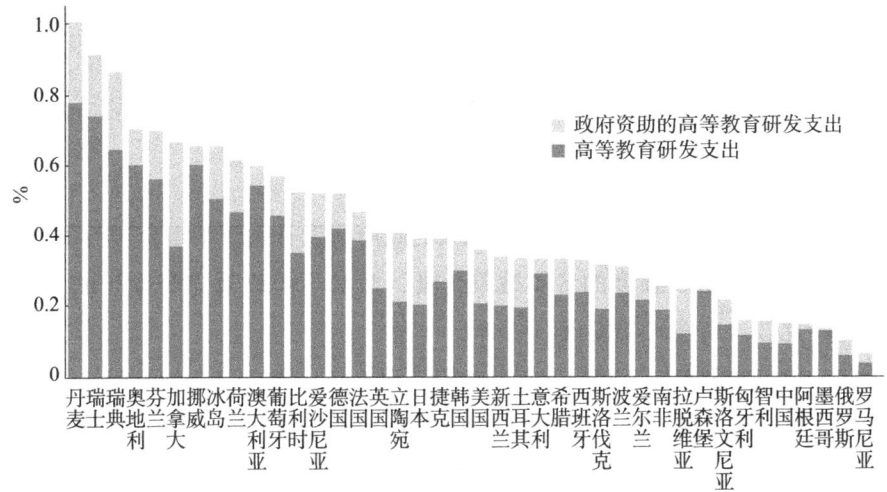

图 3-3　40 国高等教育研发支出（HERD）和政府资助的高等教育研发支出（GOVHERD）占 GDP 的百分比（2013—2017 年均值）

数据来源：OECD, MSTI database, https：//oe.cd/msti，2020 年 2 月。

组合四：低 DF、高 TS、高 GDPPCAP 这 3 个条件可以产生高 BUSBERD。在这一组合中，日本、澳大利亚等 5 个国家具有高隶属度。在以往的实证研究中，部分学者认为税收优惠对企业研发支出的激励效果要好于直接资助（唐清泉等，2008，王俊，2011，Montmartin, 2013）。但从本章分析来看，"低直接资助、高税收优惠"策略仅被个别工业国家有效采用，而且其覆盖度和一致性相对较低。同时，这些国家的政府还对高等教育研发或政府研发提供有高额资助。这为我们辩证地认识直接资助和税收优惠的优劣势提供了有益参考。

组合五：高 DF、高 TS、低 GOVHERD、低 GDPPCAP 这 4 个条件可以产生高 BUSBERD。在这一组合中，中国、斯洛文尼亚等 4 个国家具有高隶属度。总体来说，人均 GDP 相对较低的国家，企业研发投入强度也相对较低。与其他人均 GDP 相对较低的国家相比，中国和斯洛文尼亚能够产生较高的 BUSBERD，或得益于其实施"高直接资助、高税收优惠"策略，它们还都对政府研发提供了较为丰沃的资助。该组合的一致性较低，则与俄罗斯和匈牙利有关。这两个国家的政府为商业企业研发支出提供了慷慨的直接资助和税收优惠，但两国企业在研发投入方面却十分吝啬。这或许是两国政府设计并执行了相对于其发展水平而言过于激进的赶超政策导致的（林毅夫，2014）。

3.5 本章小结

本章运用 fsQCA 方法，对 40 个国家的政府研发补贴政策组合进行了研究，分析了影响企业研发强度的各类政策工具，并对不同政策"配方"的实践效果进行了比较。有意义的发现归结如下：

第一，与大多数传统回归分析得出的结论不同，我们通过 fsQCA 分析发现，实现高企业研发强度的政府研发补贴政策组合并不是单一的，而是多样的。如图 3-4 所示，虽然对多半高企业研发强度国家实行的是"高直接资助、高税收优惠"策略，但也有像德国、瑞典这样的"高直接资助、低税收优惠"国家，日本、澳大利亚这样的"低直接资助、高税收优惠"国家，以及丹麦、瑞士等个别"低直接资助、低税收优惠"国家。在 fsQCA 方法中，评估政策组合的效能取决于覆盖度和一致性，与案例的多寡无关。因此，案例数较多的"双高"策略并不必然优于其他 3 种策略，创新型国家采用更多的直接补贴也不必然优于税收优惠。在不同国家、不同创新生态下，不同政府研发补贴政策组合产生了相似的政策效果，不同政府研发补贴政策工具发挥了各自的促进作用。这表明没有一种"普世"的最优政策组合，只有最适合特定国家或地区的政策组合。

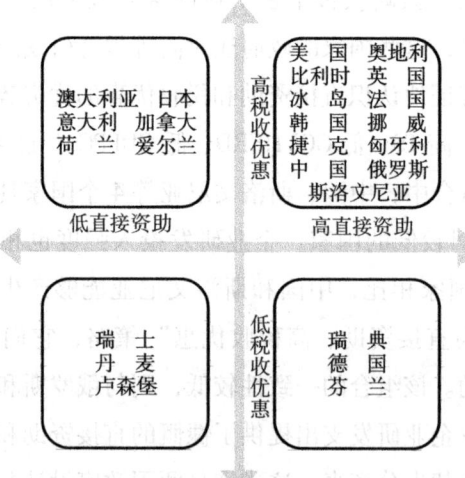

图 3-4 高企业研发强度国家政府研发补贴政策组合策略

第二，各国政府根据本国的创新战略或科技政策，在选择直接资助或税收优惠政策工具的同时，还选择对高等教育研发或政府研发提供资金支持。其中，北欧诸国对高等教育研发提供了高强度的政府资助，并取得了显著的政策效果。通过"全球创新指数"可以发现，这些国家普遍具有较高的"校企研究合作（University/Industry Research Collaboration）"得分。美日韩等具有使命导向型科技政策的国家，则对政府自身研发提供了高额的政府资助，主要用于推进单靠市场本身不能产生令人满意结果的研发领域。西欧各国大多对高等教育研发和政府研发都提供慷慨的政府资助，力图打造政产学研深入融合的国家创新系统。

第三，人均 GDP 相对较低的国家，企业研发投入强度通常也较低；企业研发投入强度相对较高的国家，人均 GDP 通常也较高。

本章的政策启示如下：创新特别是企业创新，是推动经济社会发展的重要动力，是提高综合国力的战略支撑，是塑造全球竞争优势的关键变量。面对中华民族伟大复兴战略全局和世界百年未有之大变局，我国要加快构建以国内大循环为主体、国内国际双循环相互促进的新发展格局，全面重塑国际合作和竞争新优势，奋力跨过中等收入陷阱和修昔底德陷阱，进而实现第二个百年奋斗目标，关键在于抓住新一轮科技革命和产业变革的重大历史机遇，加强自主创新能力建设，立足自身实现科技的高水平自立自强。实现科技自立自强，需要更强有力的科技投入、更活跃的创新主体和更完备的制度保障。如何借鉴国际有益经验，有针对性地改革完善我国政府研发补贴制度机制，充分利用世界第二规模的补贴资金，更好更智慧地撬动企业研发投入，提升企业创新能力，是摆在我们面前的重大课题。直接资助和税收优惠各有特点、各有利弊，"一招鲜""三板斧"是解决不了所有问题的，需要结合不同创新情境和发展目标综合施策、靶向治疗。老牌工业经济体，历经长时间的发展，已经形成了相对成熟稳定、适应本国产业结构和比较优势的政府研发补贴制度机制。而当前我国正处于产业结构优化升级、比较优势动态转换的重要窗口期，基础研究短板突出、原始创新能力不强、关键核心技术被"卡脖子"等问题日益凸显，现有的政府研发补贴政策已不能完全适应新发展阶段的需要。为此，要持续加强制度供给侧结构性改革，重塑财政科技计划形成和组织实施机制，健全完善多元化的政府研发补贴政策体系，着力提高科技创新治理能力，进一步发挥各类政府研发补贴政策工具的"诱导作用""促进作用"，努力把我国的科技制度优势更好转化为治理效能。比如，对面向国家重大需求的关键核心技术，可以借鉴美国、法国等国家的实践经验，加强前瞻布局，加大补贴力度，集成优势力量、资源加快重点突破，走出一条在市场经济条件下用好举国体制的新路子。对面向经济主战场的新技术新业态新应用，可以借鉴日本、澳大利亚等国家的实践经验，更多运用税收优惠等"功能性"补贴政策而非"选择性"补贴政策，建立健全技术创新的市场导向机制和政府引导机制，促进企业成为技术创新决策、投入、组织和转化的主体。对面向世界科技前沿的自由探索类基础研究，可以借鉴丹麦、瑞士等国家的实践经验，加大对科研院所和高等院校等创新主体的资助，更好发挥其源头创新主力军作用。对面向人民生命健康的目标导向类技术研发，可以借鉴德国、瑞典等国家的实践经验，加大对企业和高等院校的直接资助，强化创新链和产业链有机衔接，形成产学研用协同创新的良好格局。总之，针对不同类型的技术创新，要分类施策、因势利导。只有立足实际，守正创新，推动我国政府研发补贴政策优化向纵深发展，才能更好为建设科技强国提供有力制度保障。

本章研究克服了传统计量研究的一些局限性，但并不是对传统计量研究的替代，而是为政府研发补贴政策研究提供了新的思路和有益补充。同时，本章自身还存在一些局限性。一方面，受案例数量的限制，本章仅对5个前因条件进行了定性比较分析，未将专利保护指数、全球清廉指数、长期名义利率、高科技产品出口份额等影响因素纳入研究。另一方面，本章的研究目的是通过案例比较来探寻更经济的政府研发补贴政策组合，但尚未对每个国家进行深入分析，发掘影响各政策组合效果的动态机制。今后的研究需要下更大功夫去探寻各政策组合"化学反应"的机理，为我国制定更加科学的研发补贴政策提供更有力的理论支撑。

第4章

复杂性视角下政府研发补贴政策国际比较

4.1 引言

科技兴则民族兴,科技强则国家强。新一轮科技革命和产业变革正在重构全球创新版图、重塑国际经济格局,与我国推进现代化强国建设形成历史性交汇,我们比历史上任何时期都更需要建设世界科技强国(习近平,2021)。建设世界科技强国,既需要充分发挥高效市场作用,也需要更好发挥有为政府作用。但是,关于政府在技术创新中应该发挥什么作用、是否应该为技术研发提供补贴、应该怎样提供研发补贴等问题,社会长期认识不一、讨论不断。其中,有不少人认为,政府在技术创新中不应该发挥帮助作用,即便确需提供研发补贴也只能限于基础研究领域,否则就会扭曲市场信号、干预创新过程、阻碍科技进步,从而导致政策失败。然而,历史经验和实证研究表明,政府研发补贴在许多创新型国家推进本国技术进步、塑造创新竞争优势过程中,都发挥了不可替代的重要作用;计算机、半导体、激光等诸多对当前经济社会影响深远的技术发明与革新,也都离不开政府研发补贴的支持。诚如第3章研究表明，在长期实践过程中，美国、日本、德国、瑞士依据自身战略需求和国情实际，各自选择了"高直接资助、高税收优惠""低直接资助、高税收优惠""高直接资助、低税收优惠""低直接资助、低税收优惠"等不同的政府研发补贴政策组合策略。这些策略各有所长、各具特色，对正处于发展格局重塑、比较优势转换、产业结构升级的我国都具有重要参考价值。

与此同时，德国弗劳恩霍夫系统与创新研究所执行主任埃德勒等（2020）发现，现有的政府研发补贴政策组合研究，均未分析影响政策效果和政策间相互作用的具体机制、具体部门或管理条件及实施过程，均未展现政策设计与实施的完整图景，这些内容对于得出具体的政策结论来说是必需的。为此，本章借鉴里克罗夫特和董开石（2016）的研究思路，从复杂性视角出发，运用复杂性科学与演化经济学的理论和概念，结合历史研究和案例研究，对美国、日本、德国、瑞士政府研发补贴的作用机理、政策演进和体制机制等进行分析，探寻4种不同政策组合策略形成的历史逻辑、理论逻辑和实践逻辑，并立足新时代新征程的新形势新任务，对优化和改进我国政府研发补贴政策体系提出意见和建议。本章选择美国、日本、德国、瑞士进行案例分析，主要考虑是这4个国家的国内生产总值在各类政策组合策略国家中与我国体量最接近。

4.2 政府研发补贴是应对复杂性挑战的重要举措

政府为什么要对技术创新提供研发补贴？主流理论将之归因于市场失灵。对此，早在20世纪50年代至60年代，美国经济学家Nelson（1959）和Arrow（1962）就开展了卓有成效的研究论证。之后，一些学者丰富和发展了他们的理论，使之成为对政府研发补贴的"标准解释"。然而，传统市场失灵理论虽然"为政府介入基础研究的正当性提供了有力而深入的论证"（刘立，2011），却难以充分证明政府补贴应用研究和试验发展的合理性。事实上，在美国、日本等多数创新型国家的政府研发补贴中，试验发展经费通常高于应用研究经费，应用研究经费通常高于基础研究经费；只有德国、瑞士等少数国家与此相反。可以说，主流理论与主流实践之间还存在着一定程度的分离现象。为此，近年来欧美学者和实践者开始探寻新的支撑理论,他们寻得的结果之一是复杂性科学和演化经济学的融合(里克罗夫特和董开石,2016)。20世纪80年代以来,复杂性科学和演化经济学快速发展,带来了一场方法论和思维方式的变革,形成了复杂性、非线性、自组织等一系列新概念、新范式、新理论,为我们理解政府在科技创新中的角色、政府研发补贴的作用和机理等提供了新的视角和思路。

4.2.1 技术复杂性与复杂技术

从笛卡尔、牛顿以来,科学界把简化描述对象作为科学方法论的基本原则,称为简单性法则或简单性原则(苗东升,2014)。然而,随着科学研究的深入和人类认知的提高,自然科学、社会科学、人文科学各领域都遇到了越来越多的复杂性问题,传统的分析和还原方法局限性越来越明显。为此,相对于传统科学的简单性原则,复杂性作为新视野、新领域和新方法的核心概念被学界明确提了出来(王志康,2017)。复杂性是客观世界的基本特征,虽然至今没有统一定义,但异质性、演化性、涌现性、自适应性是其公认的内涵(范如国,2017)。复杂性理论(即复杂性科学理论)主要是研究复杂系统行为与性质的科学,研究重点是探索宏观领域的复杂性及其演化问题(郭韬,2008)。美国学者安德森认为,涉及"新兴"概念的复杂性是20世纪后期科学的"基本哲学见解"(Nye,2019)。英国学者霍金也指出,21世纪将是复杂性的世纪(Sanders,2003)。以复杂性范式研究科学、技术、自然、经济中的问题,正在成为一种自觉的行动(孙延臣和秦书生,2007),这引起了当前的"复杂性"繁荣(Tasaka,1999)。

与经济系统、社会系统一样,技术创新也"受到复杂性的向性运动的吸引",雷舍尔(2007)将之称为"技术进步的基本法则"。众所周知,知识和技术具有累积性质,因此技术复杂性会随时间的推移而增加(Broekel,2019)。工业革命以来的专业化和劳动分工,则进一步加速了技术复杂性的进程。我们以信息社会中的源代码行数为例,微软公司1992年发布的操作系统Windows 3.1共有250万行源代码,而2007年发布的Windows Vista源代码行数已高达5 000万,是Windows 3.1的20倍;今天高端汽车中的车载软件平均使用了1亿行源代码,而20世纪研发的航天飞机仅有4万行源代码,前者是后者的

2 500 倍（McCandless，2015）。源代码行数是软件复杂度的重要指标，与开发者投入的工作量息息相关。每 100 万行源代码，印制成文本大约就有 18 000 页，相当于 14 本《战争与和平》的篇幅（Desjardins，2017），光以常规速度阅读就需要花费 1 000 小时左右时间。

技术复杂性带来的直接结果，是复杂技术的增多及其重要性的增加。所谓复杂技术是指不能被任何一位专家完全掌握细节的技术（里克罗夫特和董开石，2016），日本学者今井贤一称之为"尖端技术"，即"研究开发密集程度高"和"具有系统性"的技术（小宫隆太郎等，1988）。与之相对，能被个体专家完全理解的技术被称为简单技术。在美国、日本、德国、瑞士工业化进程中的很长一段时间里，简单技术都是科技创新和产业发展中的主角。无论是"世界发明大王"爱迪生创造的白炽灯泡、应用化学家高峰让吉发明的高峰淀粉酶，还是"汽车之父"本茨组织研制的三轮汽车、刀具工人埃尔森纳注册的瑞士军刀，都可以被个人完全掌握和模仿制造。自第二次世界大战以来，复杂技术逐步取代简单技术，成为美国、日本、德国、瑞士科技创新和产业发展中的主流。从美国太空探索技术公司（SpaceX）的猎鹰火箭和龙飞船，到日本 Canon Tokki 公司的有机发光二极管（OLED）蒸镀设备，再到德国制药巨头拜恩泰科公司（BioNTech）的信使核糖核酸（mRNA）疫苗、瑞士 ABB 集团推出的协作机器人，无不是集众智、聚众力创新创造的产物。研究发现，与简单技术不同，复杂技术既可以带来可观的经济利益，又难以被模仿和传播，已经成为国家竞争优势的重要组成部分（Mewes 和 Broekel，2020）。国家应当将发展重心转移至创造条件推动复杂性出现上来，从而推动经济持续增长和繁荣（Hidalgo 和 Hausmann，2009）。

4.2.2 组织复杂性与自组织网络

复杂性特别是技术复杂性，既给国家发展带来了巨大机遇，也给研发管理带来了巨大挑战。无论是布什的科学推动模型，还是莫克勒的市场拉动模型，长期以来人们都习惯于用线性思维来认识和分析创新过程，认为研究、开发、设计、制造是有明确先后顺序的，政府、企业、高校、科研院所是有清晰功能界限的。无论是企业还是政府，各研发主体大多习惯于对创新实行自上而下的科层管理，以期通过理性化规程产生效率和效益。然而近年来，理论研究

（Kline，2016）和实践经验（Miller，2017）都表明，创新并不是一个线性的过程。特别是对于复杂技术创新，线性模型几乎没有指导意义。

复杂性问题需要运用复杂性方法来解决。简单组织是创造不出复杂技术的。在复杂技术创新中取得成功的组织，无不依赖于更加复杂的组织结构和更加复杂的工艺能力（里克罗夫特和董开石，2016）。技术复杂性与组织复杂性是相伴相生、协同演化的过程。应对复杂性挑战，唯有"坚持科技创新和制度创新'双轮驱动'"（习近平，2021），以复杂创新系统破解复杂技术创新难题。其中，自组织网络是复杂创新系统取胜的核心和关键。

自组织是一个动态概念，既可以理解为在系统级别（即比单个系统组件大得多的规模）出现的，通过无需集中控制或协调的系统组件之间的交互作用形成的结构和属性，也可以理解为在系统级别由系统组件的非线性交互作用形成的涌现秩序的过程（Buenstorf，2000）。世界充满了自组织系统，这些系统不仅根据外部输入，而且实际上主要是根据内部逻辑，形成结构和过程（Rycroft 和 Kash，2004）。研究发现，经济系统、社会系统、生态系统等都具有自组织特性，比如亚当·斯密关于"看不见的手"的著名比喻就被认为是自组织的经济过程。那么，创新系统是否也具有自组织的特征？许多理论都支持这样的观点，即复杂技术通过自组织网络进行创新（Shayan 等，2018）。创新网络是企业、政府、大学和其他创新主体之间的复杂网络关系，目的是创建和共享与技术创新有关的知识（Rycroft，2003）。自组织网络可以通过链接多样化的创新主体，突破个人无法研制复杂技术的局限，"创造、获取和集成将复杂技术推向市场或将这些技术应用于政府任务所需的广泛知识和技能"（Rycroft，2007）。人们普遍认为，自组织网络已成为复杂技术和重大创新背后的主要力量（Beucker 和 Fichter，2012）。

4.2.3 政府作用与适应性研发补贴

在传统的简单技术创新过程中，除国防技术、医药技术等公共产品、准公共产品的研发外，政府等公共部门一般不主动发挥作用。复杂性改变了先进工业化国家竞争的基本规则。高附加值竞争依赖于知识密集型的复杂技术创新，高水平创新绩效与创新网络的自组织能力正相关（Rycroft，2007）。自组织网络模糊了公共部门和私营部门之间、企业战略和公共政策之间的界限（里克罗夫特和董开石，2016）。政府作为自组织网络的重要参与者、协调者、支持者，在复杂技术创新过程中发挥着不可替代且日益重要的作用，主要表现在以下几个方面。

一是克服市场失灵。与简单技术相比，复杂技术创新不确定性更高、资源投入更多、迭代周期更短，企业等创新主体更加难以预知投资创新的结果和收益。对高风险的厌恶，使企业容易对长期技术难题采取短期行为，进而产生风险次优配置和研发投资不足等问题。Harrison 和 Bluestone（1988）研究认为，正是企业的短期行为，带来了 20 世纪 70 年代美国的社会危机，包括企业无法应对外国竞争、工人实际工资下降、工作机会两极分化、中产阶级减少和财富不平等加剧等。对此，政府有必要采取研发补贴等政策工具来解决市场失灵的问题。

二是组织竞争情报。在复杂技术创新中，核心能力是竞争领先的最主要因素（Hamel 和 Prahalad，1994）。谋划布局核心能力需要收集大量情报，以确保对环境和竞争对手能力做出正确的判断（Powell 和 Bradford，2000）。组织竞争情报目的就是为了收集、分析、解释和传播战略信息，为内部业务促进和降低风险创造有用的知识，以制定更明智的竞争优势策略（Ranjan 和 Foropon，2021）。然而，组织竞争情报是一项耗时且昂贵的工作，这就需要政府与企业等创新主体一起分担财政和其他方面的成本。研究发现，日本半导体产业的兴起，正是源于通商产业省电子技术实验室有组织的对美情报收集和试验发展活动（小田切宏之和后藤晃，2019）。

三是构建路径依赖。与简单技术不同，复杂技术创新具有很强的路径依赖性。寻找一条技术路径，需要开展大量的组织化学习，并投入高昂的专业化初始成本。然而路径一旦形成，技术和网络的协同演化就会沿着这条路径发展下去，形成路径依赖。路径依赖可以有效降低风险和不确定性，还能通过自我强化机制带来效益递增和锁定（里克罗夫特和董开石，2016）。比如，微软操作系统与英特尔芯片组成的"文泰来"联盟，长期垄断全球个人计算机产业，把其他操作系统和芯片"锁在门外"。为此，为在复杂技术竞争中博弈优胜，政府有必要发挥资源优势和组织优势，引导自组织网络开发路径或脱离锁定，打造国际合作和竞争新优势。

研发补贴是政府的重要政策工具，是应对复杂性挑战的重要举措。克服市场失灵、组织竞争情报、构建路径依赖等，无不需要政府研发补贴的支持和引导。人们通常认为，政府研发补贴在长期稳定时更有效（Guellec 和 Van Pottelsberghe，2003）。然而针对复杂技术创新的政府研发补贴，较稳定性更需要强调的是适应性。因为复杂技术和自组织网络始终处于动态演化的进程当中，身处自组织网络的政府需要因时因势调整研发补贴等政策，以满足网络演化发展的需要，从而更好发挥诱导作用，减少挤出效应，真正"把好钢用在刀刃上"。比如，1987 年，为应对日本半导体产业的竞争，美国政府和 14 家美国半导体制造商共同成立了半导体制造技术战略联盟（SEMATECH），美国政府同意每年为联盟补贴 1 亿美元，前提是成员企业每年也要支出同等数额的经费（Browning 等，1995）。1994 年，美国半导体产业从日本手中夺回领先地位，美国政府旋即停止了对联盟的补贴。然而此后，联盟继续发展壮大，并主动反哺美国政府相关研发活动，如今已发展成为半导体领域最具影响力的全球化自组织网络。

4.3 美国：危机驱动型政府研发补贴政策

美国是当今世界提供政府研发补贴最多的经济体，并正在考虑投入大量额外的资金用于促进技术创新（Cornell University 等，2020）。诚如美国科技政策专家尼尔等（2017）研究指出，第二次世界大战后成长起来的美国政府研发补贴系统，是美国创新和经济增长的一个主要驱动力。政府研发补贴是美国应对复杂性挑战的重要举措，"高直接资助、高税收优惠"是美国政府研发补贴政策最显著的特点，但并非所有的复杂技术创新活动和自组织网络都需要或能够获得政府研发补贴。如图 4-1 所示，美国政府研发支出（包括政府对工业企业的直接资助，以及政府部门内部的研发支出和政府对大学、非营利机构、国家实验室等的研发资助等，下同）是许多抉择积累的结果，是一个动态的、演化的、历史的过程，支出的对象和重点取决于政府在该财年受到的预算约束，更取决于国家在当时面临的战略危机。美国社会一直存在一种"良性的张力"（尼尔等，2017），一方希望政府在技术创新等活动中发挥强有力的作用，另一方则希望政府最低程度地参与相关活动。危机驱动了美国的创新引擎（Stoll，2020），也让决策者可以暂时放下意识形态分歧，统一思想商定适应性的创新政策，推动相关创新主体和自组织网络聚焦国家战略需要发展核心能力和互补性资产。研发补贴作为重要政策工具，在美国政府应对危机开展战略协调、宣示战略意图、实现战略目标中发挥着催化剂和助推器的作用。一般情况下，更高的补贴强度意味着政府创新决策具有更大的战略重要性。可以说，美国政府研发补贴的历史，就是美国创新政策服务国家需要、应对战略危机的历史。

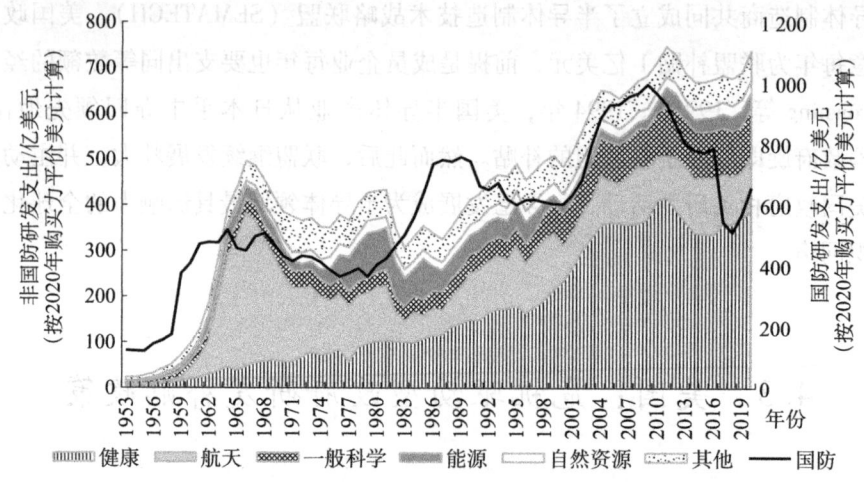

图 4-1　1953—2020 财年美国政府研发支出历史趋势

备注：2020 财年数据没有包含与新冠肺炎相关的紧急研发拨款；从 2017 财年开始，测试和评估程序（主要是在国防部内部）不再视为研发；从 1998 财年开始，一些能源计划转向了普通科学。

数据来源：American Association for the Advancement of Science. Historical Trends in Federal R&D, https://www.aaas.org/programs/r-d-budget-and-policy/historical-trends-federal-rd, 2020 年 5 月。

4.3.1　政策演进

（1）战争危机和国防研发资助

美国政府大规模、有组织地补贴研发活动始于第二次世界大战。战争前，联邦政府基本上不承担支持科学发展的职责（尼尔等，2017）。战争爆发次年，罗斯福总统批准成立国防研究委员会（NDRC），此后又扩大为科学研究发展局（OSRD），负责资助和管理科技研发。OSRD 将美国产学研各方面优势科研力量聚集在一起，齐心协力从事战时科研工作，催生了雷达、电子计算机、原子裂变等一批重大发明，为美国赢得战争胜利发挥了关键作用。据统计，OSRD 在战争期间与工业和学术承包商签订了超过 2 200 份研发合同，累计价值近 80 亿美元（按 2020 年购买力平价美元计算），比美国政府以前在科学研究上的投资总和还要大一到两个数量级（Gross 和 Sampat，2020）。

第二次世界大战结束后，国防研发，包括武器和其他军事相关技术的研究、发展、测试和评估（RDT&E），仍然是美国政府研发补贴的重中之重。如图 4-1 所示，在绝大多数财年里，美国政府对国防研发的支出超过了对其他领域支出的总和。美国国防部（DOD）是国防研发的主要资助部门，通过下属各军种和国防高级研究计划局（DARPA）等广泛资助军事科研项目。DOD 研发资助经费通常随军事风险的增减而升降。如图 4-2 所示，1979 年苏联入侵阿富汗后美国确立卡特主义，以及 2001 年 "9·11" 事件发生后美国发动 "全球反恐战争"，DOD 研发支出和对工业企业的直接资助都随之显著增加，并分别于 1989 年苏联解体和 2011 年本·拉登被击毙时达到顶峰。

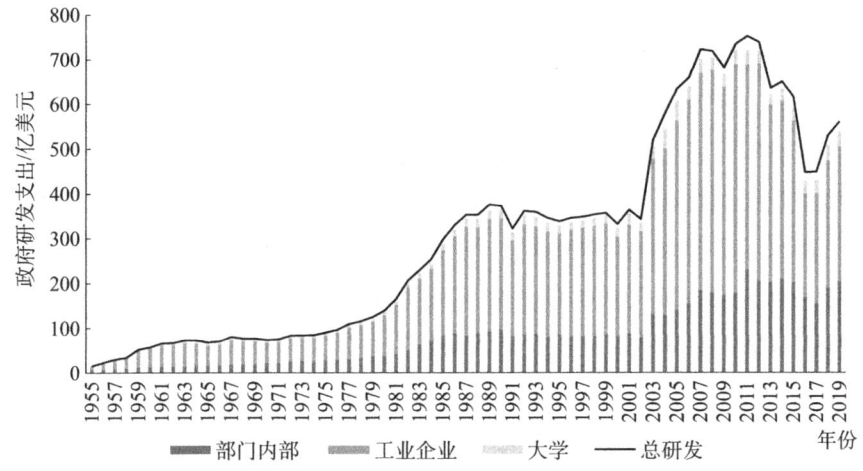

图 4-2　1955—2019 财年美国国防部研发支出构成

备注：2019 财年数据是初步数据；部门内部活动包括受联邦政府人员管理的内部研发项目和对外研发采购。

数据来源：The National Science Foundation's National Center for Science and Engineering Statistics. Survey of Federal Funds for Research and Development，https：//www.nsf.gov/statistics/fedfunds/，2020 年 1 月。

工业企业是国防研发资助的主要对象，自 1956 年以来，DOD 对工业企业的直接资助始终占总研发支出的一半以上，其中有半数财年甚至超过了 2/3。

在持续、高强度的研发资助推动下，美国军方与工业集团携手构建了广泛的自组织网络，形成了复杂而独特的国防创新系统——军工复合体。需要特别强调的是，军工复合体的自组织特性是一把"双刃剑"，既为巩固和提高美国对其敌人和竞争对手的军事科技优势发挥了重要作用，也为美国带来了"由将军组成的公司高管，伪装成海军上将的政客"，巨大的政治和经济影响力对人民的民主和自由构成了严重威胁（Bacevich，2011）。

（2）斯普尼克危机和航天研发资助

1944年11月，在第二次世界大战胜利在望之际，美国总统罗斯福指示OSRD主任布什尽快总结战时国防研发工作经验，将之用于即将到来的和平时期，以开创"需要用聪明才智的新领域"（布什，2004）。1945年7月，布什组织相关人员写出了奠定美国科技政策思想基础的报告《科学——没有止境的前沿》，提出了"政府应该鼓励开辟新前沿""把资助扩展到其他领域"的主张（布什，2004）。然而诚如图4-1所示，在战争刚结束后的一段时间，美国政府仍然很少对非国防研发活动提供资金，直到1957年10月苏联成功发射第一颗人造地球卫星斯普尼克一号，政府才真正认识到航天等其他领域研发活动的重要性，研发资助随之直线上升。

为应对斯普尼克危机，美国采取了一系列"补救"行动（Launius，2010），其中特别重要的是在国家航空咨询委员会（NACA）和其他政府组织的基础上组建了国家航空航天局（NASA），作为美国民用航天研发的基地①。"精英恐慌"推动航天研发成为美国的优先事项（McQuaid，2007），如图4-3所示，在NASA成立的头8年时间里，航天研发资助翻了六番有余，其中，对工业企业的直接资助占比更是由0提高至近八成，实现了以政府研发为主向企业研发为主的转变，形成了以企业为核心的创新网络，这为后来SpaceX的出现和私营航天时代的到来打下了坚实基础。巨大的研发投入使NASA仅用了不到12年的时间就完成了阿波罗11号登月的壮举（Powell，2019），让美国在太空竞赛中迅速夺回领先优势，但同时也极大地削弱了国会和民众对航天研发支持的热情和力度，研发资助经费进入持续下降期，直至1983年3月美国总统里根提出"星球大战"计划才得以再度提高。近年来，面对来自航天领域新的竞

---

① NASA. NASA History Overview［EB/OL］.（2018-04-30）［2021-3-27］. https：//www.nasa.gov/content/nasa-history-overview.

争威胁，美国政府又相继提出了旨在重返月球、登陆火星的太空计划，使美国航天研发资助进入了第三个上升期。

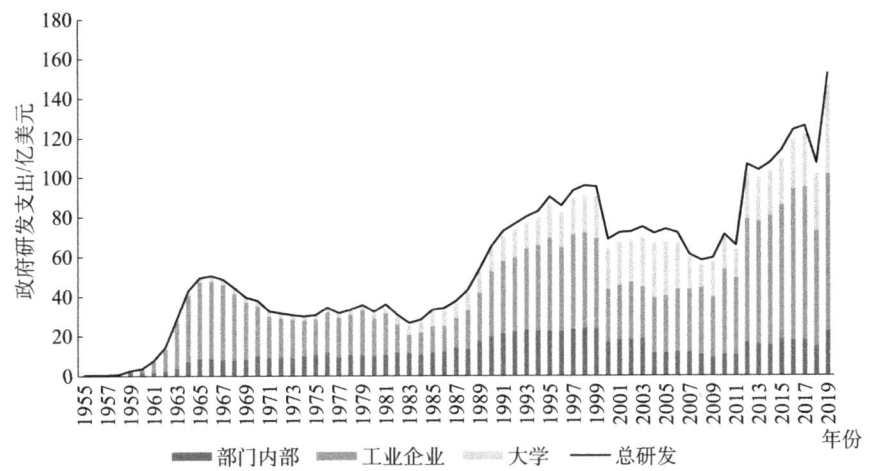

图 4-3　1955—2019 财年美国航天部门研发支出构成

备注：1955—1958 财年数据是美国国家航空咨询委员会研究支出数据，1959—2019 财年数据是美国国家航空航天局研发支出数据；2000 财年开始，美国国家航空航天局将太空站重新归类为有形资产，将太空站研究重新归类为设备，并将该计划资金从研发移至研发设备；2019 财年数据是初步数据；部门内部活动包括受联邦政府人员管理的内部研发项目和对外研发采购。

数据来源：The National Science Foundation's National Center for Science and Engineering Statistics. Survey of Federal Funds for Research and Development, https：//www. nsf. gov/statistics/fedfunds/，2020 年 1 月。

（3）石油危机和能源研发资助

1973 年 10 月，第四次中东战争爆发，欧佩克成员国为回应美国参与赎罪日战争，宣布实行石油禁运，引发第一次石油危机。到 1974 年 3 月石油禁运结束时，西得克萨斯中质油（WTI）价格从每桶 4.31 美元上涨至 10.11 美元。美国经济遭受严重冲击，股市市值蒸发近半（Alpanda 和 Peralta-Alva，2010）。能源问题旋即成为美国上下迫在眉睫需要化解的重大现实危机。此后，原油价格继续攀升，特别是伊朗伊斯兰革命爆发后，普遍恐慌引发了第二次石油危机，虽然全球石油供应仅下降了约 4%[①]，但 WTI 价格却跃升至每桶 39.5 美

---

① OilCrudePrice. WTI Oil Price History ［EB/OL］.（2021-04-02）［2021-4-6］. https：//www. oilcrudeprice. com/wti-oil-price-history/.

元。石油危机极大地推动了美国政府对能源研发的资助。按照购买力平价美元计算，美国政府能源研发资助于1979年第二次石油危机爆发时达到顶峰，是1972年第二次石油危机爆发前的6倍有余。如图4-4所示，美国政府对能源研发支出的力度基本上随原油价格的涨落而起伏。1998财年能源研发支出统计口径变化后，这个规律也依然如此。

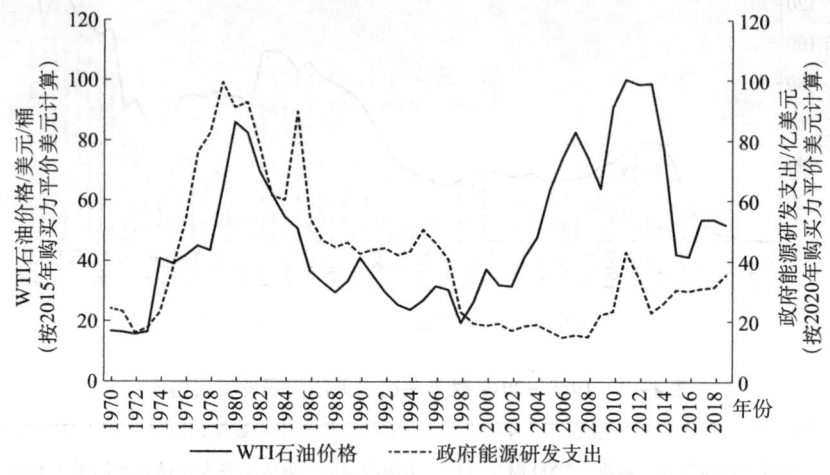

图4-4 1970—2019财年美国石油价格与政府能源研发支出

备注：年度石油价格使用月度西得克萨斯中质油（WTI）价格均值替代。从1998财年开始，一些能源计划转向了普通科学，能源研发补贴统计口径变小。

数据来源：Federal Reserve Bank of St. Louis, Spot Crude Oil Price: West Texas Intermediate (WTI) [WTISPLC], retrieved from FRED, Federal Reserve Bank of St. Louis; https://fred.stlouisfed.org/series/WTISPLC，2021年4月。American Association for the Advancement of Science. Historical Trends in Federal R&D, https://www.aaas.org/programs/r-d-budget-and-policy/historical-trends-federal-rd，2020年5月。

美国能源部是美国政府能源研发资助的主要部门，同时也承担着对一般科学和防卫研发提供补贴的职能，前身是美国原子能委员会、美国能源研究和开发管理局。如图4-5所示，与国防、航天部门一样，美国能源部门研发支出的主要对象是工业企业；总研发支出伴随国家战略危机增加而成长，在两次石油危机后增长了逾2.5倍。但不同的是，过半的美国能源部门研发支出被用于联邦政府补贴的研发中心（FFRDCs），而国防部门一般不超过两成，航天部门则从未超过一成。FFRDCs由政府部门资助，由工业企业、高校和其他非营利机构管理，目的是通过客观地分析技术问题并提供创新且具有成本效益的解决方案来解决其他任何单个组织都无法解决的复杂问题。最初FFRDCs的建立是为了帮助美国在第二次世界大战中建造原子弹，包括阿贡国家实验室、洛斯阿拉莫斯国家实验室、橡树岭国家实验室等。战后，美国能源部门依据《麦克马洪法案》接管了对这些机构的资助职能。今天，美国能源部负责资助全国42个FFRDCs中的16个，资助金额占政府对FFRDCs资助总额的一半多。

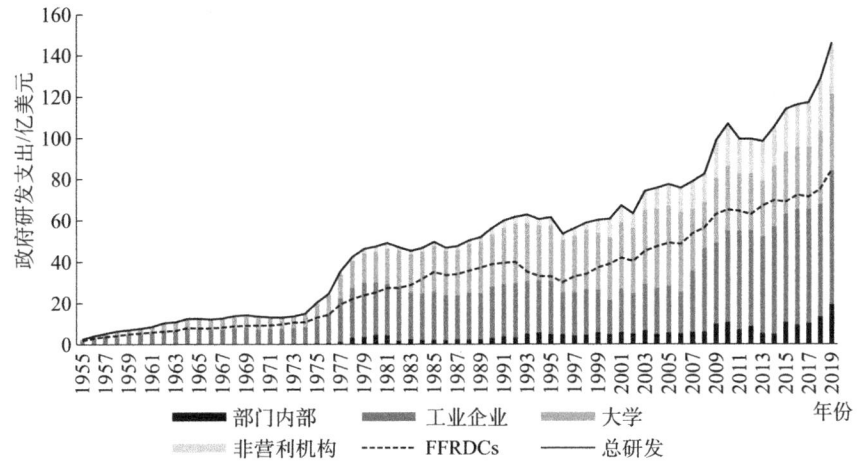

图4－5　1955—2019财年美国能源部门研发支出构成

备注：1955—1973财年数据是美国原子能委员会研发支出数据，1974—1976财年数据是美国能源研究和开发管理局研发支出数据，1977—2019财年数据是美国能源部研发支出数据；2019财年数据是初步数据；部门内部活动包括受联邦政府人员管理的内部研发项目和对外研发采购。

数据来源：The National Science Foundation's National Center for Science and Engineering Statistics. Survey of Federal Funds for Research and Development，https：//www.nsf.gov/statistics/fedfunds/，2020年1月。

（4）老龄化危机和健康研发资助

和国防研发一致，美国政府对健康研发的大规模资助活动源于第二次世界大战。在美国的大力支持下，许多起初在小实验室进行的研究演变为规模庞大的跨学科合作（戈登，2018），以青霉素为代表的一批新药物新技术因此应运而生。战后，随着青霉素等抗生素的迅速普及，急性传染病在美国基本上被消灭，癌症等慢性疾病成为美国人健康的主要威胁，"降低疾病死亡率的重点已经从童年疾病转到了中年人和老年人的疾病"（布什，2004）。健康技术的进步延长了美国人的预期寿命，也带来了美国社会日益老龄化的问题。这也使得公众愈发关注癌症等慢性疾病的危害，希望能够在数年内"征服癌症"（Coleman，2013）。1971年1月，美国总统尼克松在年度国情咨文中提出"额外拨款1亿美元，以开展深入的运动来寻找治疗癌症的方法"，并承诺"要像实现原子裂变和载人登月那样，将集中努力转向克服这种可怕疾病"（Nixon，1971），正式打响了"对癌症的战争"。12月，尼克松签署颁布《国家癌症法》，并"将这一行动作为本届政府期间采取的最重要的行动"（Nixon，1971）。《国家癌症法》使国家癌症研究所的拨款在4年内增加了3倍（Kalberer，1975）。此后，如图4-6所示，美国政府对癌症治疗等健康研发的资助持续增加，特别是在克林顿政府时期——当时美国65岁以上人口比例创下历史新高——受美国众议员John Porter、参议员Arlen Specter等的大力推动，美国卫生部门研发补贴资金在8年里翻了一番多。

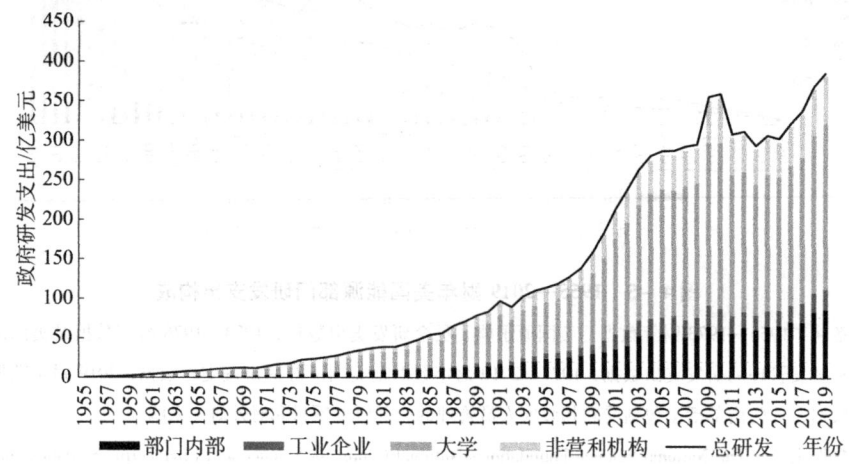

图4-6　1955—2019财年美国卫生部门研发支出构成

备注：1955—1978财年数据是美国卫生、教育与福利部研发支出数据，1979—2019财年数据是美国卫生与公众服务部研发支出数据；2019财年数据是初步数据；部门内部活动包括受联邦政府人员管理的内部研发项目和对外研发采购。

数据来源：The National Science Foundation's National Center for Science and Engineering Statistics. Survey of Federal Funds for Research and Development，https：//www.nsf.gov/statistics/fedfunds/，2020年1月。

美国卫生与公众服务部（HHS）是健康研发资助的主责部门，其前身是美国卫生、教育与福利部。不同于前文所述3类研发，美国卫生部门研发资助的主要支持对象是大学而非工业企业。这种格局的形成可以追溯到布什的《科学——没有止境的前沿》报告。布什在报告中提出，"医学研究的主要场所是医学院和大学"，并称这是"一个不能推卸给政府机构、工业组织和任何其他机构的职责"（布什，2004），为后来的健康研发资助构成定了调。1971—2004年间，美国共斥资2000亿美元（经通胀调整后的数字）（戈登，2018）用来开展"对癌症的战争"，但收效不大。其中一个重要原因就在于大学的科研评价机制，使癌症研究的目的不是用于临床，而是用于得到科学界的认可，发表论文，得以升职；在核心期刊发表的论文中，提供一个有趣的理论机理比提供一种治疗癌症的方法更受重视（Vijg，2011）。另一个重要原因在于美国政府和社会企图运用原子裂变和载人登月研发的经验，通过集中力量办大事打赢"对癌症的战争"，然而诚如美国国家癌症研究所主任 Harold Varmus 在《国家癌症法》颁布40周年之际所说的那样，"癌症实际上是一系列疾病，许多不同的疾病发生在不同的组织中""认为对癌症的战争就好像癌症是一个独立的、单一的敌人是不正确的，战争的隐喻也是不正确的"（Adashi 和 Varmus，2011）。同样的情况也发生在其他健康研发当中，为此，20世纪70年代以来美国政府健康研发资助产生的回报是不尽人意的。

（5）滞胀危机和研发税收抵免

除了提供慷慨的直接资助外，美国政府还为企业研发支出提供广泛而丰厚的税收优惠。早在1954年，美国《国内税收法典》就建立了研发加计扣除制度，并一直延续至今。1981年，为了应对前任政府领导下的长期经济滞胀，同时也为了在与日本等国家的经济竞赛中取得胜利，新上台的里根总统签署了《经济复苏税法》，出台了包括研发税收抵免在内的一系列税收政策，成为美国历史上最具规模的减税措施。研发税收抵免政策的建立，使美国在很长一段时间里成为研发税收优惠最慷慨的国家（张荣芳和丁沁怡，2013）。虽然在建立后长达34年的时间里，研发税收抵免政策都只是美国的一项临时制度，并经常受到两党国会议员的质疑，但其作为美国政府诱导企业加大研发投入重要政策工具的地位始终没有改变，并最终在2015年出台的《保护美国人免于高税法》中成为永久制度。事实证明，研发税收抵免是一项有效的补贴政策，通过该政策"使研发成本每下降10%，就会刺激短期研发支出上升1%以上，长期研发支出上升略高于10%"（Bloom 等，2002）。为此，多数创新型国家纷纷效仿美国，建立起自己的研发税收抵免制度，并不断提高研发税收优惠力度，法国、英国、爱尔兰等国家的税收优惠强度甚至达到了美国的3倍有余。但如图4-7所示，直至今日，美国依然是世界上政府研发税收优惠总额最多的国家。

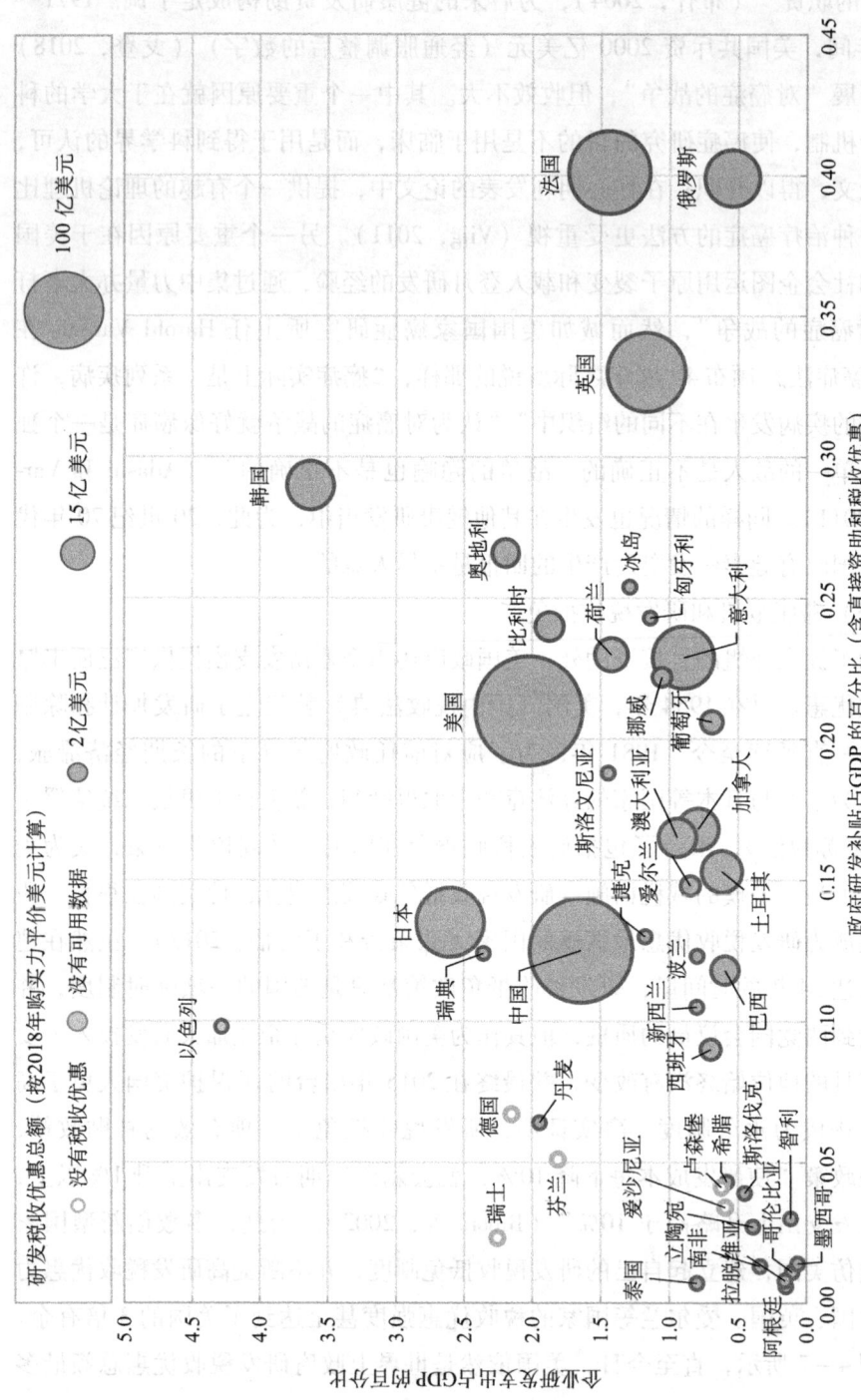

图 4-7 2018 年经合组织成员国和合作伙伴经济体企业研发支出及政府研发补贴占 GDP 的百分比

数据来源：OECD R&D Tax Incentive Database, http://oe.cd/rdtax, 2020 年 3 月。

隶属于美国财政部的国家税务局（IRS）是管理研发税收抵免等税收优惠的主责部门。与多数直接资助不同，税收抵免适用于所有在美国开展研发活动的企业，无论企业的规模有多大、所属行业为何，并更能激励企业从事对自身有益而非公共利益的技术创新。当然，不是所有的企业研发支出都能享受税收抵免政策，只有法定的合格研究支出才可以。美国《国内税收法典》第41条用"定义条款+除外条款"方式，对"合格研究"和"合格研究费用"作出了严格界定，明确将商业生产后的研究、逆向工程类研究等排除在外，树立了鲜明的扶持原创导向。据经合组织统计，如图4-8所示，2013年，美国研发税收优惠74%的受助者为中小企业，共获得9%的研发税收减免份额，26%的受助者为大企业，共获得91%的研发税收减免份额；2016年，美国研发税收优惠34%的受助者从事制造业，共获得55%的研发税收减免份额，61%的受助者从事服务业，共获得43%的研发税收减免份额。① 据于洋（2017）案例研究发现，研发税收抵免是美国许多制造业领域大企业获得政府研发补贴最主要的来源，占洛克希德·马丁、罗克韦尔柯林斯等公司所获政府研发补贴总额的95%以上。

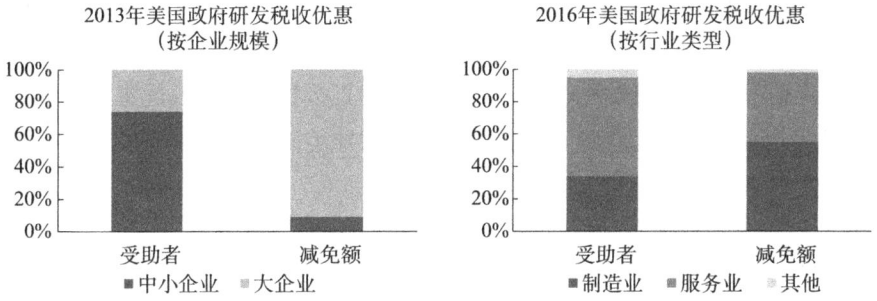

图4-8 2013/2016年美国政府研发税收优惠受助者和减免额占比（按企业规模/行业类型）

备注：中小企业是指总收入低于5 000万美元的企业。行业类型根据IRS SOI公司税数据定义如下：制造业（制造业）；服务业（批发和零售贸易、运输和仓储、信息、金融和保险、房地产、租赁、专业科技服务、（控股）公司管理、行政支持和废物管理服务以及各种服务）；其他（农业、林业、渔业和狩猎、采矿、公用事业和建筑）。

数据来源：OECD. R&D Tax Incentives：United States，2020，https：//www.oecd.org/sti/rd-tax-stats.htm，2021年7月。

---

① OECD. R&D Tax Incentives：United States，2020 [EB/OL]. (2021-04-25) [2021-8-12]. https：//www.oecd.org/sti/rd-tax-stats.htm.

研发税收抵免政策实施以来经历数轮修订，形成了常规研究抵免（RRC）、其他简化抵免（ASC）、基础研究抵免和能源研究抵免等4种互补的方式。其中，前3类属于增额型（Incremental）抵免，能源研究抵免属于总额型（Volume-based）抵免；RRC和ASC是互斥的两种主要减免方式，基础研究抵免和能源研究抵免是两种额外的特定计划。基础研究抵免主要是为了加强企业与教育、科研、科学免税、研发资助等机构的合作，能源研究抵免只适用于企业资助给能源研究财团的研发经费。两种额外的特定计划，本质上都是为了促进自组织网络的建立和发展，构筑复杂技术创新组织优势。

（6）其他

以上5个方面，是美国政府最主要的研发补贴类型，占据美国政府研发补贴总额的九成以上。除了国防、航天、能源、健康等研发资助外，还有近30个美国政府部门为企业技术创新提供形式丰富的直接资助，包括所有对外研发资助预算超过一定数额的联邦实体都需要参与的小企业技术研究计划（SBIR）和小企业技术转移计划（STTR），主要用于支持和促进小企业参与技术研发和利用；美国国家标准与技术研究院（NIST）负责的先进技术计划（ATP）/技术创新计划（TIP）和制造业扩展伙伴计划（MEP），主要用于支持美国制造业参与国际竞争等。除了研发税收抵免外，美国还实施研发加计扣除、加速折旧、慈善捐赠扣除等研发税收优惠政策。这些直接资助和税收优惠，共同构成了美国多元而慷慨的政府研发补贴体系，为诱导美国企业加大研发支出、增强创新投入提供了强有力的政策和经费保障。

4.3.2 体制机制

经过数十年的演进，美国形成了由成百上千自组织网络链接而成的国家创新系统。这套系统是动态的而不是静止的，是变化的而不是僵化的，始终处于不断的调整和演化之中。与之相适应，美国政府建立了复杂且独特的研发补贴体制，其中包含大量的正反馈和负反馈机制，以满足国家应对复杂性挑战和战略危机的需要。本节以新一轮科技革命和产业变革的关键核心技术——量子技术为例，通过"麻雀解剖"，对当前美国政府研发补贴体制机制进行分析。作为一种典型的复杂技术，量子技术正迎来第二次革命浪潮，美国、中国、日本、欧洲、加拿大、澳大利亚等都在这一领域持续加大研发投入，力图抢先构建路径依赖，打造国际竞争优势。近年来，在党中央高度重视和大力扶持下，中国在量子通信领域取得了不小的发展,但与美国相比,在总体实力上仍有一定差距。当前,美国在量子计算、量子通信、量子传感等量子技术各领域均处于领先地位。这离不开美国独特的政府研发补贴体系的助力。以量子科技为"麻雀",对美国政府研发补贴体制机制进行"解剖",有助于我们更好了解美国最新经验做法,以资借鉴。

(1)分权的领导管理体制

作为三权分立的国家,美国政府研发补贴的领导管理权并没有集中在行政部门,而是由行政和立法部门共担。其中,总统集中了美国科技活动的最高决策权和领导权(发达国家科技计划管理机制研究课题组,2016),有权决定政府研发补贴的优先事项,向国会提交包括政府研发补贴在内的年度预算提案,签署政府研发补贴相关法案、行政命令、国际协议,还可以通过提名和任命官员间接影响政府研发补贴政策。管理和预算办公室(OMB)作为美国总统愿景在整个行政部门实施情况的监督部门,负责会同各部门编制政府研发预算和计划,拟订政府研发补贴优先领域和对各部门的补贴水平,协调国会相关立法,审查各部门政策法规,监督研发预算执行。

国会主要通过提出议案和批准法律来塑造政府研发补贴政策,有权开展听证调查、设立计划项目、调整机构编制、批准补贴额度、同意职务任免等。这些权力的行使,有的是对总统决策的回应,有的是独立开展的行动,还有的需要获得总统的支持。权力分散于各委员会和分委员会中,这一方面提高了政府研发补贴政策研究制定的专业化水平,另一方面也阻碍了"政策全面的和连贯性的发展"(尼尔等,2017)。参众两院的拨款委员会负责批准财政拨款,对政府研发补贴政策的影响最直接。国会批准的政府研发补贴资金,一般根据拨款法案拨付给相关部门进行分配,但受选举政治等影响,有时也会通过专项拨款方式直接拨付给特定的受补贴人。

确保美国量子技术全球领导地位是美国行政和立法部门的共同意志,强有力的政府研发补贴和具有凝聚力的国家量子战略对实现这一国家战略目标至关重要。早在1994年,美国情报机构就开始补贴量子解密技术研究。2008年,美国国会正式将量子技术纳入研发预算。2018年,为"提供一项协调的联邦计划,以加速量子研发,促进美国的经济和国家安全",美国参众两院高票通过《国家量子计划法案》,由总统于12月21日签署为法律。《法案》明确了美国政府中长期推进量子技术研发应用的组织模式、工作机制和保障政策,要求总统领导制定和实施一项为期 10 年的国家量子倡议计划,其中第一个 5 年内支出 12.75 亿美元用于落实该计划,并对研发支出的执行部门、资金分配、实施要求做出了明确规定。此后,美国总统行政办公室将量子技术纳入《研发预算优先事项》,作为编制年度财政预算的指导性文件,要求各部门加大量子技术研发支出,保持美国量子技术研发和应用的全球持续领导地位。2020 年,美国发布《关键与新兴技术国家战略》,作为最高优先级的技术战略,并明确将量子技术作为其保持全球领导力而强调发展的 20 项"关键与新兴技术"之一列入其中,拟通过"全政府+盟友"策略加大研发投入,筑牢领先优势。

(2) 共治的决策议事协调机制

美国政府研发补贴政策的制定,离不开总统与国会的通力合作,也离不开白宫科技政策办公室(OSTP)、国家科技委员会(NSTC)、总统科技顾问委员会(PCAST)等决策议事协调机制的有力支撑。1976 年成立的 OSTP,是向总统提供科技政策咨询的办事机构,由总统科学顾问担任主任,主要负责向总统和总统行政办公室内的其他人员提供有关经济、国家安全、国土安全、健康、外交关系和环境等科学、工程和技术方面的建议;领导整个联邦政府制定和实施合理的科技政策和预算工作,并为此与私营部门、地方政府、学术界以及其他国家合作;协助 OMB 对预算中的联邦研发进行年度审查和分析等。1993 年成立的 NSTC,是内阁级的决策议事协调机构,由总统亲自担任主席,副总统、总统科学顾问、内阁部长、具有重要科技职责的机构负责人以及其他白宫官员等任成员,主要负责协调各部门制定符合国家目标的研发战略,以确保联邦政府研发补贴计划和政策的科学性、合理性、平衡性。2010 年成立的 PCAST,是美国最高级别的科技顾问机构,由总统科学顾问担任联合主席,政府外的顶尖科学家、工程师和相关专业人士任成员,主要负责直接为总统和总统执行办公室提供专业咨询,并向国家科技委员会提出事关国家发展的科技问题建议,是连接白宫和科技共同体的桥梁和纽带。

2018 年,在《国家量子计划法案》通过前,OSTP 就举办了白宫量子科学峰会,汇聚资深政府官员、知名专家学者和行业领袖共商量子技术发展战略;NSTC 成立了量子信息科学分委员会,并发布了《量子信息科学国家概述》,提出量子技术、量子传感、量子网络等 7 类重点支持的量子研发项目,以及科学优先、人才储备、产业合作等 6 个方面的关键政策机会,旨在从国家层面统筹布局量子技术发展。《国家量子计划法案》规定设立隶属于 OSTP 的国家量子协调办公室,隶属于 NSTC 的量子信息科学小组委员会,以及国家量子倡议顾问委员会,作为量子领域的决策议事协调机制,促进量子技术的标准化、商业化、教育、劳动力培养等计划内容落实。2020 年,国家量子协调办公室发布了《量子网络战略构想》和《量子前沿报告》,旨在统筹政产学研优势力量,推动量子技术进步和产业发展,跑赢"量子马拉松",具有鲜明的系统思维、总体部署和应用驱动、需求牵引特点。

(3) 多元的组织实施体系

与中国不同,美国政府没有专责的科技管理部门,税收优惠由国家税务部门负责,直接资助主要通过使命导向部门分配。上一节提及的美国国防部、卫生与公众服务部、国家航空航天局和能源部,就是美国政府提供研发资助最多的 4 个部门,2018 财年 4 部门研发资助金额占政府研发资助总额的 87.6%。此外,如表 4-1 所示,还有农业部、商务部、国土安全部等至少 28 个部门负有研发资助职责,共同构成了复杂的美国政府研发资助体系。在联邦政府内,各部门对本部门本系统研究领域的情况和需求最清楚,在研发预算和计划制定过程中的实际影响也最大,既能够贯彻总统和国会的意志,又能够响应受补贴机构和人员的意见,发挥着承上启下、协调内外的重要作用。各部门在 OMB 和 OSTP 的指导下编制预算,相互竞争有限的联邦资金,博弈形成的研发补贴趋势,传达了美国优先领域的重要信息(尼尔等,2017)。政府研发补贴政策一旦确定,各部门又能够根据研发领域实际,制定相应法规和规则,采取差异化的组织实施举措,推动研发补贴政策落地落实、开花结果。分散的组织实施机构、灵活的组织实施体系,有利于避免受补贴主体的同质化、经费管理的一刀切、绩效评估的简单化等问题,也更容易适应复杂技术创新环境,契合自组织网络特性。

表 4-1 美国负有研发资助职责的部门

内阁级部门 (15)							
农业部	商务部	国防部	教育部	能源部	卫生与公众服务部	国土安全部	住房和城市发展部
内政部	司法部	劳工部	国务院	交通运输部	财政部	退伍军人事务部	
独立机构和委员会 (17)							
美国法院行政办公室		国际开发署	阿巴拉契亚地区委员会		消费品安全委员会		环保局
联邦通信委员会		联邦贸易委员会	国会图书馆		国家航空和航天局		国家档案局
国家科学基金会		核监管委员会	以病人为中心的结果研究信托基金			史密森学会	
社会保障局		田纳西河谷管理局	美国邮政总局				

根据《国家量子计划法案》的授权，美国政府对量子技术的研发支出由国家标准与技术研究院、国家科学基金会、能源部共同负责。在国家量子倡议计划实施前5年，美国国家标准与技术研究院每年将获得8 000万美元的专门拨款，用于推动量子技术标准研发、商业化开发、知识培训、公私合作，并建立量子科技联盟，与利益相关方共同甄别未来标准、网络安全、产业动态发展需求等；美国国家科学基金会每年将获得5 000万美元的专门拨款，用于资助高等教育机构和非营利组织，并成立2—5个量子研究和教育跨学科中心，以推动量子信息科学与工程发展，支持学科发展与人才培养；美国能源部每年将获得1.25亿美元的专门拨款，用于推动量子领域基础研究，并竞争择优补贴2—5个国家量子信息科学研究中心，以加速量子领域关键核心技术突破。2018年，美国国家标准与技术研究院组织成立了量子经济发展联盟，目的是在美国建立并发展强大的基于商业量子的产业以及相关供应链，创始成员涵盖谷歌、微软、IBM等96家企业以及21所高校、8个FFRDCs和10个其他单位。2020年，美国能源部召开量子互联网蓝图研讨会，并发布《从长距离量子纠缠到建立国家量子互联网》报告，以国家量子互联网建设为抓手，协调推动量子计算、量子通信、量子传感等技术发展，提出了3个近期应用领域、4个优先研究方向和5个关键建设节点，形成了既前沿又具可操作性的技术路线、实践要求和政策指引。在美国政府的大力补贴下，美国产业界等各方力量加大研发投入，积极推动量子技术加速迭代升级，创造了"量子霸权"等一系列具有里程碑意义的科研成果，取得了阶段性的领先地位。

4.4　日本：产业促进型政府研发补贴政策

日本是全球研发支出最多、强度最高的国家之一，支出规模仅次于美国和中国。与美国"高直接资助、高税收优惠"政府研发补贴政策组合策略不同，日本选择的是"低直接资助、高税收优惠"策略，目的不是为了应对国家战略危机、维持国际科技霸权，而是为了打破对他国技术的路径依赖、构筑和维护本国产业竞争优势。第二次世界大战后，受战时技术封锁等影响，日本许多行业的技术水平都滞后于西方。面对落后的经济和复杂性挑战，日本坚定迈上了持续半个多世纪的"追赶和超越"之路。受战后日本宪法的限制,日本政府始终无法像美英法等国那样,通过大规模的国防研发资助推动技术进步,政府研发补贴从一开始就具有明显的产业促进性质。尽管有些分歧至今尚未消除,但社会普遍认为,政府实行积极的产业、贸易和技术政策,是战后日本经济腾飞、创造"奇迹"的根本原因(张夏准,2020)。不过,与人们把日本政府看作"日本股份公司(Japan Inc.)"的刻板印象不同,从20世纪80年代以后,日本产业政策已经大体上从"选择性产业政策"转向"功能性产业政策"(吴敬琏等,2018),市场在技术创新的资源配置中发挥着决定性作用。"低直接资助、高税收优惠"的政府研发补贴格局,就是在这样的背景下形成的。

4.4.1 政策演进

(1)技术追赶和工矿业研发补助金

第二次世界大战结束后,满目疮痍的日本百废待兴。为了振兴经济,日本政府对煤炭业、炼钢业等实行"优先生产政策",通过"倾斜生产方式"重建国家基础产业,所提供的补贴占据了当时日本政府预算相当大的比例,比如1947年仅煤炭价格差额补贴一项就占当年政府财政预算的四分之一左右(野口悠纪雄,2018)。在研发补贴方面,日本政府从1955年开始发放工矿业重要技术研究开发费补助金。该补助金适用于全部工矿业企业,政府根据企业申请发放。作为1965年之前唯一的直接资助政策工具,占日本研发总支出比重在整个"昭和三十年代"(1955—1965年)始终在15%以上,最高的年度达40%,对于较美西方国家企业实力相对"弱小"但富有雄心的战后日本企业来说,诱导研发的效果颇大(小宫隆太郎等,1988)。正是在这种选择性政策之下,日本重工业化才实现了发展,为创造战后"日本奇迹"奠定了坚实基础。

20世纪60年代,贸易和资本自由化迫使日本政府放弃了大多数曾经使用过的市场保护手段。为了保护国内幼稚产业不受跨国资本和技术的冲击,日本政府在工矿业重要技术研究开发费补助金的基础上,又先后出台实施了大型工业技术研究开发委托费、技术改善补助金、电子计算机开发费补助金、民间运输机械开发费补助金、能源技术研究开发委托费和补助金、下一代产业基础技术研究开发委托费等(小宫隆太郎等,1988)一系列研发补助金政策。如图4-9所示,研发补助金支出不断攀升,一度超越研发税收优惠支出,到1980年时已达608亿美元,是同年研发税收优惠的1.6倍。

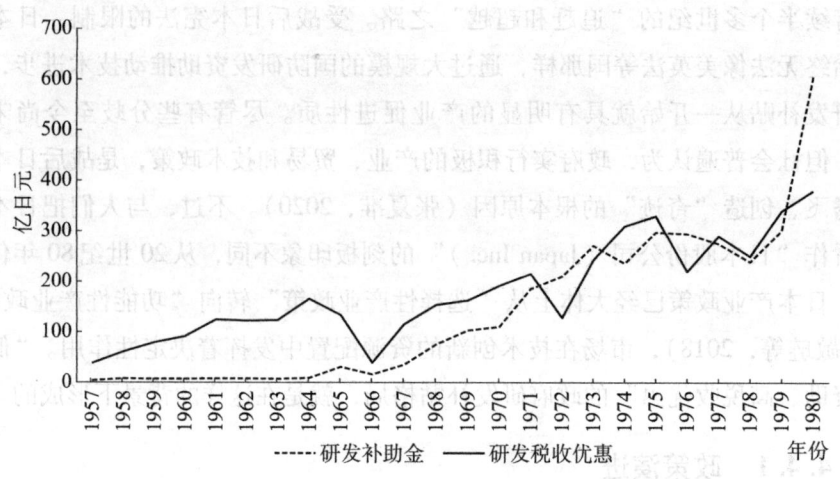

图 4-9 1957—1980 年日本政府研发补助金和税收优惠支出历史趋势

备注：研发补助金是企业从国家和地方自治体领取的研究费用总额，包括委托费等，出处为日本《科学技术统计调查报告》；研发税收优惠是政府对研发活动采取的各种租税特别措施中实际减免的税金总额，出处为日本《税制调查会资料》。

数据来源：小宫隆太郎，奥野正宽，铃村兴太郎．日本的产业政策 [M]．黄晓勇，韩铁英，吕文忠等译．北京：国际文化出版公司，1988.

由于日本政府和产业界信奉规模经济，大多数研发补助金都通过工矿业技术研究组合（Ko-kogyo Gijitsu Kenkyu Kumiai）发放。工矿业技术研究组合，是日本企业为解决特定技术问题根据 1961 年《工矿业技术研究组合法》组建的非营利性特殊法人，会员企业通常来自不同行业，在联合研究实验室或各自的实验室里开展协同研究，共担研究经费，共享研究成果，特定研究目标完成后自行解散。工矿业技术研究组合是政府研发补贴的"聚宝盆"，不但自身及会员企业享有特殊税收优惠，而且更容易获得政府研发补助金，比如 1983 年，有 44 个工矿业技术研究组合共获得 328 亿日元的政府研发补助金，占日本政府当年总研发补助金的 46.9%（小田切宏之和后藤晃，2019）。工矿业技术研究组合是一种极具日本特色的自组织系统，为日本官产学研协同攻克关键核心技术提供了有力组织保障，1976 年日本政府和企业共同出资成立的超大规模集成电路技术研究组合就被誉为"一个创新联盟的成功样本"[1]，在日本半导

---

[1] 杨颖．一个创新联盟的成功样本 [N]．经济日报，2009-11-11（16）．

体产业发展和国际竞争中发挥了举足轻重的作用,并引发了美日之间的半导体竞赛,才有了 4.2.3 介绍的美国成立半导体制造技术战略联盟(SEMATECH)的故事。2009 年,工矿业技术研究组合改制为技术研究组合,研究范围扩大到"工业活动中使用的技术",并可以将组织更改为股份公司或有限责任公司,或拆分新公司①。

20 世纪 80 年代后,日本政府对企业技术创新的直接资助强度逐渐减弱,由"高直接资助"国家转变为"低直接资助"国家,主要有以下几个方面原因:一是日本大多数行业已经追赶上欧美技术水平,利用巨额研发补助金保护幼稚产业的需求减弱;二是日本企业已经积累足够技术能力,自主创新取代了引进消化吸收再创新成为主要创新模式,同时善于独立面向市场运用国内国际自组织网络开发路径依赖,已经成长为日本研发支出的绝对主力,且具有摆脱政府控制性直接干预的动机;三是日本政府受赤字影响,研发补助金增长率无法达到企业研发支出增长率水平;四是第一次石油危机以后,日本开始逐渐认识到"选择性产业政策"的缺陷(吴敬琏等,2018),并着手推进产业政策转型;五是企业研发资助等产业政策的主要"推手"大藏省,因丑闻失去日本人民信赖并被拆分,以统制经济为特点的 1940 年体制逐渐消亡(野口悠纪雄,2018)。

(2)技术引领和总额型研发税收抵免

20 世纪 90 年代,日本企业研发支出增长出现停滞甚至衰退。面对国内经济增长放缓和国际产业竞争压力,如何提高企业研发积极性,维持和增强本国优势产业的国际竞争力,成为日本政府关心关注的焦点问题。1995 年,日本政府明确提出科学技术创造立国战略,并接连出台一系列科技政策,力求从技术追赶型国家尽快蜕变为技术引领型国家。在研发税收优惠方面,最重要的事件是日本政府于 2003 年推出总额型研发税收抵免政策,如图 4-10 所示,此后研发税收优惠总额大幅提高,到 2018 年时研发税收优惠已占政府研发补贴总额的 84%②,"低直接资助,高税收优惠"格局基本形成。

日本政府研发税收优惠政策可以追溯到战后初期。早在 1952 年,日本《企业合理化促进法》就规定了针对试验研究用机械设备的特别加速折旧政策

---

① 经济产业省. CIP(技術研究組合)とは [EB/OL]. (2021-08-02)[2021-10-10]. https://www.meti.go.jp/policy/tech_promotion/kenkyuu/001.html.

② OECD. R&D Tax Incentives: Japan, 2020 [EB/OL]. (2021-04-25)[2021-8-12]. https://www.oecd.org/sti/rd-tax-stats.htm.

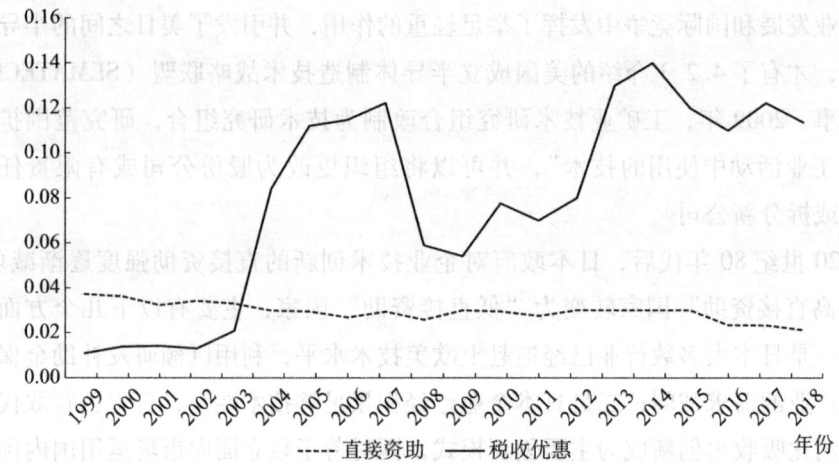

图 4-10 1999—2018 年日本政府对企业研发的直接资助和税收优惠占 GDP 的百分比

数据来源：文部科学省 科学技術・学術政策研究所、科学技術指標 2021、調査資料-311、2021 年 8 月。

（王万光等，2016），1958 年又推出了针对新技术企业化用机械设备的特别加速折旧政策。特别加速折旧属于递延性质的研发税收优惠政策，可以减轻企业投资初期的税负，但并不能发挥长期诱导企业加大研发投入的作用。

20 世纪 60 年代，受贸易和资本自由化的影响，日本在出台系列研发补助金政策的同时，还于 1966 年制定了一项新的研发税收优惠政策——增额型研发税收抵免，规定企业本年度试验研究费用比往年最高费用超出的金额可以按照 20% 的固定比例减免税收，最多可减免法人税的 10%，比美国执行类似政策早了整整 15 年（小田切宏之和后藤晃，2019）。增额型研发税收抵免实实在在地减轻了企业的税负，在很长一段时间里有效促进了企业研发。

20 世纪 90 年代，日本泡沫破裂、新兴经济体工业化加速、世界信息通信技术革命等国内国际环境变化，对日本经济构成了巨大冲击（野口悠纪雄，2018）。日本政府认识到，仅靠增额型研发税收抵免政策，已经无法满足新形势日本技术和产业发展需要。为此，日本于 2003 年建立了以试验研究支出总额为对象的总额型研发税收抵免政策。新政策出台后，获得了产业界的普遍欢迎，与增额型研发税收抵免政策形成此长彼消的局面。为此，2006 年以后，日本多次对研发税收抵免政策进行修正，形成了以总额型研发税收抵免为主体、开放式创新活动税收抵免和高研发强度税收抵免为补充的综合研发税收抵免政策。总额型研发税收抵免适用于所有合格研发支持（抵免率为 2%—

17%）；开放式创新活动税收抵免也是一种总额型抵免，主要用于鼓励协同创新，适用于与大学和国家研究机构联合或承包研发（抵免率为30%），与研发风险企业联合或承包的基础或应用研究或以使用知识产权为目的的研发（抵免率为25%），以及其他符合条件的企业（抵免率为20%）；高研发强度税收抵免则是一种增额型抵免，用于激励更高强度的研发活动，对研发费用超过销售额10%的部分，按照"高水准型扣除率"进行抵免（抵免率为20%）。

与美国研发税收优惠相比，日本研发税收优惠更多向大企业和制造业倾斜，产业导向明显。据经合组织统计，如图4-11所示，2019年，日本研发税收优惠71%的受助者为中小企业，共获得7%的研发税收减免份额，29%的受助者为大企业，共获得93%的研发税收减免份额；64%的受助者从事制造业，共获得81%的研发税收减免份额，30%的受助者从事服务业，共获得13%的研发税收减免份额。[1]

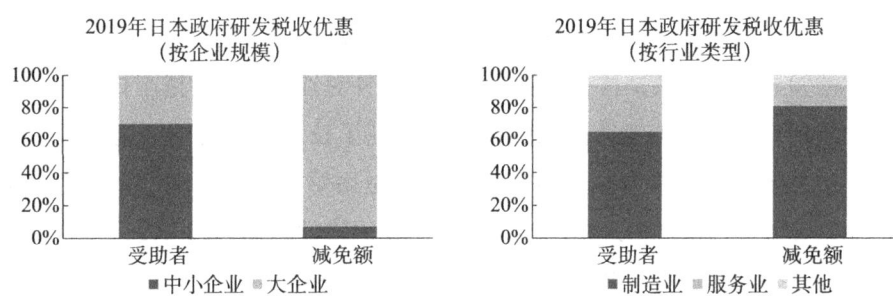

图4-11 2019年日本政府研发税收优惠受助者和减免额占比（按企业规模/行业类型）

备注：中小企业被定义为拥有1—249名员工且资本不超过1亿日元的公司。行业类型定义如下：制造业（在纺织、化工、钢铁和金属、机械、食品、出版和印刷领域有非合并纳税申报的公司）、服务业（仅具有非合并纳税申报的公司）。

数据来源：OECD. R&D Tax Incentives：Japan，2021，https：//www.oecd.org/sti/rd-tax-stats.htm，2021年12月。

4.4.2 体制机制

战后日本技术与产业发展经历了从简单到复杂、从追赶到引领的历史进

---

[1] OECD. R&D Tax Incentives：Japan，2020［EB/OL］.（2021-04-25）［2021-8-12］. https：//www.oecd.org/sti/rd-tax-stats.htm.

程，与之相适应，日本政府研发补贴政策也实现了由"选择性政策"向"功能性政策"、由"高直接资助，低税收优惠"向"低直接资助，高税收优惠"的转变。技术经济与政策范式的调整，导致日本传统的"分割的多元官僚制"在政府研发补贴等技术创新政策制定和实施过程中存在诸多不适应。为此，日本政府下大力气推动行政体制改革，历时十余年重塑政府研发补贴体制机制，实现了由"官僚主导"向"内阁主导"的转变（平力群，2016）。改革后的日本政府研发补贴体制机制属于典型的集中型，虽然吸收借鉴了许多美国等技术引领型国家的实践经验，但受"1940年体制"等历史文化因素影响，与美国政府研发补贴体制机制"形"似而"神"异，其突出特点不在于分权、共治、多元，而在于"放""管"结合、抓"大"放"小"。

（1）统一权威的领导体制

在技术追赶时期，日本各省厅各自为政、互不干涉，分别代表相关产业编制研发补贴相关预算，在与财务当局交涉并经内阁决定后提交国会，是一种高度分散的领导管理体系，具有很强的灵活性和针对性，有力支撑了日本科技水平的快速提升和对欧美发达国家的赶超。但到了技术引领时期，这种"官僚主导"的领导管理体制弊端逐步显现，特别是面对复杂性挑战，多元分割的创新体系和九龙治水的治理格局阻碍了自组织网络的构建，还引发了内耗式的部门利益之争，倒逼日本政府下定决心实施改革，历经科学技术会议（CST）到综合科学技术会议（CSTP）再到综合科学技术创新会议（CSTI）3个阶段，实现了科学技术创新政策一体化和咨询决策权力集中。CSTI是日本内阁府设立的"重要政策会议"之一，在日本首相直接领导下，负责统筹、规划和协调综合性和基础性的科学技术创新政策①，是日本政府研发补贴政策的指挥中枢。CSTI成员包括内阁官房长官、科学技术政策担当大臣、总务大臣、财务大臣、文部科学大臣、经济产业大臣等6名阁僚，获得国会同意的7名产学研界专家，以及日本学术会议会长等14人②。CSTI集政策研究与审议、预算和人力资源配置、国家重点研发工作评估、环境综合开发调查和审议等职能于一

---

① 内閣府. 総合科学技術・イノベーション会議の概要 [EB/OL]. (2021-02-09) [2021-10-09]. https：//www8.cao.go.jp/cstp/gaiyo/index.html.
② 内閣府. 総合科学技術・イノベーション会議の構成員 [EB/OL]. (2021-02-09) [2021-10-09]. https：//www8.cao.go.jp/cstp/yushikisyahoka.html.

身，具有极强的权威性和影响力。

(2) 上下贯通的组织体系

与统一权威的领导体制相对应的是上下贯通的组织体系。CSTI 作为日本科学技术创新政策的最高咨询决策机构，负责定期制订科学技术基本计划，提出政策目标和项目清单，明确研究领域和责任部门，发布问题报告和行动方案，制定科技预算分配方针，协调各省厅的科技预算。相关省厅根据科学技术基本计划，分领域组织科技计划评价研讨会，在研究、咨询、审议的基础上制订本部门科技计划，向财务省上报预算要求，按照分工推动相关计划实施。科研机构根据科学技术基本计划和主管省厅的科技计划，制订和实施本机构的科技计划。如表 4-2 所示，2022 年度日本政府科技预算共涉及 17 个府省，其中文部科学省作为日本科技政策的主管部门，负责的日本科技经费约占日本政府科技经费的一半左右，支持方向主要是基础和前沿领域的研究以及科技环境的建设，经济产业省作为日本产业政策的主管部门，负责的日本科技经费在所有府省中排名第二，约占日本政府科技经费的六分之一，支持方向主要是技术开发和产业应用。除了"自上而下"的政策决策和执行体系之外，日本还有"自下而上"的政策支撑和咨询体系（李慧敏等，2021），比如经济产业省的战略技术路线图、科技政策研究所的德尔菲调查报告等（韩宇等，2014），共同构成了决策咨询共生交融、政产学研联动协调的自组织网络。

表 4-2　　　　2021—2022 年度日本科技预算（府省级）　　　（单位：亿日元）

府省名称	2022 年度（令和 4 年度）	2021 年度（令和 3 年度）
国会	12	12
内阁官方	860	653
复兴厅	282	275
内阁府	1 545	1 163
警察厅	23	23
消费者厅	33	30
总务省	1 343	1 232
法务省	12	12
外务省	298	156
财务省	12	11
文部科学省	23 912	20 595
厚生劳动省	1 970	1 786
农林水产省	2 403	1 949

续表

府省名称	2022 年度（令和 4 年度）	2021 年度（令和 3 年度）
经济产业省	7 658	6 757
国土交通省	867	3 979
环境省	2 027	1 642
防卫省	1 445	1 139
合计	44 704	41 414

数据来源：科学技术関係予算　令和 4 年度概算要求について，https：//www8.cao.go.jp/cstp/budget/r4gaisan.pdf，2021 年 9 月。

（3）独立灵敏的实施机构

日本政府各省厅一般不直接经手政府研发补贴，而是委托其下属的独立行政法人进行专业化管理（发达国家科技计划管理机制研究课题组，2016）。政府部门主要负责调查研究、制定政策、协调经费、监督落实，以避免研发补贴过程中出现寻租和"外行指导内行"等问题。对企业或技术研究组合的政府研发补贴，许多由新能源和产业技术综合开发机构（NEDO）具体管理。NEDO 是隶属于经济产业省的国家研究开发法人，其前身是成立于 1980 年 10 月 1 日的特别法人，受经济产业大臣主管[①]，负责实施产业技术研究开发计划，是日本最大的产业技术项目管理机构，管理领域涵盖能源和环保技术以及机械系统、电子和信息通信、材料和纳米技术、生物技术等产业技术[②]。独立灵敏的实施机构在公共部门和私营部门之间架起了信息交流的桥梁，极大地提高了日本国家创新系统的自组织能力，使日本政府研发补贴体制机制集中但不集权、高效但不官僚，具有极强的适应性和拓展性。

4.5 德国：扩散导向型政府研发补贴政策

德国是世界上研究最密集和最具创新性的经济体之一，其基石是具有一个各种参与者和资助工具协同工作、基础研究与跨学科的应用研究和技术开发相

---

① 国立研究開発法人新エネルギー・産業技術総合開発機構. 機構概要 ［EB/OL］. （2021 - 04 - 26）［2021 - 10 - 10］. https：//www.nedo.go.jp/introducing/kihon.html.

② 国立研究開発法人新エネルギー・産業技術総合開発機構. 事業紹介 ［EB/OL］. （2021 - 08 - 13）［2021 - 10 - 10］. https：//www.nedo.go.jp/activities/introduction.html.

互关联的高性能研究和创新系统①。与美国、日本政府研发补贴政策组合策略不同,德国选择的是"高直接资助、低税收优惠"策略,甚至在2020年以前,德国长期没有研发税收优惠政策。

无论是受国家危机驱动,还是为促进产业发展,美国和日本的政府研发补贴政策都以使命导向型占主导。德国政府研发补贴政策曾经也以使命导向型占主导地位。但如图4-12所示,Cantner和Pyka(2001)研究发现,20世纪70年代以来,使命导向型科技政策的经费不断下降而扩散导向型不断上升,到20世纪80年代中期以后,逐步实现使命导向型向扩散导向型的转型。默克尔政府执政以来,《高科技战略》和《研究和开发税收优惠法》等政策法规的相继出台,都是这一转型的标志性成果。因此,德国虽然是幼稚工业保护论的发源地(张夏准,2020),但其当今的政府研发补贴政策和其他科技政策一样,以扩散导向型占主导。

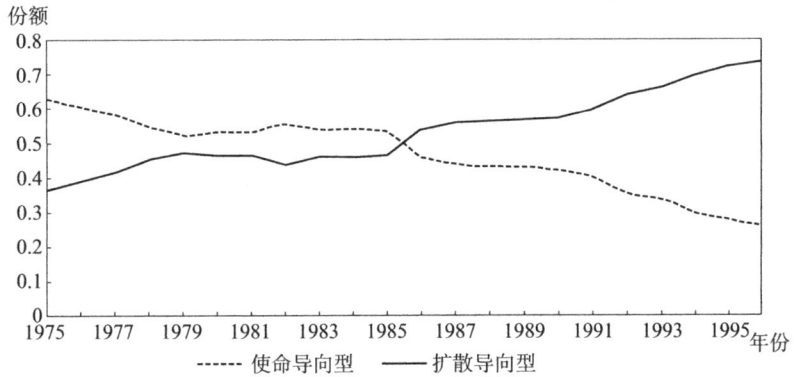

图4-12　1975—1996年德国使命导向型和扩散导向型科技政策比例

来源:Cantner U, Pyka A. Classifying Technology Policy from an Evolutionary Perspective [J]. Research Policy, 2001, 30 (5): 759-775.

4.5.1　政策演进

(1)《高科技战略》和项目资助

项目资助、机构资助和部门研究资助,是德国国家研究和创新资助的三大

---

① Bundesberichts Forschung und Innovation. Bundesbericht 2020 [EB/OL]. (2021-02-08) [2021-10-18]. https://www.bundesbericht-forschung-innovation.de/de/Teil-II-Das-deutsche-Forschungs-und-Innovationssystem-1736.html.

支柱。其中，项目资助是德国研究和创新系统的基石①，是德国联邦政府为企业提供研发补贴的最主要方式。长期以来，联邦政府通过项目资助促进特定的研发项目，以提高关键应用领域的知识，从而成为许多行业的增长动力②。联邦政府的项目资助通常采用对特定研究和开发项目的赠款资助形式，资金仅在可用预算的框架内。资助公告在联邦公报上公布，并在资助机构的网站上发布。在紧急的特殊情况下，如果需要对异常事件做出快速反应，并且必须快速且不官僚地提供资金，公告之外的项目也可以获得资助。德国对创新的理解非常宽泛，项目资助涵盖产品、服务、流程或商业模式等方面的开发③，仅德国联邦政府"资助目录"④数据库中，就收录了11万多个已完成和正在进行的联邦项目资助计划。资助计划通常不是针对个别行业量身定制的，基本上对所有满足特定资助目标的企业开放。对企业的资助一般根据项目成本核拨，通常需要企业配套50%以上的经费。除企业以外，大学、大型研究机构和其他研发机构也可以参与项目资助计划，但个别计划是专门为中小型企业（SME）设立的。

德国联邦政府项目资助历史很长，但自默克尔政府上台以来发生了翻天覆地的变化。在2006年以前，德国没有系统、全面的科技发展规划，联邦政府主要通过制订和实施重点领域科技计划来实现对科技的宏观管理和政策指导（葛春雷和裴瑞敏，2015）。当时的德国联邦政府项目资助，和美国政府直接资助类似，具有鲜明的使命导向，且由联邦各有关部门分头负责。默克尔政府上台后，提出了"使德国成为世界上最适于研究的国家"的战略目标，并于2006年出台了德国第一个国家级科技发展战略《高科技战略》⑤，作为包括项目资助政策在内的联邦政府研究和创新政策的战略保护伞。《高科技战略》经

---

① Förderberatung "Forschung und Innovation" des Bundes. Forschungs-und Innovations förderung [EB/OL]. (2021 - 10 - 14) [2021 - 10 - 20]. https：//www. foerderinfo. bund. de/de/forschungs-und-innovations foerderung - 1711. html.

② Förderberatung "Forschung und Innovation" des Bundes. FAQ [EB/OL]. (2021 - 10 - 14) [2021 - 10 - 20]. https：//www. foerderinfo. bund. de/de/faq - 1708. html.

③ Förderberatung "Forschung und Innovation" des Bundes. Erstberatung [EB/OL]. (2021 - 10 - 14) [2021 - 10 - 20]. https：//www. foerderinfo. bund. de/de/bei-uns-sind-sie-bestens-beraten - 1810. html.

④ Die Bundesregierung. Förderkatalog [EB/OL]. (2021 - 08 - 17) [2021 - 10 - 20]. https：//foerderportal. bund. de/foekat/jsp/StartAction. do? actionMode = list.

⑤ 商务部. 德国"高科技战略2025"内容概要 [EB/OL]. (2019 - 01 - 18) [2021 - 10 - 20]. http：//www. mofcom. gov. cn/article/i/dxfw/jlyd/201901/20190102828287. shtml.

过多次调整，现行的《高科技战略2025》是德国联邦政府于2018年出台的，汇集了联邦部门以及来自科学、商业和社会的相关参与者的研发活动，涵盖抗击癌症、智能诊治、减少工业温室气体排放、电池制造、人工智能的具体应用等12项任务和一系列项目资助计划，旨在帮助德国置于下一次技术革命的前沿，以保住德国的就业机会并确保德国的繁荣①。《高科技战略》的制定和实施，破解了德国在政府研发补贴等科技创新政策中曾经存在的"九龙治水"问题，使有限的财政资金真正"花在刀刃上"。同时，与我国的规划类政策文件不同，《高科技战略》是一种学习策略，能够对创新系统的变化趋势做出快速而有目的的反应，来自科学、商业和社会的高科技论坛的咨询结果会被不断纳入其中，这意味着政治与高科技论坛之间存在着持续的对话②。这种新型的战略具有极强的适应性，更符合复杂技术创新环境，有利于及时调整项目资助政策，以满足网络演化发展需要。

除了联邦政府的直接资助外，联邦各州和欧盟还有大量各自的研究、技术和创新政策资助措施。

(2)《研究和开发税收优惠法》和研究津贴

2020年1月1日，德国《研究和开发税收优惠法》（研究津贴法案，FZulG）生效。该法允许对在德国纳税的公司的研发支出进行税收抵免——无论其规模、法律形式和行业如何——以加强德国作为投资地点的地位，并刺激企业特别是中小企业的研发活动③。这一被称为"研究津贴"的税收抵免政策适用于基础研究、应用研究和试验发展类别的研发项目（根据欧盟通用集体豁免条例中对研发的定义），以研究人员的工资支出和委托项目的合同成本为基础，抵免率为25%，单一企业或项目国家补贴总额不得超过1 500万欧元。与项目资助不同，学院、大学和非大学研究机构不适用税收优惠政策，但可以从与企业的合同研究中间接受益。这是德国首次引入针对研发的税收优惠，属于总额型研发税收抵免，一般用于抵免应纳税额，如果抵免额超过应纳税额，

---

① Bundesministerium für Bildung und Forschung. Hightech-Strategie 2025 [EB/OL]. (2021-10-14) [2021-10-20]. https://www.hightech-forum.de/hightech-strategie-2025/.
② Bundesministerium für Bildung und Forschung. Hightech-Strategie 2025 [EB/OL]. (2021-10-14) [2021-10-20]. https://www.hightech-forum.de/hightech-strategie-2025/.
③ Bundesministerium für Bildung und Forschung. Forschungszulage [EB/OL]. (2020-01-01) [2021-10-25]. https://www.bescheinigung-forschungszulage.de/forschungszulage.

则以现金形式支付，预计每年能够带来十多亿欧元的税收优惠①，但与美国、日本的研发税收抵免规模还有较大差距，尚未改变德国长期以来实行的"高直接资助、低税收优惠"策略。

4.5.2 体制机制

德国历时近半个世纪，完成了政府研发补贴政策由使命导向型向扩散导向型的转型，特别是默克尔政府执政的16年，通过一系列改革举措，使这一领域实现了革命性重塑。与美国、日本相比，德国政府研发补贴政策更加重视科学自由和科研自治，具有更强的功能性和适应性，政府职能主要集中在宏观调控、政策制定、统筹协调、服务保障等方面，建立了公共部门和私营部门、联邦和州、政产学研等更加广泛密切的伙伴关系。

（1）统一适应的领导体制

改革后的德国政府研发补贴的领导体制，既有美国分权的特点，也有日本统一的属性，同时富有较美日更强的灵活性和适应性。作为联邦制国家，德国政府研发补贴领导权由联邦和州、议会和政府共担。其中，联邦和16个州政府是德国政府研发补贴政策的最高决策者和重要投资者，议会负责提供必要的法律授权和预算支持（发达国家科技计划管理机制研究课题组，2016）。2006年以来，德国通过《高科技战略》和高科技论坛，搭建起政府研发补贴等科技政策的决策和沟通平台。《高科技战略》这一新型创新政策工具，加强了跨部门的研究和创新政策合作，有针对性地将研究成果付诸实践，极大提升了德国许多领域研究和创新政策的活力、连通性和影响力②。高科技论坛是联邦政府实施《高科技战略》的中央咨询机构，其任务是通过具体的实施和行动建议支持联邦政府的政策研究。作为政府内部协调的一种形式，论坛能够广泛汲取科学界、商界和社会的意见，非常及时和直接地向国务秘书提出政策建议，由国务秘书推动实施，从而实现各个政策领域之间的协调互动③。

---

① 商务部. 德国通过促进研发税收优惠法案［EB/OL］.（2019－11－08）［2021－10－25］. http://www.mofcom.gov.cn/article/i/jyjl/m/201911/20191102917824.shtml.

② Bundesministerium für Bildung und Forschung. Hightech-Strategie 2025 ［EB/OL］.（2020－10－10）［2021－10－25］. https：//www.hightech-strategie.de/hightech/de/missionen/missionen_node.html；jsessionid=73B4A64F07AB809B1A2B26C2D3E37FB9.live091.

③ Hightech-Forum. Hightech-Forum ［EB/OL］.（2020－10－02）［2021－10－25］. https：//www.hightech-forum.de/hightech-forum/.

(2) 优质便捷的服务体系

速度和简单的信息渠道是创新竞争的决定性因素。因此，德国政府为研究和创新资金提供了一系列捆绑的咨询服务，为给那些对政府研发补贴感兴趣的人铺平道路。企业（尤其是中小企业）、大学和研究机构可以通过政府咨询服务轻松获取有关联邦、州和欧盟资助机会的信息，而该服务是免费的。联邦政府的"研究和创新"资金咨询服务（Die Förderberatung "Forschung und Innovation" des Bundes）作为其中心点，是联邦政府的服务机构和跨部门建议的中央第一联络点，为提高联邦、州和欧盟资金的透明度作出了重大贡献。企业等研究和创新主体可以通过电子邮件或电话，全面了解自身研究和创新项目的资助报价信息，包括合适的资助计划及条件，联邦政府、州和欧盟的研发资助结构建议，获得资金的程序等[1]。德国政府还建立了一系列专项咨询中心，通过热线、信息或公民电话，为政府研发补贴政策等提供咨询服务。比如，德国联邦经济事务和能源部（BMWi）设立的"有关冠状病毒的商业相关问题的热线""有关中型企业和初创企业的信息电话""能效资助建议"等[2]。

(3) 专业独立的实施机构

德国崇尚"小政府大社会"理念，致力于建设"精干政府"（德国科技创新态势分析报告课题组，2014），将许多公权力授权给专业的中介机构负责，在政府研发补贴组织实施中同样如此。在项目资助方面，德国政府将科研项目的咨询、遴选、跟踪、监督、评估等职能授权给专业项目管理机构代管。项目管理机构原先主要设立在政府研发机构中，但2010年以后，企业、社会团体甚至个人都可以参加项目管理招标，代管政府科研项目。这种改变更适合复杂技术创新和自组织网络发展需要。政府相关部门主要通过建立科研项目资助信息系统来实时掌握项目进展、经费流向等信息，并对项目管理机构进行监督检查（发达国家科技计划管理机制研究课题组，2016）。在研究津贴方面，德国政府建立了研究津贴认证制度，企业必须先到研究津贴认证办公室（BSFZ）申请研发证书，随后才能在主管税务机关申请研究津贴。公司对拟受益的研发

---

[1] Förderberatung "Forschung und Innovation" des Bundes. Unser Service [EB/OL]. (2021-10-22) [2021-10-25]. https://www.foerderinfo.bund.de/de/unser-service-1706.html.

[2] Förderberatung "Forschung und Innovation" des Bundes. Weitere Beratungsstellen der Bundesregierung [EB/OL]. (2021-10-21) [2021-10-25]. https://www.foerderinfo.bund.de/de/weitere-beratungsstellen-der-bundesregierung-1712.html.

项目提交认证申请，申请可以在研发项目实施之前或期间提交，也可以在申请研究资助的财政年度结束后提交。认证机构检查申请中描述的活动是否属于《研究和开发税收优惠法》意义上的研究和开发。认证办公室研究津贴的申请和认证过程是完全数字化的，企业可以通过其门户网站找到有关认证过程以及如何提交申请的所有信息①。

4.6 瑞士：科学基础型政府研发补贴政策

瑞士属于世界上为数不多的成功实施"低直接资助、低税收优惠"策略的创新型经济体。据经合组织统计，瑞士在2000—2021年没有实施过任何研发税收优惠政策②，当然这与其作为欧洲企业综合税负最低国家不无关系。同时，瑞士与当前的日本一样，对企业技术创新的直接资助强度也很低。但较低的政府研发补贴力度，并没有影响瑞士成为世界级的科技创新高地。如表4-3、表4-4所示，瑞士在近10年公布的世界知识产权组织全球创新指数（GII）排名中始终保持第一，在哈佛大学国家经济复杂性指数（ECI）排名中始终名列前三，其中还有7年排名第二，仅次于日本。瑞士技术创新对国民生产总值的贡献率超过九成（陈套，2019）。瑞士卓越的创新能力，得益于高效协作的优越创新生态（郭曼，2019），但也离不开政府财政的有力支持。虽然瑞士政府研发补贴强度较低，但政府研发投入强度却很高。根据经合组织2017年数据③，瑞士政府研发投入强度在经合组织经济体中仅略低于挪威、韩国、德国这3个国家，是美国的1.3倍，是中国和日本的近两倍；瑞士政府研发投入占总研发投入的26.48%，接近于德国的27.72%，高于美国的22.88%、中国的19.81%、日本的15%。④ 不过，瑞士政府研发投入只有很少

---

① Bescheinigungsstelle Forschungszulage. Forschungszulage [EB/OL]. (2021-01-01) [2021-10-25]. https://www.bescheinigung-forschungszulage.de/.
② OECD. OECD Compendium of Information on R&D Tax Incentives-2020 edition [EB/OL]. (2021-04-25) [2022-2-10]. https://www.oecd.org/sti/rd-tax-stats.htm.
③ 2017年以后，瑞士没有上报新数据。
④ OECD. MSTI Main Science and Technology Indicators [EB/OL]. (2021-09-25) [2022-2-12]. https://www.oecd.org/sti/rd-tax-stats.htm.

一部分直接资助给了企业,大多数则资助给了大学。诚如第 3 章统计发现,瑞士高等教育研发强度和政府对高等教育研发的资助强度,仅次于另一个"低直接资助、低税收优惠"策略国家丹麦,高于其他国家。根据经合组织和世界知识产权组织的评估,瑞士高等教育对企业研发的资助也远高于多数国家,其产学合作程度仅次于以色列。可以说,瑞士看似是一个低政府研发补贴强度国家,但通过产学融合的创新体系和以学带产的资助体系,给予瑞士企业丰厚的"间接式""溢出型"研发支持,这正是瑞士一以贯之"促进以科学为基础的创新"的成功密码。

表 4-3　　2012—2021 年中美日德瑞全球创新指数(GII)排名

年份	中国	美国	日本	德国	瑞士
2012	34	10	25	15	1
2013	35	5	22	15	1
2014	29	6	21	13	1
2015	29	5	19	12	1
2016	25	4	16	10	1
2017	22	4	14	9	1
2018	17	6	13	9	1
2019	14	3	15	9	1
2020	14	3	16	9	1
2021	12	3	13	10	1

数据来源:WIPO. GLOBAL INNOVATION INDEX,https://www.globalinnovationindex.org/analysis-indicator,2021 年 9 月。

表 4-4　　2010—2019 年中美日德瑞经济复杂性指数(ECI)排名

年份	中国	美国	日本	德国	瑞士
2010	24	12	1	3	2
2011	20	12	1	3	2
2012	17	12	1	3	2
2013	18	12	1	2	3
2014	18	11	1	2	3
2015	18	9	1	2	3
2016	21	11	1	3	2
2017	19	12	1	3	2
2018	17	12	1	4	2
2019	16	11	1	3	2

数据来源:Harvard University. Country & Product Complexity Rankings,https://atlas.cid.harvard.edu/rankings,2021 年 11 月。

4.6.1 政策演进

"促进以科学为基础的创新"是瑞士政府研发补贴政策一以贯之的使命，并作为立法目的写入2021年修订的《联邦促进研究和创新法》（FIFG）的第一条。根据法律授权，瑞士政府可以资助创新项目，但原则上应通过向大学研究机构和大学部门以外的非商业研究机构捐款来支持创新项目，且必须满足以下限制条件：一是该项目与一个或多个负责商业开发的私人或公共合作伙伴（实施合作伙伴）一起执行；二是预计研究成果的有效实施可以造福经济和社会；三是如果没有联邦的支持，该项目可能无法实施；四是实施伙伴平等参与项目资金，但联邦委员会可以对资助规则做出例外规定，特别是针对具有高于平均成功潜力的项目和其结果可能使大量用户受益的项目；五是该项目有助于对年轻研究人员进行以实践为导向的培训。企业通常作为实施合作伙伴参与项目，政府一般不直接给企业提供资助，而是将研发费用的50%资助给大学研究机构和大学部门以外的非商业研究机构，其余50%由企业自行承担。而且，如果项目具有重大创新潜力，在没有实施合作伙伴的情况下，政府同样可以资助大学研究机构和大学部门以外的非商业研究机构开展可行性研究、原型和测试设施。当然，法律也规定了一些例外情形，比如联邦委员会可以委托创新资助部门实施以主题为导向的资助计划①，针对结构变革、颠覆性或激进式创新，实施伙伴的贡献可以减少到最低20%②等。正是在这样的制度安排下，瑞士形成了具有其特色的"科学基础型政府研发补贴政策"，即对企业实施"低直接资助、低税收优惠"策略，但其对大学研究机构和大学部门以外的非商业研究机构实施慷慨支持。也正是在这样的制度安排下，瑞士成了为数不多的几个基础研究经费、应用研究经费多于试验发展经费的国家，同时还能有效诱导企业加大研发投入强度。

如表4-5所示，瑞士联邦政府对创新的资助，由瑞士创新促进署（Innosuisse）归口管理。瑞士创新促进署的前身是技术创新委员会（CTI），成立之初负责通过被动创新以管理危机和创造就业，1996年后成为联邦政府促进创

---

① 《联邦瑞士创新促进署法》（SAFIG）第三条。
② Innosuisse. Innovationsprojekte：Impulsprogramm Innovationskraft Schweiz［EB/OL］. （2022-02-14）［2022-2-15］. https：//www.innosuisse.ch/inno/de/home/forderung-fur-schweizer-projekte/innovationsprojekte/impulsprogramm-innovationskraft.html.

新的咨询机构,2008 年后成为联邦政府促进创新的执行机构(陈超,2017),隶属于联邦职业教育和技术办公室(OPET),2011 年成为独立的联邦机构,在行政上被分配给联邦经济事务教育和研究部(FDEA)[①],2018 年被瑞士创新促进署取代。瑞士创新促进署与技术创新委员会一样,通过支持产学合作来促进企业开展基于科学的创新,但较技术创新委员会更加独立于联邦政府。[②] 这使其可以拥有更多的财务和组织灵活性。但从技术创新委员会到瑞士创新促进署,始终不变的是其"促进以科学为基础的创新"的使命。

表 4-5 瑞士研究机构

研究资助机构	瑞士国家科学基金会(SNSF)	
	瑞士科学院协会	瑞士科学院(SCNAT)
		瑞士人文社会科学院(SAGW)
		瑞士医学科学院(SAMS)
		瑞士工程科学院(SATW)
创新促进机构	瑞士创新促进署(Innosuisse)	
大学研究机构	瑞士联邦理工学院(ETH)和联邦理工学院内的研究机构	
	获得认可的高等教育机构和高等教育部门内的其他机构	
	根据本法获得联邦资助的具有国家重要性的研究设施	
联邦政府		

备注:根据瑞士《联邦促进研究和创新法》编制。

4.6.2 体制机制

(1)统一高效的领导管理体制

作为联邦制和委员制国家,瑞士政府研发补贴的领导管理权由联邦和州、议会和政府共担,但体制机制较美日德更加扁平高效。以联邦为例,联邦议会(包括国民院和联邦院)作为最高立法机构,负责政府研发补贴相关法案的审议通过,主要包括《联邦促进研究和创新法》《联邦瑞士创新促进署法》《关于 2021—2024 年联邦瑞士创新促进署活动融资的联邦法令》等;联邦委员会

[①] Bern. KTI arbeitet in neuer Rechtsform [EB/OL]. (2011-01-03) [2022-2-15]. https://www.sbfi.admin.ch/sbfi/de/home/aktuell/medienmitteilungen/archiv-medienmitteilungen/archiv-bbt.msg-id-37034.html.

[②] KMU-Portal. "Innosuisse steht für Kontinuität der KTI" [EB/OL]. (2018-02-21) [2022-2-15]. https://www.kmu.admin.ch/kmu/de/home/aktuell/interviews/2018/innosuisse-steht-fuer-kontinuitaet-der-kti.html.

作为最高行政机构,则拥有实际的领导管理权,其及其所属的联邦经济事务教育和研究部负责制定实施政府研发补贴的具体政策法规,主要包括《研究和创新促进条例》《研究和创新资助条例》《联邦瑞士创新促进署供款条例》《关于联邦研究和创新项目的行政研究行动管理信息系统条例》等。联邦经济事务教育和研究部下属的国家教育研究和创新秘书处(SERI)是瑞士处理国家和国际教育、研究和创新政策问题的联邦能力中心,与各州、专业组织、机构和大学团体密切合作,促进研究和创新,每年为教育、研究和创新提供约48亿瑞士法郎的支持,并协调负责的联邦资助机构的任务和措施。① 根据《研究和创新资助条例》第二十六条的规定,国家教育研究和创新秘书处每4年制定一份创新政策战略提交给联邦委员会。在此过程中,它与瑞士创新促进署和其他联邦机构进行协调,并确保工业和大学机构以适当的方式参与其中。

(2)统一独立的实施机构

在瑞士,无论是联邦政府还是州政府,通常设有专责机构统一负责创新资助。在联邦,瑞士创新促进署是公法下的联邦机构,具有独立的法人资格,按照商业原则进行管理,是联邦层面唯一的创新资助机构并实施独立的资助决策。瑞士创新促进署由4个专家机构组成:(1)董事会是其战略机构,由来自学界和商界、熟悉创新管理、了解促进创新的机制和挑战以及政治框架的7名成员组成,负责以长远的眼光和联邦委员会的战略目标对其进行管理,由联邦委员会选举产生,任期4年。(2)创新委员会是其技术机构,处于融资业务的核心,主要任务是审查、分析和决定资助申请,并支持资助措施的实施。创新委员会利用专家库开展工作,专家具有多元化的背景,并且必须在基于科学的创新领域拥有出色的业绩记录。此外,创新委员会还负责起草供董事会注意的融资战略和工具建议。(3)执行委员会是其运营机构,负责领导办公室,管理业务并监控创新促进机构的预算。管理层由5名成员组成,由董事领导。(4)瑞士联邦审计署(SFAO)是其审计机构,负责检查年度财务报表和适当风险管理的实施情况,并向董事会和联邦委员会报告。瑞士创新促进署与国家合作伙伴密切合作,特别是瑞士国家科学基金会和国家教育研究与创新秘书处。同时,瑞士创新促进署仅在参与的实施合作伙伴表明项目的研究成果可以

---

① Das Staatssekretariat für Bildung, Forschung und Innovation [EB/OL]. (2020-01-20) [2022-2-15]. https://www.sbfi.admin.ch/sbfi/de/home.html.

在市场或社会上有效实施的情况下才支持有贡献的创新项目。在各州同样如此，比如瑞士日内瓦湖地区沃州的经济事务和创新办公室（SPEI），负责为特定的商业项目提供直接的财政支持，可以直接提供不超过50%和30 000瑞士法郎的创新资助。这种统一独立的实施体制，能够更大限度地发挥出政府研发补贴的经济效益和社会效益，为规模不大的国家将有限的财政资源用于应对复杂性挑战、提高国际竞争力发挥了示范作用。

4.7 比较与借鉴

本书第3章运用模糊集比较分析发现，实现高企业研发强度的政府研发补贴政策工具选择和组合策略并不是单一的。虽然以美国为代表的多半高企业研发强度国家实行的是"高直接资助、高税收优惠"策略，但也有像日本这样的"低直接资助、高税收优惠"国家，德国这样的"高直接资助、低税收优惠"国家，以及瑞士等个别"低直接资助、低税收优惠"国家。本章引入复杂性科学与演化经济学相关理论和概念，对美国、日本、德国、瑞士这4个典型国家进行剖析，发现不同政府研发补贴政策工具选择和组合策略，源于不同国家的不同政治文化、经济基础、创新禀赋，同时没有一种政府研发补贴政策工具或组合策略是万能的，其适应性取决于国家创新体系、技术复杂程度、技术发展水平等诸多要素。美国、日本、德国、瑞士的政府研发补贴政策各有所长、各具特色，对正处于发展格局重塑、比较优势转换、产业结构升级的我国都具有一定借鉴意义。

4.7.1 逐步用功能性政府研发补贴政策取代选择性政策

从总体上看，政府研发补贴政策可以分为两大类，一类是压制和限制市场竞争的选择性政府研发补贴政策，另一类是市场友好型的功能性政府研发补贴政策。前者更强调政府作用，具有选择性、硬性、纵向定位等特点，后者更注重市场作用，具有功能性、软性、横向定位等特点（吴敬琏等，2018）。20世纪80年代以前，美国、日本、德国等世界主要创新经济体普遍采用选择性政府研发补贴政策，政府运用直接资助和税收优惠，直接干预企业技术创新结构和组织,有选择地促进某些类型技术研发和产业进步。这些具有计划色彩的指令性政策,扭曲了市场资源配置,但对在简单技术时代实现特定科技战略目的具有立竿见影的效果。然而,随着技术复杂性的持续上升,选择性政府研发补贴政策的弊端也愈发明显,由于政府难以预知技术演进的最优路径和产业发展的最优方向,其对技术和产业的过度微观干预不但无法解决"市场失灵"问题,而且很容易导致"政府失灵"问题。为此,20世纪80年代以后,相关国家的政策制定者和学界开始对传统政府研发补贴政策进行反思,提出并推进选择性政府研发补贴政策向功能性政府研发补贴政策转变,以逐步淡化政府研发补贴政策对不同技术和产业的差别对待,更好发挥市场在科研资源配置中的作用。

20世纪80年代中后期,我国从日本引进了选择性的政府研发补贴政策。这一选择背后,既有我国经济体制改革阶段的原因,也有我国技术和产业发展水平的原因。与计划经济时代政府操办研发活动相比,选择性政府研发补贴政策引入了一定的市场机制,显然属于巨大制度进步。实践证明,这一政策有力促进了我国经济发展、科技进步,为我国引进吸收消化国外技术和产业,建立比较完整的工业体系,靠近并跻身创新型经济体行列发挥了不可替代的重要作用。与此同时,随着我国改革开放的深入、产业结构的变革、技术水平的提升,选择性政府研发补贴政策在其他国家出现过的问题,也逐渐在我国一些领域和行业暴露出来,特别是在前沿技术、颠覆性技术和具有领先优势的传统产业技术方面,可能会产生"劣币驱逐良币"的效果。为此,建议借鉴美国、日本、德国等经验做法,从我国技术和产业发展实际出发,逐步用功能性政府研发补贴政策取代选择性政府研发补贴政策,更多选择普惠性的直接资助和税收抵免政策,压缩政府不当干预和"寻租"的空间。只有这样,才能更好激发企业等创新主体的首创精神、创新潜力和创造动力。

4.7.2 科学利用使命导向型和扩散导向型直接资助政策

就直接资助政策来说,可以分为两种类型,一类是使命导向型(Mission-oriented)直接资助政策,比如美国在战争危机下的国防研发资助、斯普尼克危机下的航天研发资助、石油危机下的能源研发资助和老龄化危机下的健康研发资助,以及日本在技术追赶时期的工矿业研发补助金;另一类是扩散导向型(Diffusion-oriented)直接资助政策,比如德国在默克尔政府执政后的联邦政府项目资助。使命导向型政策,是为应对大问题部署的大科学研究资助项目,它与寻求国际战略领导地位的国家具有强相关性；扩散导向型政策，目的是为适应产业结构的技术变革寻求提供基础广泛的能力，它与开放型经济体具有强相关性（Ergas，1987）。前者一般倾向于扶植大型企业，促进科研和产业的集中化，后者通常注重中小型企业的利益，旨在促进而不是指导技术革命和产业变革。

通过本章比较分析可以发现，使命导向型和扩散导向型直接资助政策各有优势和不足。其中，使命导向型直接资助政策有利于激发举国体制优势，集中力量攻克特定技术，以实现技术追赶或引领，构建路径依赖，打造竞争优势。日本利用使命导向型直接资助政策实现钢铁、电气、汽车等技术和产业的"弯道超车"，以及美国利用使命导向型直接资助政策实现信息、空间、国防等技术和产业的"换道超车"，都是对这一政策的有效应用。但该政策资助的技术必须是具体的、可及的、适度的、经济的，否则就可能造成资源错配（比如，集中力量办大事是无法打赢"对癌症的战争"）、技术替代（比如，日本政府主导研发的模拟电视技术被美国市场主导研发的数字电视技术替代），甚至催生利益集团（比如，美国的军工复合体、医工复合体等）等。扩散导向型直接资助政策具有"小政府大社会"的特点，政府作用主要在于顶层设计、提供信息、反对垄断、保持竞争等。这类政策更加注重发挥社会组织和私营部门作用，更加尊重市场和科研规律，更有利于激发企业家精神，但难以产生像使命导向型直接资助政策般立竿见影的效果。

长期以来，我国注重强调发挥举国体制优势，更多采取的是使命导向型直接资助政策而非扩散导向型政策。原因是多方面的：一是我国长期处于技术追赶阶段，运用使命导向型直接资助政策是已被日本、韩国、台湾等东亚经济体实践证明行之有效的技术追赶策略。二是我国长期被高技术封锁，从过去的《巴黎统筹协定》到今天的《瓦森纳协定》，始终受美西方国家等的出口管制束缚，需要运用使命导向型直接资助政策推进科技自主创新、自立自强。与此同时，我国实行条块结合的政府研发补贴管理体制也是一个重要原因，各地区各有关部门在组织实施过程中，更倾向于扶持与本地区本部门直接相关的技术和产业，使命导向型直接资助政策更容易实施和形成成果。这也间接造成了近年来我国个别产业出现"伪自主"创新、低水平重复投资等问题。应该看到，当前我国已进入新发展阶段，技术发展需求具有多样性，既有亟待破解的"卡脖子"关键核心技术，也有需要升级的传统产业技术，还有有待开发的前沿技术和颠覆性技术。制定直接资助政策，需要针对不同技术类型采取差异化的策略,把使命导向型直接资助政策限定在事关国家安全、国计民生的关键核心技术攻关上,在其他领域更多采用扩散导向型直接资助政策,减少直接干预,厚植发展优势,打造更多"隐形冠军",推动实现高水平科技自立自强。

4.7.3 相机择用增额型和总额型税收优惠政策

就税收优惠政策来说,也可以分为两种类型,一类是增额型税收优惠政策,另一类是总额型税收优惠政策。既有文献利用不同的可用数据、观察时间周期和评估方法对两种政策模式进行了评估研究,但并没有找到所谓的最佳实践。美国除了能源研究抵免外,其他研发税收抵免政策均属于增额型研发税收优惠政策,并获得了极高的投入增值性,但这个结果主要与20世纪70年代到90年代相关,期间的美国企业研发投入总体表现出强劲的增长态势(埃德勒等,2020)。与美国不同,日本在经济蓬勃成长时期长期实行增额型研发税收抵免政策,但当20世纪90年代经济遭受冲击,企业研发支出增长出现停滞甚至衰退后,发现增额型研发税收抵免政策难以有效发挥激励作用,进而通过多轮改革,采用以总额型研发税收抵免为主体、开放式创新活动税收抵免和高研发强度税收抵免为补充的综合研发税收抵免政策,其中开放式创新活动税收抵免也属于总额型政策,只有高研发强度税收抵免属于增额型政策。

比较美国和日本两个"高税收优惠"国家的政策实践可以看出,总额型税收优惠政策具有政府管理成本和企业合规成本低的优势,但补贴的资金很多属于企业本身就会产生的研发支出,因此政策激励相对较少,政策成本相对较高,可能造成较大的福利损失;而增额型税收优惠政策只对新增研发支出进行补贴,具有政策成本低的优势,但政府管理成本和企业合规成本相对要高,且对企业研发投入的激励作用相对要小。虽然,既有研究缺少对两类税收优惠政策的成本—效益分析,但总的来说,在经济高速成长等与扩大研发活动的激励因素较多时,增额型税收优惠政策一般能够满足需要,但当扩大研发活动的激励因素不足时,总额型税收优惠政策或更受市场需要。从国际实践来看,大多数国家一开始倾向选择增额型税收优惠政策,但随着时间的推移,最终转为总额型税收优惠政策。

当前,我国主要采用研发费用加计扣除、固定资产加速折旧、所得税名义税率优惠等传统研发税收优惠政策,与美国、日本等以研发税收抵免为主体的税额式优惠相比,政策效果更间接,资助强度也更低,当然也就具备更多的备用政策工具。随着我国经济增速从高速增长转向中高速增长,发展进入新常态,特别是遇到"三期叠加"和"三重压力",企业扩大研发活动的激励因素日益减少,对政府加大研发税收优惠力度的呼声不断加大。为此,建议国家在通盘谋划减税降费政策时,借鉴多数经合组织成员国的做法,一体研究更为慷慨的研发税收激励政策的必要性和可行性,适时推出增额型或总额型研发税收抵免政策。

4.7.4 统筹运用政府研发补贴政策和其他资助政策

本书分析发现,各国政府根据本国的创新战略或科技政策,在选择直接资助或税收优惠政策工具的同时,还选择对高等教育研发或政府研发提供资金支持。比如,美国、日本在采取"高直接资助、高税收优惠""低直接资助、高税收优惠"策略的同时,还向政府研发提供高强度资助;德国在采取"高直接资助、低税收优惠"策略的同时,还向高等教育研发提供高强度资助;瑞士在采取"低直接资助、低税收优惠"策略的同时,还同时向高等教育研发和政府研发提供高强度资助。比较研究可以发现,政府对高等教育研发或政府研发提供资金支持,和对企业研发提供直接资助或税收优惠,虽然主体不同、渠道不同、机制不同,但服务科技战略、构建创新系统、促进合作创新等诸多政策目的是相同的。政产学研用融合创新的好处是不言而喻的,它能够进一步完善国家创新体系,形成学习型的自组织网络,使各类创新主体分享知识、技能和能力;整合人力资源和资本,克服由距离、制度差异和资源分散造成的片段化,加速质变的产生;使政府成为企业、高等院校、科研院所的合作伙伴,而非单纯的资助者,促进各方相互学习、相互理解,在顶层设计中形成共识,在科研活动中形成合力;打破专业领域的边界、基础研究和应用开发的界限,促进跨学科、跨领域、跨主体研究等(Kane,2008)。

随着实践的发展,合作技术支持的主要目的也在发生转变,从支持"技术转移"转变为支持"知识转化"(埃德勒等,2020)。前者大多基于传统的线性创新模式,越来越难以适应复杂技术创新需要,而后者更关注对创新要素的优化,有助于打造扁平高效的自组织创新网络。以健康研发为例,美国和瑞士都倾向于给大学研究机构高强度的研发资助,但前者更重视理论创新、学术成果,后者则更重视知识转化、临床应用,强调项目必须与一个或多个负责商业开发的私人或公共合作伙伴一起执行,并由企业承担一半以上的费用。正因如此,美国政府主导发动半个多世纪的"对癌症的战争"虽然耗费巨资,但并没有取得预期的效果，而瑞士作为一个地狭人少、资源贫瘠的国家，却发展成为欧洲最具创新力的生物技术基地和医药制品生产基地。

从最新的全球创新指数[①]来看，我国"校企研究合作"指标进步很快，在统计分析的127个国家中排名第6，较上一年度提高了23名。但诚如第3章模糊集定性比较分析的那样，与其他创新型经济体相比，我国对高等教育研发的资助强度较小。也因为此，我国长期对基础研究的投入不足，强度低于绝大多数经合组织成员国。如图4-13所示，我国基础研究投入强度只有美国、日本、德国的两成左右，还不及瑞士的一成。从三类研发费用占比情况看，如图4-14所示，我国基础研究支出比重长期维持在5%左右，直到近两年才逐步提高到6%，与经合组织成员国平均15%的水平相去甚远。一个国家的基础研究投入水平，直接影响其原始创新能力。面对新一轮科技革命难得机遇和关键核心技术"卡脖子"重大风险隐患，我国迫切需要统筹好基础研究、应用研究和试验发展投入需要，综合运用政府研发补贴政策和其他资助政策，推动各类创新主体融通发展、创新链产业链深度融合、创新强国和制造强国互促互强。

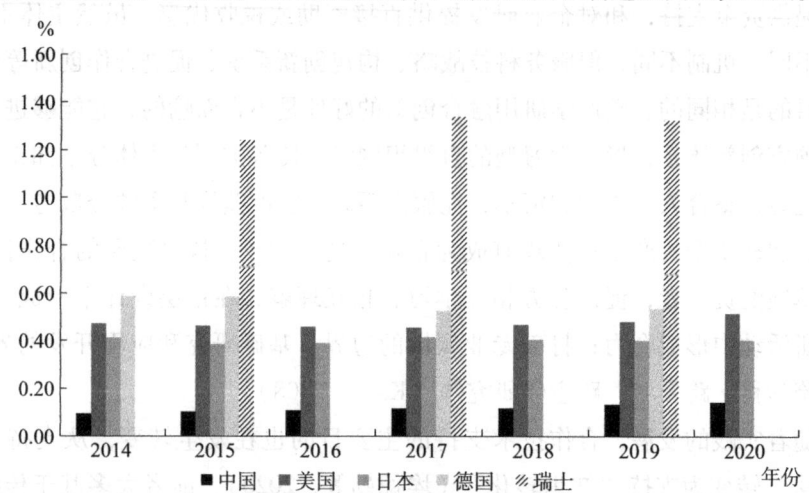

图 4-13　2014—2020年中美日德瑞基础研究支出占GDP的百分比

备注：德国2016年、2018年、2020年数据缺失，瑞士2014年、2016年、2018年、2020年数据缺失。

数据来源：OECD, MSTI Main Science and Technology Indicators, https://stats.oecd.org/Index.aspx?DataSetCode=RDTAX#，2022年3月。

---

① 参见世界知识产权组织《2021年全球创新指数报告》。

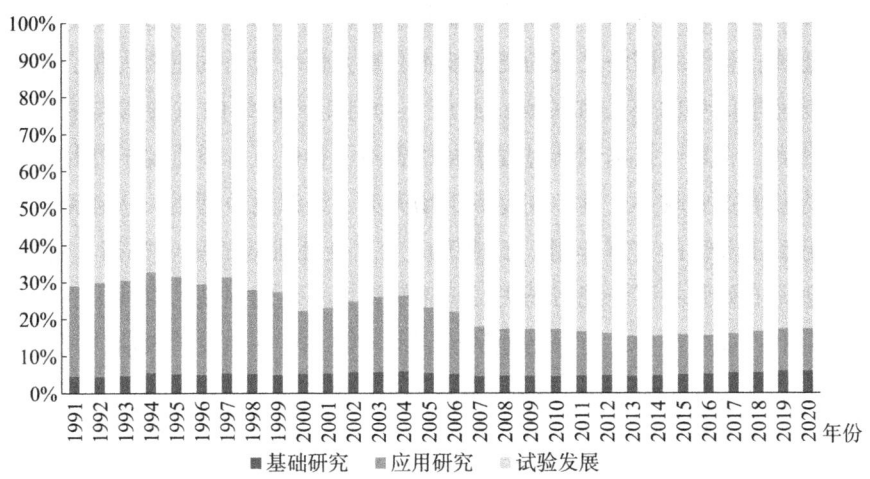

图 4-14　1991—2020 年中国三类研发费占比推移图

数据来源：文部科学省 科学技術・学術政策研究所、科学技術指標2022、調査資料-318、2022 年 8 月。

4.8　本章小结

本章引入复杂性科学与演化经济学相关理论和概念，对美国、日本、德国、瑞士政府研发补贴作用机理、政策演进和体制机制进行了研究，有意义的发现归结如下：

第一，政府研发补贴是应对复杂性挑战的重要举措。与其他领域的研究一致，传统的政府研发补贴问题研究，通常建立在简单性原则基础上，政府与市场、公益与私利可以说是泾渭分明。因此，传统市场失灵理论虽然为政府研发补贴提供了理论支撑，然而，这一理论难以充分证明政府补贴应用研究和试验发展的合理性，与具体实践存在一定程度的分离现象。究其原因，是技术创新随着发展进步，复杂性日益增加，运用简单的、线性的、静止的研究方法，已无法满足解释、分析政府研发补贴等相关现实问题的需要。为此，本章引入复杂性范式来研究政府研发补贴问题，发现自第二次世界大战以来，复杂技术已逐步取代简单技术，成为美国、日本、德国、瑞士等创新型国家科技创新和产业发展中的主流；复杂技术因其高收益和难模仿等特点，已成为国家竞争优势的重要组成；自组织网络已成为复杂技术和重大创新背后的主要力量，是国家创新系统竞争优势的核心和关键；政府作为自组织网络的重要参与者、协调者、支持者，在复杂技术创新过程中发挥着不可替代且日益重要的作用；研发补贴作为政府重要政策工具，在克服市场失灵、组织竞争情报、构建路径依赖等方面起到了关键的支撑作用，已成为应对复杂性挑战的重要举措。可以说，复杂性理论有效弥补了传统市场失灵理论解释力不足的问题，对我们在新一轮科技革命和产业变革中，更深刻地认识研发补贴，更好地发挥政府作用，具有重要的理论和实践价值。

第二，政府研发补贴政策工具选择和组合策略是历史演进的结果。面对复杂性挑战，美国、日本、德国、瑞士分别选择了"高直接资助、高税收优惠""低直接资助、高税收优惠""高直接资助、低税收优惠""低直接资助、低税收优惠"等不同的政府研发补贴政策组合策略。本章系统回顾4国政府研发补贴历史发现，这种差异源自不同国家的不同政治文化、经济基础、创新禀赋，是历史的选择而非历史的偶然。作为典型的两党制国家和世界第一大经济体，美国危机驱动型政府研发补贴政策是一系列政治进程的产物。从战争危机到斯普尼克危机，从石油危机到老龄化危机，从滞胀危机再到今天的"中国危机"，一系列国家战略危机驱使美国决策者放下意识形态分歧，制定出台相关领域政府研发补贴等政策，推动各类创新主体聚焦国家战略需要发展核心能力和互补性资产。这些研发补贴政策通常非常慷慨，有时甚至是不够经济的，但为美国政府应对危机开展战略协调、宣示战略意图、实现战略目标发挥了催化剂和助推器的作用，并推动美国有关公共部门和私营部门携手构筑起广泛且富有活力的自组织网络，形成具有美国特色的、适应市场经济条件的、复杂而独特的网络型举国体制。作为长期一党执政的国家和二战后废墟中重建起来的经济体，日本产业促进型政府研发补贴政策是在官僚主导（后来由内阁主导）下建立起来的，目的是为了打破对他国技术的路径依赖、构筑和维护本国产业竞争优势。伴随从简单到复杂、从追赶到引领的技术与产业发展历程，日本政府研发补贴政策也经历了由"选择性政策"向"功能性政策"、由"高直接资助，低税收优惠"向"低直接资助，高税收优惠"的转变，为日本"科学技术创造立国"战略的实施和以企业为中心的自组织网络的构建夯实了基础。但无论是官僚主导还是内阁主导，日本政府研发补贴政策始终具有"扶强"

"扶大"的特点,所谓的"功能性政策"依然带有选择性。作为多党联合执政的国家和世界上研究最密集的经济体,德国扩散导向型政府研发补贴政策是各利益相关方持续协调的产物,旨在塑造德国的经济、工作和生活方式,将竞争力、自然资源保护和社会平衡结合起来。政府、中介机构、创新实体以政府研发补贴为纽带,构建起高协同、低摩擦的学习成长型自组织网络,更有利于激发包括中小企业在内的各类创新主体的创新活力,提高基础研究和原始创新水平。这种扩散导向型政策对国家创新体系和实力的要求较高。作为全球最富裕安定的中立国和委员制国家,瑞士以"促进以科学为基础的创新"为使命,建立了具有瑞士特色的政府研发补贴政策,即对企业实施"低直接资助、低税收优惠"策略,但对大学研究机构和大学部门以外的非商业研究机构实施慷慨支持,通过对高等教育等资助和独特的实施合作伙伴制度引导创新网络聚焦市场需求、拉动企业加大研发投入,通过对基础研究、应用研究的支持带动企业开展试验发展。这种科学基础型政策构筑了瑞士产学融合的创新体系和以学带产的资助体系,能够有效调动创新网络各主体聚焦市场需求发挥主观能动性、创造性,为瑞士成为负有盛名的创新型国家和复杂性经济体提供了制度保障。

第三,政府研发补贴体制机制与政策组合协同演进。研究发现,经过持续数十年的演进,美国、日本、德国、瑞士形成了由成百上千自组织网络链接而成的国家创新系统,建立了与之相适应的复杂独特的政府研发补贴体系。美国政府建立了分权共治多元的研发补贴体系,包括分权的领导管理体制、共治的决策议事协调机制、多元的组织实施体系等。其中,总统集中了美国科技活动的最高决策权和领导权,国会通过提出议案和批准法律来塑造政策,白宫科技政策办公室、国家科技委员会、总统科技顾问委员会等决策议事协调机制架起了政策决策者和各利害关系人之间的沟通桥梁,32个职能部门依法分工负责相关政策的具体组织实施,并在选择补贴主体、设定补贴条件、确定补贴方式、开展补贴评价等方面具有相当的自主性、灵活性,以避免政策"一刀切"。可以说,这套复杂的、网络化的政府研发补贴体系,较传统的、科层式的政府研发补贴体制,更容易适应复杂技术创新环境,契合自组织网络特性,为美国在第三次科技革命中博弈优胜奠定了良好基础。日本建立了统一贯通的研发补贴体系,包括统一权威的领导体制、上下贯通的组织体系、独立敏感的实施机构等。其中,日本内阁府综合科学技术创新会议是日本政府研发补贴政策的指挥中枢，通过"三层计划"形成上下贯通的组织体系，通过独立行政法人对政府研发补贴实施专业化管理。应该说，日本政府研发补贴体系，依然带有"1940年体制"印记，属于典型的集中型体制，主要通过"放""管"结合、抓"大"放"小"优化创新环境，激发创新网络活力。德国建立了适应灵敏的研发补贴体系，包括统一适应的领导体制、优质便捷的服务体系、专业独立的实施机构等。其中，德国通过《高科技战略》和高科技论坛搭建起政府研发补贴等科技政策的决策和沟通平台，为研究和创新资金提供了一系列捆绑且免费的咨询服务，通过专业项目管理机构和研究津贴认证办公室实施专业化管理，形成了各种参与者和资助工具协同工作、基础研究与跨学科的应用研究和技术开发相互关联的高性能研究和创新系统。瑞士建立了扁平高效的研发补贴体系，包括统一高效的领导管理体制和统一独立的实施机构等。其中，瑞士创新促进署作为联邦层面唯一的创新资助机构，是公法下具有独立法人资格的联邦机构，按照商业原则进行管理并实施独立的资助决策，通过支持产学合作来促进企业开展基于科学的创新，为规模不大的国家将有限的财政资源用于应对复杂性挑战、提高国际竞争力发挥了示范作用。

第四，没有一种政府研发补贴政策工具或组合策略是万能或不变的。事实证明，"高直接资助、高税收优惠""低直接资助、高税收优惠""高直接资助、低税收优惠""低直接资助、低税收优惠"等政府研发补贴政策组合策略，分别在美国、日本、德国、瑞士取得了良好的实践效果，但无论哪种政策工具或组合策略，其有效性都是宏观的、相对的，都具有各自的优势和不足。一国在一时实行某一种政策工具或政策组合，并不意味着该国在任何时候、对任何行业都实行同样的政策工具或政策组合，也不意味着该政策工具或政策组合适用于该国任何技术创新，且能够产生诱导效应和促进效应，而不会带来其他负面影响。比如，美国持续、高强度的政府研发补贴，既造就了美国在全球的科技霸权，也催生了军工复合体、医工复合体等利益集团，其政治和经济影响力不仅深度介入政府研发补贴决策过程，而且对人民的民主和自由也构成了威胁。此外，美式举国体制也并非万能，集中力量办大事让美国在原子裂变和载人登月等竞赛中拔得头筹，却难以赢得发动了半个世纪的"对癌症的战争"。这里面既有决策者不遵循科技规律盲目制定政策的主观原因，也有现行体制无法适应更复杂技术创新的客观原因。与之相反，瑞士虽然采取"低直接资助、低税收优惠"策略，但其坚持市场导向，巧妙运用慷慨的政府对高等教育研发的资助,有效推动医药界产学融合创新、撬动制药企业加大研发投入力度,成为欧洲最具创新力的生物技术基地和医药制品生产基地,瑞士证交所(SIX Swiss Exchange)约1/3的市场资本涉及生命科学公司[①]。再比如,日本在技术追赶阶段和技术引领阶段,分别实行了"高直接资助、低税收优惠"和"低直接资助、高税收优惠"两种策略,并先后取得成功。但这种政策组合的调整并非自然发生,而是在实践试错、官商博弈、财政约束、腐败丑闻等因素的共同作用下演进而成的。哪一种政策工具或政策组合更具有适应性,取决于国家创新体系、技术复杂程度、技术发展水平等诸多要素,需要相机抉择、因势利导。

本章的政策启示如下:第一,制定适应性的政府研发补贴政策。复杂技术创新是新一轮科技革命和产业变革的核心。自组织网络是复杂技术创新的主要承担者,也是国家创新系统的关键组成。政府与企业、高校、科研院所等其他创新主体一样,必须主动、深度融入自组织网络,在合作中学习,共同制定和及时调整适应性的政府研发补贴政策,有针对性地选择匹配的组合策略。只有这样,才能找准补贴的方向和方法,使有限的资金合理利用到关键节点上,更大程度发挥政府研发补贴的诱导和促进效应。第二,完善关键核心技术攻关的新型举国体制。集中力量办大事是攻克"卡脖子"难题的有效途径,但必须符合科研和市场规律。要健全社会主义市场经济条件下新型举国体制,依托产学研各方面力量,找准关键核心技术攻关的切入点和着力点,重点聚焦核心能力和互补性资产,引导自组织网络开发路径或脱离锁定,构建起路径依赖。只有这样,才能在激烈的国际竞争中抢占战略制高点,获得发展主动权。第三,注重发挥功能性的政府研发补贴政策作用。压制和限制市场性竞争的选择性政策,在技术追赶阶段具有加速幼稚产业发展的作用,但在技术引领阶段可能会产生"劣币驱逐良币"的效果。要结合技术发展情况,逐步用功能性政策取代选择性政策,更多选择普惠性的直接资助和税收抵免政策,压缩政府不当干预和"寻租"的空间。只有这样,才能更好激发企业等创新主体的首创精神、创新潜力和创造动力。第四,健全网络化的政府研发补贴体系。坚持科技创新和制度创新"双轮驱动",主动适应创新主体多元、活动多样、路径多变的新

---

① SWITZERLAND GLOBAL ENTERPRISE,瑞士的制药产业[EB/OL].(2022-02-13)[2022-2-16]. https://www.s-ge.com/zh/publication/jianjie/ruishidezhiyaochanye.

趋势（王志刚，2020），推进政府研发补贴体制机制变革，成立中央科技决策议事协调机构，优化相关职能部门在政府研发补贴中的作用，深化"放管服"改革，引入专业独立的项目管理制度和认证制度，构建决策民主系统科学、组织扁平高效灵活的政府研发补贴网络。只有这样，才能进一步提升国家创新体系整体效能。

第 5 章

我国政府研发补贴政策的现状分析

5.1 引言

本书运用复杂性科学与演化经济学的理论和概念,结合历史研究和案例研究分析发现,政府研发补贴是应对复杂性挑战的重要举措,不同国家偏好不同政策工具、选择不同组合策略是历史演进的结果,各类政策工具和组合策略各具优势和不足,而政策效能的高低取决于政策适应性的好坏。

改革开放以来,特别是 20 世纪 80 年代从日本"引进"产业政策以来,我国也逐步建立起具有本国特色的政府研发补贴政策体系,为推动我国社会主义市场经济发展、科技能力和国防实力跃升发挥了重要作用。但诚如达利欧(2022)所言,没有一个系统能够持续良好运行,除非系统中的人超越个体意愿尊重系统,使系统有足够灵活性来适应时代而不崩溃。20 世纪后半叶,美国用"实现原子裂变和载人登月"的方式打了一场归于失败的"对癌症的战争",而日本在国内经济增长放缓和国际产业竞争压力的双重倒逼下成功实现产业政策转型,从正反两个方面证明了政府研发补贴政策只有能够因时因势调整以满足网络演化发展的需要,才能更好发挥诱导作用,减少挤出效应,实现政策目标。我国政府研发补贴政策的适应性如何?有没有存在类似美国"对癌症的战争"这样的政策失灵现象?能否根据时代发展和形势变化及时进行优化调整?近年来,部分国内文献对我国政府研发补贴政策的历史沿革进行了总结回顾(张勤芬,2009;张嘉怡,2017;章成帅,2017),对理解政策演进逻辑具有参考价值,但依然缺少对当前政策战略性、系统性、实践性的研究分析。而其他绝大多数文献则主要聚焦在基于数据和模型驱动的实证分析上,学术研究与政策制定之间存在一定程度的分离现象,无法充分发挥以文辅政的作用。本章将运用系统性思维和复杂性方法,从政策目的、政策工具、政策适应性这3个方面,结合价值链进化(VCE)理论、微笑曲线(SmilingCurve)理论、贸易政策不确定性(TPU)指数等,对我国政府研发补贴政策现状进行分析,以尝试填补既有政策研究的空白,并寻找政策适应性可能存在的不足和问题。

5.2 政策目的

研究策略问题,首先要搞清楚战略问题,"策略是在战略指导下为战略服务的"[①]。战略是分层次的,政府研发补贴政策目的,是战略在制度和执行层面的体现,是最基础的战略。如果脱离政策目的"纯粹"地分析政策组合策略及其效果,就容易产生前文所述的学术研究与政策制定分离的问题。本章在系统梳理我国政府研发补贴政策体系的基础上,从全局和战略高度出发,分析我国科技发展战略的层次,提炼我国政府研发补贴政策的主要目的。

政府研发补贴政策具有经济和政治双重属性,传统经济学理论将其视为解决市场弊病的方案,而政策制定者一般将其视为社会集体意志的体现(霍尔和罗森伯格,2017)。研究一个经济体的政府研发补贴政策,既需要把握其中

---

① 习近平在省部级主要领导干部学习贯彻党的十九届六中全会精神专题研讨班开班式上发表重要讲话强调 继续把党史总结学习教育宣传引向深入 更好把握和运用党的百年奋斗历史经验 李克强主持 栗战书汪洋王沪宁赵乐际韩正王岐山出席[N]. 人民日报,2022-01-12(1).

的经济基准,也需要把握其中的政治考量。上一章我们在历史研究的基础上,将美日德瑞四国政府研发补贴政策分别定义为"危机驱动型""产业促进型""扩散导向型""科学基础型",就是想要发现和区分不同国家政策制定者的逻辑,更好地为我国政策制定和革新提供借鉴。我国政府研发补贴政策最早"师从"日本,也具有浓厚的产业促进特点。但与美日德瑞不同,我国刚进入创新型国家行列,正处于"从技术追赶为主向技术追赶和前沿创新并举的阶段"(马名杰,2020),距离"跻身创新型国家前列"目标还有一定距离。因此,我国政府研发补贴政策具有自身逻辑:顶层逻辑来源于中国共产党领导人民进行一切奋斗创造的主题——实现中华民族伟大复兴,以及为此作出的新时代"两步走"战略安排。基于这个逻辑起点,中共中央统筹"两个大局",立足基本国情,作出我国社会主要矛盾和经济发展阶段变化的重大判断,提出高质量发展这一"确定发展思路、制定经济政策、实施宏观调控的根本要求"①,要求所有地区、经济社会发展方方面面都要长期坚持②,强调加快形成推动高质量发展的政策体系。推动高质量发展,创新居于核心位置,高水平科技自立自强是其战略支撑。实现高水平科技自立自强,从国家层面看,关键在于坚持"四个面向"、深入实施三大国家战略;从产业层面看,关键在于针对我国社会生产力发展的多层次性分类施策,统筹推进传统产业技术进步、高技术产业赶超、战略性新兴产业培育等。基于以上政治逻辑,我们可以清晰地把握我国科技发展战略的层次(见图5-1)。其中最基础的战略(行为层战略),就是我国政府研发补贴政策的主要目的。

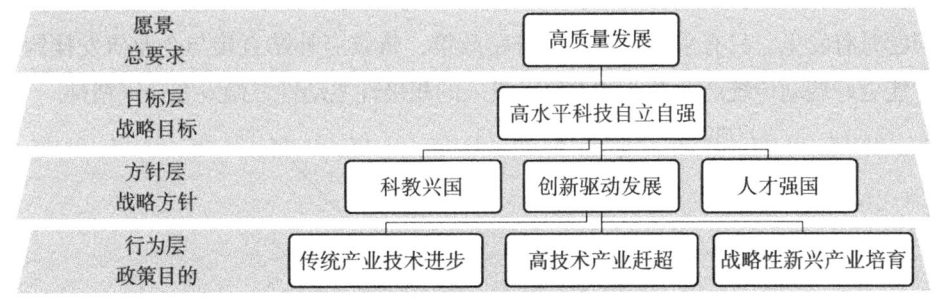

图 5-1 中国科技发展战略的层次

---

① 中央经济工作会议在北京举行 [N]. 人民日报, 2017-12-21 (1).
② 习近平在参加青海代表团审议时强调 坚定不移走高质量发展之路 坚定不移增进民生福祉 [N]. 人民日报, 2021-03-08 (1).

5.2.1 促进传统产业技术进步，推动产业向全球价值链中高端跃进

我国作为制造业大国，拥有联合国产业分类中所列全部工业门类，其中不少产业在全球价值链上的比重已成世界第一。但有不少产业大而不强，仍居于全球价值链中低端，对外销售多为消费品和最终产品，主要扮演"加工车间"角色。受人口红利边际递减、市场供需形势变化、资源环境约束趋紧等多重因素影响，我国传统产业依靠要素成本优势进行粗放增长的模式不断遇到边际收益递减的刚性约束，生产要素相对优势发生根本性变化，全要素生产率的重要性全面提升，其中技术要素居于核心地位，关键是要创新驱动提升我国在全球价值链中的地位。为此，党的十九大提出新时代"两步走"战略安排，明确了产业攀升全球价值链中高端的目标（洪银兴，2017）。国家科技发展战略、规划、计划、项目也多对此提出了明确要求。

推动传统产业链迈向中高端，突破口是围绕产业链部署创新链（洪银兴，2019），促进传统产业技术改造和优化升级。根据价值链进化理论，促进传统产业技术进步有4种基本模式：第一种是聚焦微笑曲线（见图5-2，下同）中间段升级工艺流程；第二、第三种是推动产业向微笑曲线两端延伸以升级产品或功能；第四种是推动价值链整体上移以升级链条。但受路径依赖、融资成本、风险厌恶等多重因素影响，我国许多传统产业企业自主创新意愿不强、动力不足，习惯于"拿来主义"，走引进技术和模仿创新的老路，难以与发达国家缩短技术差距，从而无法实现价值链的跃升。以产业补贴为代表的传统产业政策，在一定程度上有利于激发企业创新的积极性，但"伪自主"创新、低水平重复投资等问题时有发生。只有采取政府研发补贴政策，将政府补贴直接与企业研发挂钩，才能更好调动传统产业企业加大研发投入的积极性主动性，激发企业家精神。

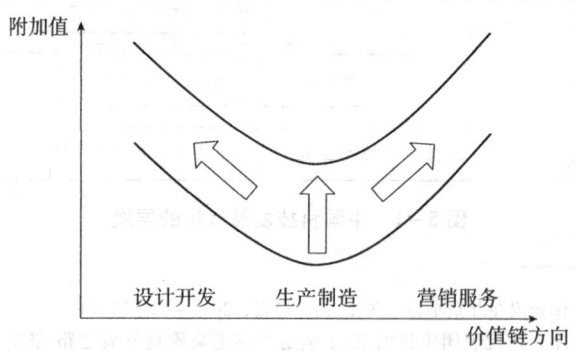

图 5-2 微笑曲线上的产业技术进步

5.2.2 实现高技术产业赶超，解决关键核心技术"卡脖子"问题

促进传统产业技术进步，是我国政府研发补贴政策的传统目的。早在1986年的国家七五计划中，就明确提出"大力采用新技术改造传统产业"的政策目标；1993年，我国通过的首部《科学技术进步法》也明确规定"推广应用科学技术成果，改造传统产业"。此后历次出台的中长期发展规划和《科学技术进步法》，都对传统产业技术进步提出明确要求。在将近30年的时间里，我国从遵循"依靠、面向"方针到实施自主创新战略（刘立，2011），科技工作有力支撑经济建设取得重大成就，到2017年我国经济总量已经达到了美国的63%，到2018年我国在先进产业领域的全球市场份额已经跃升至21.5%，仅次于美国的22.5%（见图5-3）。

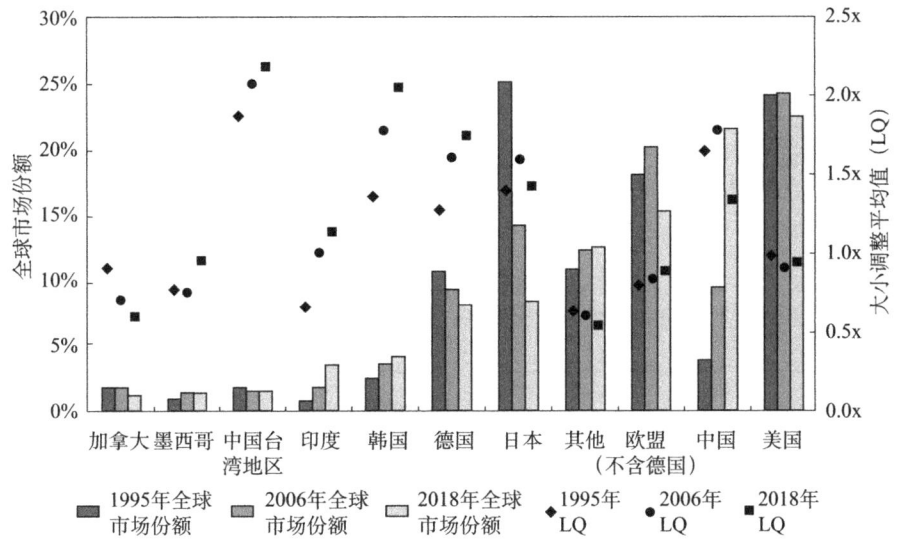

图5-3 1995—2018年汉密尔顿指数先进产业全球市场份额

备注：美国智库信息技术和创新基金会（ITIF）的汉密尔顿工业战略中心于2022年6月发布报告，基于该中心汇总的先进技术绩效汉密尔顿指数分析了7大先进产业领域全球市场份额变化情况，涵盖3年（1995年、2006年和2018年）10个国家和地区：美国、加拿大、墨西哥、德国、欧盟28国减去德国、印度、日本、韩国、中国和中国台湾。

资料来源：Robert D. Atkinson. The Hamilton Index：Assessing National Performance in the Competition for Advanced Industries，https：//itif.org/publications/2022/06/08/the-hamilton-index-assessing-national-performance-in-the-competition-for-advanced-industries/，2022年6月。

然而,受"60%定律"这一美国国际交往逻辑影响,美国随即将我国确立为最主要战略竞争对手,并从经贸、技术、地缘政治、资本、军事、文化等各领域对我实施全方面打压遏制。诚如 Caldara 等(2020)对贸易政策不确定性(TPU)的研究发现,2018 年(美国单方面挑起中美经贸摩擦之年),绝大多数行业的 TPU 平均份额超过 5%(见图 5-4),供应链中断、原材料成本上涨、贸易战取代税收成为企业最关注的 TPU 问题(见图 5-5),TPU 指数达到了历史新高(见图 5-6)。在中美战略博弈大背景下,美国等西方国家在高技术领域对我肆意设防,我国一些行业和企业遭遇断供、制裁等风险隐患。高技术领域的差距,对中国意味着巨大的脆弱性,也是美国的一个强大武器(达利欧,2022)。

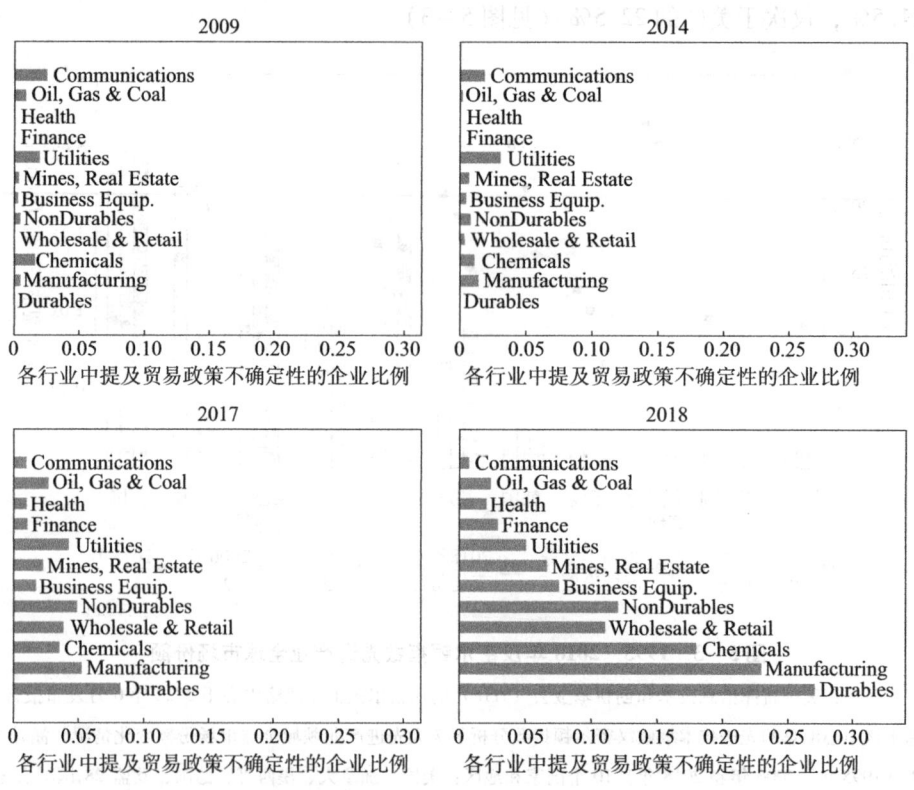

图 5-4　行业贸易政策不确定性

备注:每个条形的大小表示特定行业中 TPU 为正的企业的平均份额。企业根据 Fama-French 12 行业分类进行分组。

资料来源:Caldara 等(2020)。

图 5-5　企业收益电话会议最关注的贸易政策不确定性问题

资料来源：Caldara 等（2020）。

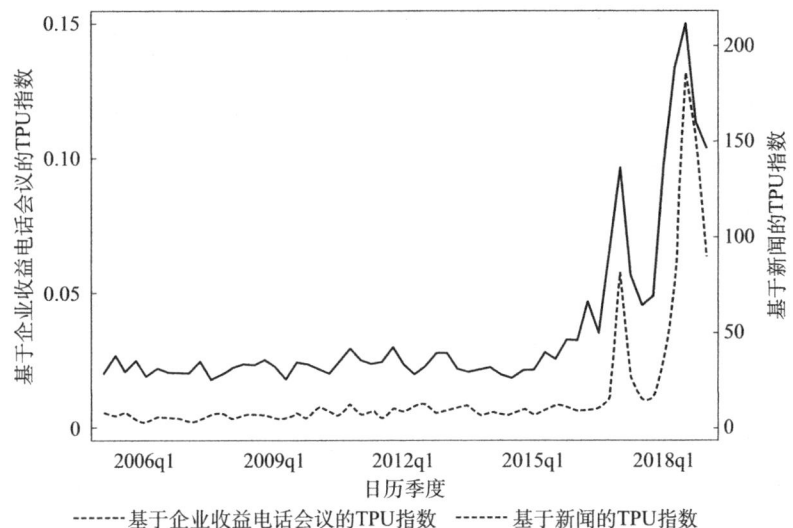

图 5-6　基于新闻和企业收益电话会议的贸易政策不确定性指数

资料来源：Caldara 等（2020）。

为此，尽快实现高技术产业赶超，早日破解关键核心技术受制于人的被动局面，成为我国科技发展战略的现实紧迫需要，也是新阶段我国政府研发补贴政策新的重要目的。2018 年以来，我国经济社会发展五年规划、年度计划和多数专项规划都对此做出了安排，25 个中央和国家机关有关部门出台了具体政策。

5.2.3 培育战略性新兴产业，布局前沿技术和颠覆性技术研发

当前，新一轮科技革命和产业变革方兴未艾。历史反复证明，谁能在科技革命和产业变革中抢占先机，谁就能占据未来发展的主动权甚至主导权。而在这次革命当中，新兴技术及各领域创新的发展速度和传播速度要远超过前几次革命，惊人的规模收益、突出的平台效应和加剧的不平等现象并存，给全球各经济体带来了新的重大机遇和挑战（施瓦布，2016）。为此，世界上的主要工业化国家纷纷制定再工业化战略，例如美国的"先进制造业伙伴（AMP）计划"、日本的"社会5.0"、德国和瑞士的"工业4.0"，目的就是为了寻找新的经济增长点，抢占制造业新一轮竞争制高点（吴敬琏等，2018）。与美日德瑞等立足工业3.0、迈向工业4.0的国家不同，我国的制造业的平均工业化水平位于工业1.8到工业2.1的范围内（Wang等，2020），既面临被越南、柬埔寨、老挝等新兴低成本生产国挤压的风险，也面临被美日德瑞等发达工业化国家拉开代差的挑战（Li，2018），培育战略性新兴产业迫在眉睫。为此，国务院颁布了中国制造2025、国家战略性新兴产业发展五年规划等一系列雄心勃勃的战略计划，发改委、科技部、工信部、财政部等9个部门出台了一系列扩大战略性新兴产业投资的政策法规，各地区各有关部门也纷纷出台了专项配套政策。

培育战略性新兴产业，关键是要前瞻布局研发一批前沿技术和颠覆性技术。前沿技术和颠覆性技术的进步，可以使现有市场结构、主导公司、技术范式甚至社会关系、组织结构、制度规范等发生剧变（Schuelke-Leech，2018）。能够研发和利用前沿/颠覆性技术、占领或创造市场的企业，可以为其自身带来显著的价值（Christensen等，2004），对一个国家同样如此。Schuelke-Leech（2018）根据破坏程度，将颠覆性技术区分为一阶颠覆性技术和二阶颠覆性技术，前者会造成市场或行业内的局部变化，后者则影响到许多行业并极大地改变社会规范和制度。如图5-7所示，二阶颠覆性技术是建立在较小的、本地化的一阶颠覆性技术之上的，其融资并不像一阶颠覆性技术融资那么简单。那些投资一阶颠覆性技术创新的主体可能对所涉及的行业有一些专业知识，但二阶颠覆性技术创新会影响许多不同的行业，其技术复杂性决定了获得私人融资的难度，这就需要政府研发补贴发挥诱导和促进作用。

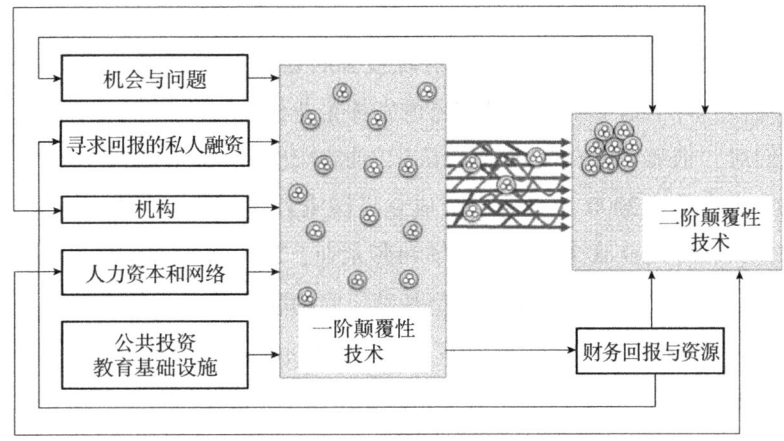

图 5-7　导致一阶和二阶颠覆性技术的因素模型

资料来源：Schuelke-Leech（2018）。

5.3　政策工具

正确的战略需要正确的策略来落实①。当前，战略问题已经解决，关键在于政策策略的选择和实施。诚如图 3-1 所示，我国综合采用直接资助和税收优惠两种政府研发补贴政策工具，无论是单项补贴还是总补贴强度，均处于 40 个国家的中等水平。这种补贴策略是否符合既定战略？每种政策工具下又包含多少亚类工具？本节将对现有政策工具进行系统梳理分析。

5.3.1　直接资助

我国主要通过实行公开竞争方式的科技计划（专项、基金）等对企业研发活动提供直接资助，亚类工具主要有以下 4 种。②

---

① 习近平在省部级主要领导干部学习贯彻党的十九届六中全会精神专题研讨班开班式上发表重要讲话强调 继续把党史总结学习教育宣传引向深入 更好把握和运用党的百年奋斗历史经验 李克强主持 栗战书汪洋王沪宁赵乐际韩正王岐山出席 [N]. 人民日报, 2022-01-12 (1).

② 2014 年，国务院出台《关于深化中央财政科技计划（专项、基金等）管理改革的方案》，将各部门科技计划统一为科技部直接管理的五大专项，以解决国家科技计划的散、小、重叠等问题。除基地和人才专项外，其他四大专项均涉及政府对企业技术创新的直接资助。《方案》要求各省（区、市）参照执行。

(1) 自然科学基金联合基金项目

传统观念认为，基础研究是高等院校和科研院所的职责。为此，1986 年国家设立自然科学基金制度并没有考虑发挥企业作用。伴随实践发展和现实需求，人们对"依靠、面向"方针的认识不断深化，国家自然科学基金委和上海宝钢集团公司于 2000 年联合出资成立了国家自然科学基金第一个联合基金项目"钢铁联合研究基金"（马卫华和薛永业，2017）。此后，此类由自然科学基金委和企业联合资助目标导向型基础研究的联合基金项目越来越多，成为引导企业加大研发投入、推动官产学研融合创新、促进国家创新体系建设（朱蔚彤和孟宪平，2012）的重要政策工具。近年来，国家自然科学基金委颁布了《国家自然科学基金联合基金项目管理办法》，19 个省区市出台了联合基金项目管理制度，推动联合基金项目资助工作制度化规范化科学化。

我国自然科学基金联合基金项目与瑞士科学基础型政府研发补贴政策，在资助对象、条件、机制等方面有不少相似之处，但也存在一些差别。比如，瑞士的联合资助方多为私营企业，而我国的联合资助方主要是国有企业。如表 5 – 1 所示，企业参与出资设立的国家自然科学基金联合基金项目有企业创新发展联合基金（涉及石油化工、核能与核技术、新型电力系统、航天、人工智能、电子信息等 6 个领域）、铁路基础研究联合基金、核技术创新联合基金，涉及的 11 家企业均为中央国有企业。

表 5 – 1　国家自然科学基金 2022 年联合基金项目及其联合资助方

项目名称	项目联合资助方
区域创新发展联合基金	北京、河北、山西、内蒙古、辽宁、吉林、黑龙江、浙江、安徽、福建、山东、河南、湖北、湖南、广东、广西、海南、重庆、四川、西藏、甘肃、青海、宁夏等 23 个省区市
企业创新发展联合基金	中国石油化工股份有限公司、中国石油天然气集团有限公司、中国海洋石油集团有限公司、中国广核集团有限公司、国家电网有限公司、中国南方电网有限责任公司、中国航天科技集团有限公司、中国电子科技集团有限公司、中国移动通信有限公司等 9 家企业
NSAF 联合基金	中国工程物理研究院
"叶企孙"科学基金	"叶企孙"科学基金
民航联合研究基金	中国民用航空局
气象联合基金	中国气象局
铁路基础研究联合基金	中国国家铁路集团有限公司

续表

项目名称	项目联合资助方
地震科学联合基金	中国地震局
核技术创新联合基金	中国核工业集团有限公司
NSFC-云南联合基金	云南省人民政府

资料来源：根据《国家自然科学基金委员会 2022 项目指南》整理。

（2）重大专项

重大专项是聚焦特定战略目标，发挥举国体制优势，在限定时间内集中力量和资源协同攻关的一种直接资助，是破解关键核心技术"卡脖子"问题的重要抓手，被誉为"我国科技发展的重中之重"①。重大专项不是我国特有的，美国、欧盟、日本、韩国、印度等国家都定期发布实施重大专项计划（徐冠华，2006）。我国在总结"两弹一星"、载人航天、杂交水稻等重大科技项目成功经验基础上，借鉴美西方国家经验做法，建立了我国的重大专项制度。如表 5-2 所示，2005 年国务院印发《国家中长期科学和技术发展规划纲要（2006—2020 年）》（国发〔2005〕44 号），在"十五"期间成功组织实施集成电路等 12 个重大专项基础上，安排了以 2020 年为时间节点的 16 个重大专项；2016 年国务院印发《"十三五"国家科技创新规划》（国发〔2016〕43 号）提出在深入实施 16 个重大专项基础上，启动面向 2030 年的"科技创新 2030—重大项目"。与联合基金项目不同，重大专项突出企业主体地位，采取定向委托、择优委托、招标等方式遴选受资助单位②，资助方式分为前补助和后补助，具体根据项目特点在年度指南和计划中予以明确（科学技术部火炬高技术产业开发中心，2020）。

表 5-2　　国家科技重大专项和科技创新 2030—重大项目

	国家科技重大专项	科技创新 2030—重大项目
电子信息领域	● 核心电子器件	● 量子通信与量子计算机
	● 高端通用芯片及基础软件	● 国家网络空间安全
	● 极大规模集成电路制造装备及成套工艺	● 天地一体化信息网络
	● 新一代宽带无线移动通信网	● 大数据

---

① 参见《国家科技重大专项（民口）管理规定》（国科发专〔2017〕145 号）。
② 参见《国家科技重大专项（民口）管理规定》（国科发专〔2017〕145 号）。

续表

	国家科技重大专项	科技创新2030—重大项目
先进制造领域	● 高档数控机床与基础制造技术	● 航空发动机及燃气轮机
		● 智能制造和机器人
		● 重点新材料研发及应用
能源领域	● 大型油气田及煤层气开发	● 智能电网
	● 大型先进压水堆及高温气冷堆核电站	
环境领域	● 水体污染控制与治理	● 煤炭清洁高效作用
		● 京津冀环境综合治理
农业领域	● 转基因生物新品种培育	● 种业自主创新
生物和健康领域	● 重大新药创制	● 脑科学与类脑研究
	● 艾滋病和病毒性肝炎等重大传染病防治	● 健康保障
太空海洋开发利用领域	● 大型飞机	● 深海空间站
	● 高分辨率对地观测系统	● 深空探测及空间飞机器在轨服务与维护系统
	● 载人航天与探月工程	

资料来源：根据《国家中长期科学和技术发展规划纲要（2006—2020年）》和《"十三五"国家科技创新规划》整理。

（3）重点研发计划

研发计划是我国政府研发直接资助最传统的一种工具，比如1986年实施的国家高技术研究发展计划（以下简称"863计划"）、1997年实施的国家重点基础研究发展计划（以下简称"973计划"）等，都属于国家级的研发计划。2014年，国务院决定深化中央财政科技计划（专项、基金等）管理改革，将科技部管理的863计划、973计划等4个计划（专项），发改委、工信部联合管理的产业技术研究与开发基金，农业部等13个部门管理的公益性行业科研专项等，整合为国家重点研发计划，统一规范管理，以克服传统研发计划重复、分散、封闭、低效等现象。[①] 国家重点研发计划于2016年正式启动实施[②]，"十三五"时期共设置了68个重点专项，资助总额迅速提升并超越国家

---

① 参见《国务院印发关于深化中央财政科技计划（专项、基金等）管理改革方案的通知》（国发〔2014〕64号）、《国家重点研发计划管理暂行办法》（国科资发〔2017〕152号）等。
② 国家重点研发计划启动[N]. 人民日报, 2016-02-17 (14).

自然科学基金（见图5-8），"十四五"时期也已设置56个重点专项，并引入"揭榜挂帅"等组织形式。与此同时，各省区市也参照国务院做法，整合规范了本地区的重点研发计划。改革后的重点研发计划，管理上实行跨部门协作，任务上采取全链条、一体化设计实施，支持上包括前补助和后补助，承担上企业作用进一步加强，评审上由第三方专业机构负责，科研整体性、管理科学性极大提升，更适应复杂性技术创新需要。

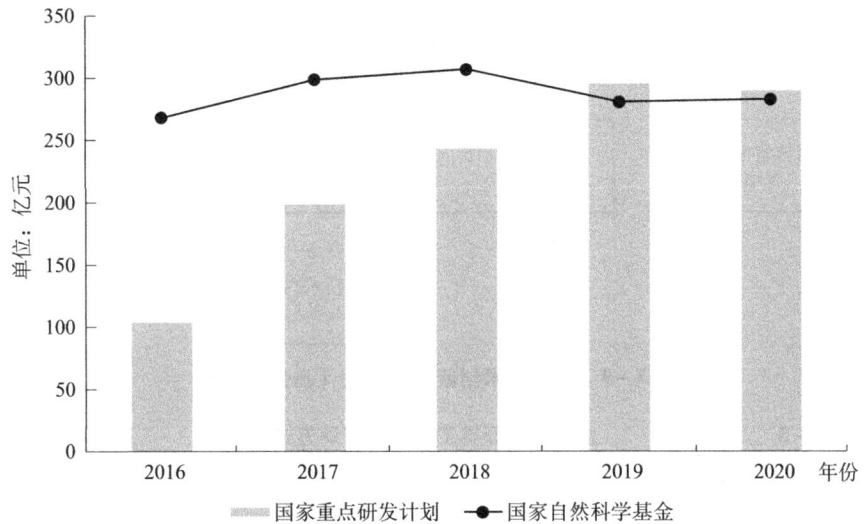

图5-8 "十三五"时期国家重点研发计划和国家自然科学基金资助经费情况

资料来源：根据《中国科技统计年鉴2021》整理。

（4）技术创新引导专项（基金）

技术创新引导专项（基金）设立目的是促进科技成果转移转化和资本化、产业化，在中央层面，整合了原先由发改委、财政部、科技部、工信部、商务部分头管理的新兴产业创投、政策引导、成果转化引导、中小企业发展等专项资金（基金），现分为创新型企业培育等4个专项（见图5-9）。各地区也参照国务院做法，结合自身资源禀赋和产业优势，设立了本地区的技术创新引导专项（基金），比如上海技术创新引导专项包括软件和集成电路产业发展、张江自主创新等5个专项。

与前述3种亚类工具不同，技术创新引导专项（基金）是专门针对企业技术创新活动的直接资助，注重发挥市场机制引导作用，资助方式更加灵活多元，包括直接补助、后补助、风险补偿代偿、以奖代补、创投引导等（见表5-3）。

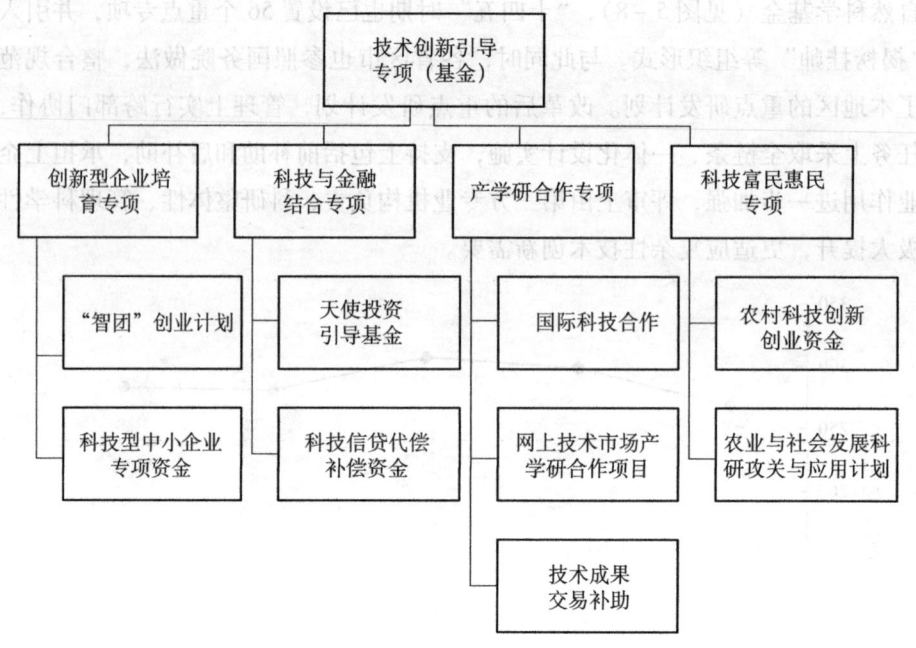

图 5-9　国家技术创新引导专项（基金）体系

表 5-3　　　　　　　直接资助亚类工具及其资助方式

工具名称	资助方式
自然科学基金联合基金项目	联合资助
重大专项	前补助、后补助等
重点研发计划	前补助、后补助等
技术创新引导专项（基金）	直接补助、后补助、风险补偿代偿、以奖代补、创投引导等

5.3.2　税收优惠

当前，我国主要通过研发费用加计扣除、固定资产加速折旧、所得税名义税率优惠等3种亚类工具对企业研发活动提供税收优惠。

(1) 研发费用加计扣除

研发费用加计扣除是我国研发税收优惠最主要的亚政策工具之一。与当前美日主要采用的税收抵免属于税额式优惠不同，研发费用加计扣除属于税基式优惠，是一种基于研发费用按比例加计扣除以缩小税基的税收优惠政策。如图5-10所示，2008年我国出台实施首个研发费用加计扣除专门规章后，研发税收优惠的绝对重要性持续增加，迅速形成与直接资助"平分天下"的格局，并大有超越之势。

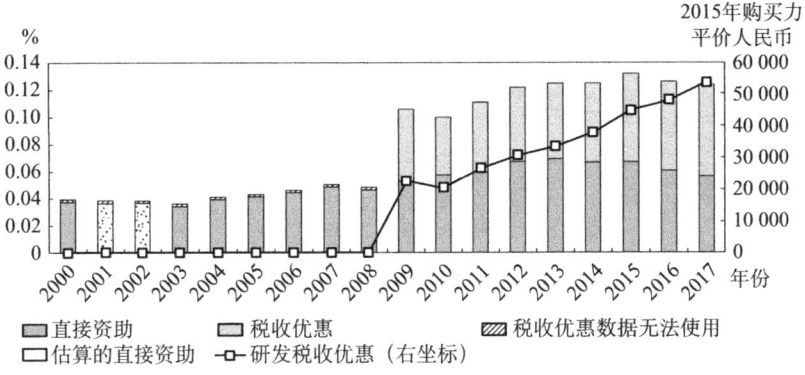

图 5-10 2000—2017 年中国企业研发直接资助和税收优惠

资料来源：OECD. R&D Tax Incentives：China, 2021, www.oecd.org/sti/rd-tax-stats-china.pdf, 2021年12月。

在政策力度上，起初研发费用加计扣除比例为50%，2017年中小企业研发费用加计扣除比例提高至75%，2019年75%的比例扩大到大企业，2021年制造业企业研发费用加计扣除比例提高至100%，2022年3月100%比例扩大到科技型中小企业，2022年9月进一步扩大到高新技术企业新购置的设备、器具，以及现行适用研发费用税前加计扣除比例75%的企业。此外，委托境外研发费用按80%技术委托方进行加计扣除。

在享受主体上，如图5-11、图5-12所示，我国受惠于研发费用加计扣除的企业数量2017年比2010年增加了6倍，其中，中小企业数量从约2 500家增加到约22 000家，大企业数量从约1 300家增加到约2 800家。2017年我国研发费用加计扣除受助者89%为中小企业，到2021年其共获得46%的减免份额，2017年受助者11%为大企业，到2021年其共获得54%的减免份额；2017年，我国研发费用加计扣除99%的受助者从事制造业，共获得98%的减免份额。与美日相比，我国中小企业和制造业获得税收优惠占比更大。

在政策效果上，实证研究发现，研发费用加计扣除显著提高了企业研发投入规模和强度，但政策效果存在异质性，对大企业、非高新技术企业、非国有企业的激励效果更好（任海云和宋伟宸，2017，冯泽等，2019，贺康等，2020）。

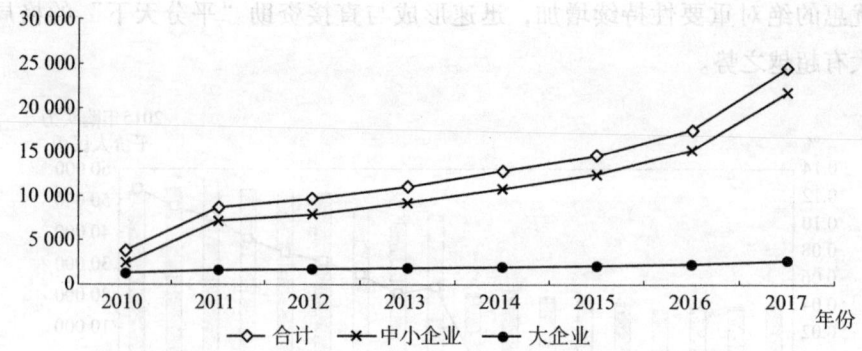

图 5 – 11　2010—2017 年中国研发费用加计扣除企业数量

资料来源：OECD. R&D Tax Incentives：China, 2021, www.oecd.org/sti/rd-tax-stats-china.pdf, 2021 年 12 月。

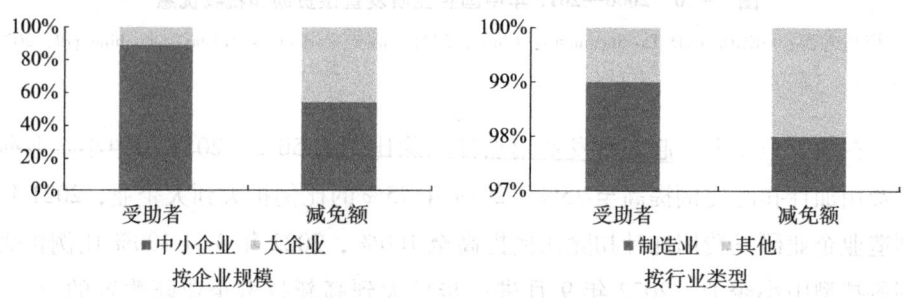

图 5 – 12　2017 年中国研发费用加计扣除受助者和减免额占比

备注：研发费用加计扣除减免额（按企业规模）数据是 2021 年的。

数据来源：OECD. R&D Tax Incentives：China, 2021, www.oecd.org/sti/rd-tax-stats-china.pdf, 2021 年 12 月。

（2）固定资产加速折旧

固定资产加速折旧是一项递延式税收优惠政策，企业新购入符合规定的仪器、设备、器具，可以依法采取一次性计入当期成本费用、缩短折旧年限或加速折旧等方法进行账务处理，以延缓税款缴纳，获得货币时间价值。固定资产加速折旧主要包括：（1）固定资产加速折旧或一次性扣除；（2）制造业及部分服务业企业符合条件的仪器、设备加速折旧；（3）制造业及部分服务业小型微利企业符合条件的仪器、设备加速折旧。其中，第一项税收优惠的享受主体是全体企业，第二项是全部制造业领域及信息传输、软件和信息技术服务业企业，第三项是全部制造业领域及信息传输、软件和信息技术服务业的小型微利企业。多数研究发现，自国务院 2014 年颁布固定资产加速折旧政策以来，该政策有效促进了企业研发投入和产出，具有较好的诱导作用和激励作用（李昊洋等，2017，刘行等，2019，王宗军等，2019）。

（3）所得税名义税率优惠

所得税名义税率优惠是一项税率式税收优惠政策，主要针对国家重点扶持的高新技术企业和经认定的技术先进型服务企业两类主体，依法减按 15% 的税率征收企业所得税。从 2007 年《企业所得税法》颁布施行以来，所得税名义税率优惠的覆盖面逐步扩大，中型企业享受优惠数量最多，大型企业享受优惠额度最高（王赫然，2017）。但该政策的效果如何，现有研究结论不一，有的发现其对研发投入具有促进作用（潘孝珍，2017，陈晓暾和杨丽，2017，Chen 等，2021），但也有的发现其促进作用有限，政策效果并不理想（刘效梅，2017，孙健夫和贺佳，2020）。

以上 3 种亚类工具是我国最主要的研发税收优惠政策，此外还有税收减免、亏损结转、退税等。这 3 种亚类工具有个共同特点，即都是基于企业所得税的研发税收优惠。如图 5-13、图 5-14 所示，在我国税制结构中，以增值税为主体的货物和劳务税等间接税始终占据较高的比重，以企业所得税为主体的所得税比重虽然逐步上升但仍远低于货物和劳务税（马海涛等，2022）。这种税制结构一定程度上限制了 3 种亚类工具政策效果，加上我国研发费用加计扣除范围较窄、高新技术企业认定门槛较高等问题，较美日等以研发税收抵免为主体的税额式优惠，这些政策效果更间接、资助强度更低。

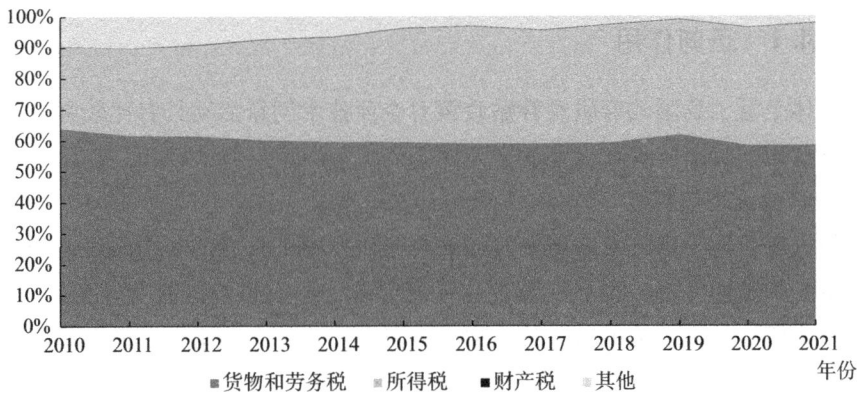

图 5-13　2010—2021 年四大税类在中央税收收入中的占比

数据来源：财政部。

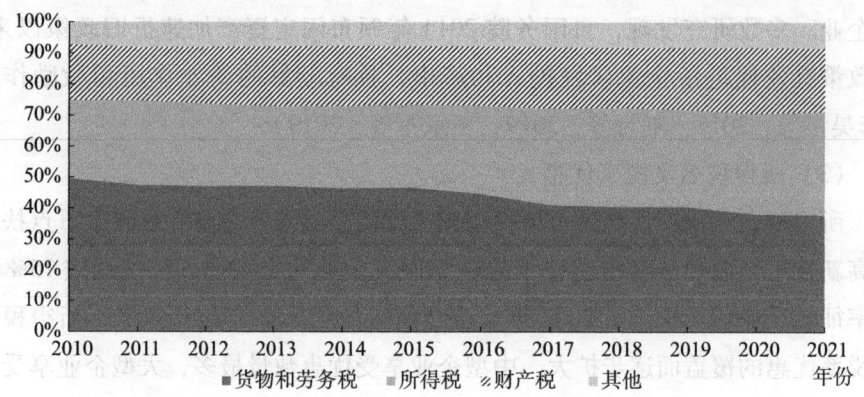

图 5-14　2010—2021 年四大税类在地方税收收入中的占比

数据来源：财政部。

5.4　政策适应性

政府研发补贴政策工具及组合与政策目的的适应性，是衡量政策实施成效的核心和关键。我国既有政府研发补贴政策工具选择和组合策略适应性如何？是否足以支撑实现各大政策目标？本节主要通过梳理我国政府研发补贴和企业技术创新的事实与特征，对该问题作定性与定量的描述性分析，并在下一章进行微观实证分析。

5.4.1　正向作用

总体上看，我国政府研发补贴政策对企业技术创新活动具有比较强的引导和激励作用，突出体现在以下 3 个方面。

（1）投入增值性

投入增值性是指，政府研发补贴对企业研发投入具有诱导作用。诚如本书第 2 章文献综述发现，除个别微观计量研究外，绝大多数既有文献研究认为，我国政府研发补贴政策可以有效增加企业研发投入。本书第 3 章模糊集定性比较分析同样得出了这一结论。从体量看，近年来我国政府研发补贴和企业研发投入呈快速增长态势。如图 5-15 所示，政府研发补贴从 2009 年的 369.0 亿元，到 2017 年的 1 039.6 亿元，9 年时间增长了 1.8 倍多。其中，直接资助从

183.9亿元提高到469.7亿元，增长了近1.6倍；税收优惠从185.1亿元提高到569.9亿元，增长了近2.1倍。同时，企业研发投入从4 248.6亿元提高到13 660.2亿元，增长了2.2倍多。具体看，直接资助在2007年首次超过100亿元，到2010年首次超过200亿元历时3年，到2012年首次超过300亿元历时2年，到2013年首次超过400亿元历时仅1年，此后6年始终维持在400多亿元，直到中美经贸摩擦爆发后的次年跃升到648.4亿元，同比增长近32%。税收优惠在2011年首次超过200亿元，到2013年超过300亿元、2015年超过400亿元、2017年超过500亿元，平均每两年增加百亿元。企业研发投入在2004年首次超过1 000亿元，到2006年超过2 000亿元、2008年超过3 000亿元，此后平均每年增加千亿元。从增长率看，如图5-16所示，2011年后我国政府研发补贴和企业研发投入增长率同步下降，到2015年前后又先后上升，但基本上保持在10%以上并延续至今。从强度看，直接资助强度于2015年略有下降，导致政府研发补贴强度稍稍下降，但税收优惠和企业研发投入强度始终保持稳定的增长态势。

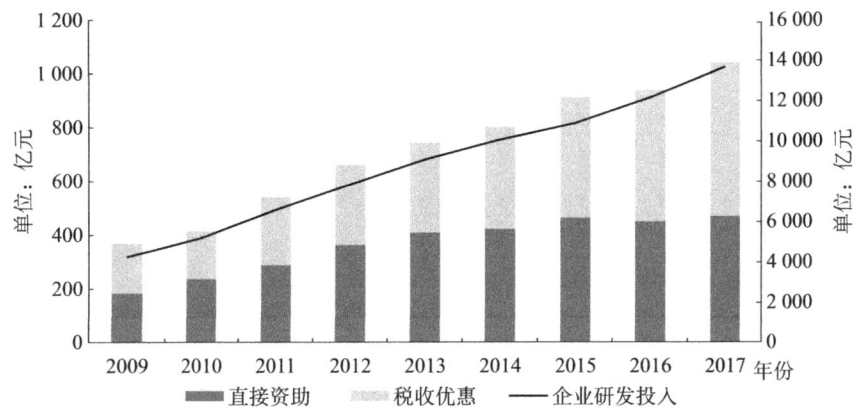

图 5-15　2009—2017年中国政府研发补贴和企业研发投入

数据来源：OECD, R&D Tax Incentives Database, https://oe.cd/rdtax, 2022年4月. OECD, MSTI Main Science and Technology Indicators, https://stats.oecd.org/Index.aspx?DataSetCode=RDTAX#, 2022年3月。

（2）产出增值性

产出增值性是指，政府研发补贴对企业技术创新产出具有促进作用。诚如本书第2章文献综述发现，既有文献主要利用专利申请数、新产品销售收入等作为企业技术创新产出的代理变量对产出增值性进行计量研究，且多数文献结论认为我国政府研发补贴政策对企业技术创新产出具有促进作用。从专利申请

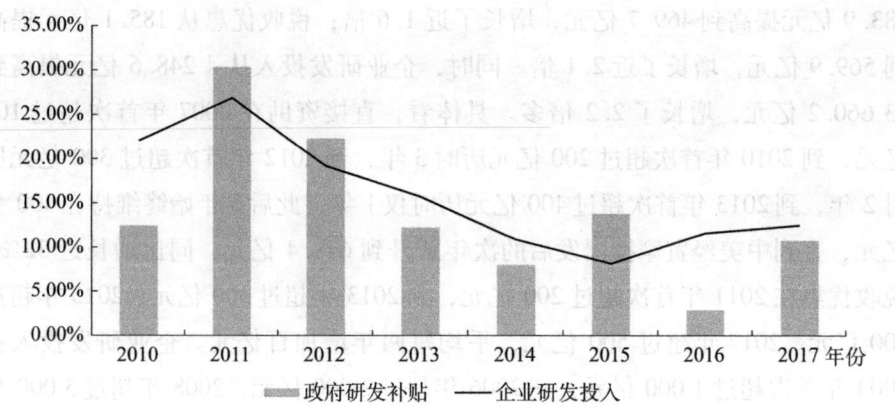

图 5-16　2010—2017 年中国政府研发补贴和企业研发投入增长率

数据来源：OECD, R&D Tax Incentives Database, https://oe.cd/rdtax, 2022 年 4 月. OECD, MSTI Main Science and Technology Indicators, https://stats.oecd.org/Index.aspx?DataSetCode=RDTAX#, 2022 年 3 月。

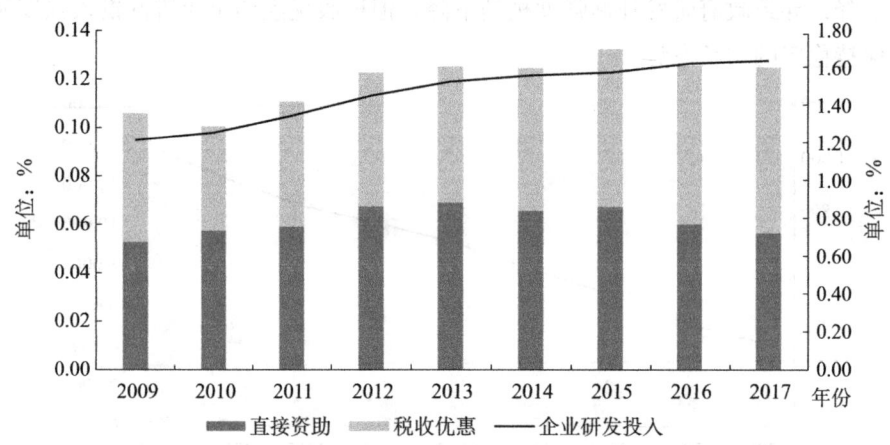

图 5-17　2009—2017 年中国政府研发补贴和企业研发投入占 GDP 的百分比

数据来源：OECD, R&D Tax Incentives Database, https://oe.cd/rdtax, 2022 年 4 月. OECD, MSTI Main Science and Technology Indicators, https://stats.oecd.org/Index.aspx?DataSetCode=RDTAX#, 2022 年 3 月。

数上看，如图 5-18 所示，2011 年以来我国规模以上工业企业专利申请数与政府研发补贴同步增长。其中，2011 年专利申请数为 38.6 万件，到 2017 年时达到 81.7 万件，较 2011 年增加了 1.1 倍；到 2020 年时已达 12.4 万件，较 2011 年增加了 2.2 倍。也就是说，2017—2020 年 3 年时间里增加的专利申请数，几乎和 2011—2017 年 6 年内增加的相同。从新产品销售收入看，如图 5-19 所示，2011 年以来我国规模以上工业企业新产品销售收入同样与政府研发补贴同步增长。其中，2011 年新产品销售收入为 10.1 万亿元，到 2017 年达到 19.2 万亿元，是 2011 年的 1.9 倍，6 年平均增速 11.4%，略快于政府研发补贴；到 2020 年达到 23.8 万亿元，2017—2020 年 3 年平均增速下降到 7.6%，较前 6 年增速下降了 1/3，这可能主要受中美贸易摩擦影响，特别是 2018 年增速只有 2.9%，但到 2020 年又恢复到 12.3%。

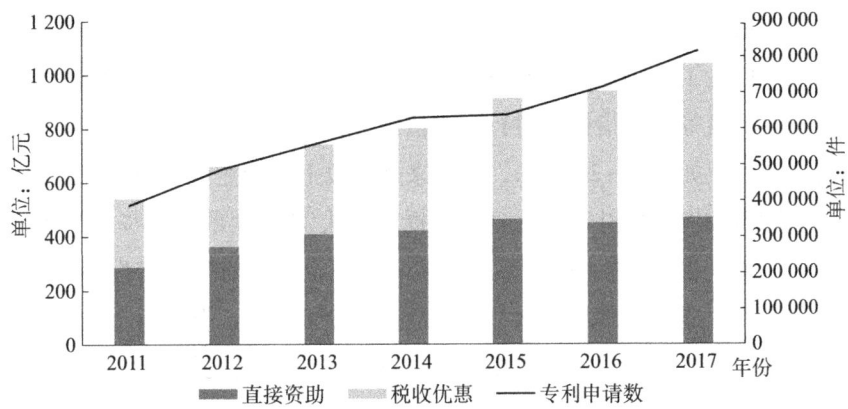

图 5-18　2011—2017 年中国政府研发补贴和规模以上工业企业专利申请数

数据来源：OECD, R&D Tax Incentives Database, https://oe.cd/rdtax, 2022 年 4 月. 规模以上工业企业专利申请数根据历年《中国科技统计年鉴》整理。

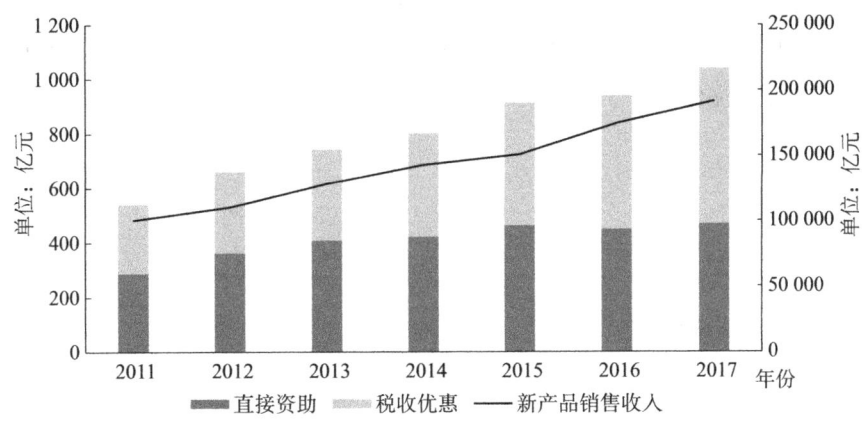

图 5-19　2011—2017 年中国政府研发补贴和规模以上工业企业新产品销售收入

数据来源：OECD, R&D Tax Incentives Database, https://oe.cd/rdtax, 2022 年 4 月. 规模以上工业企业新产品销售收入根据历年《中国科技统计年鉴》整理。

（3）行为增值性

行为增值性是指，政府研发补贴对企业研发行为带来的正向影响。与投入增值性和产出增值性这两个被视为新古典主义政策基本原理的标志概念不同,行为增值性被认为是演化/结构主义观点的核心所在(埃德勒等,2020)。该观点认为,政府研发补贴政策不应该简单地考虑解决市场失灵问题,还要考虑提高企业的创新能力,这种能力是没有政府介入不可能实现的。OECD(2006)将行为增值性分为项目增值性、加速增值性、规模增值性、挑战增值性、网络增值性、后续增值性、管理增值性等多个维度。本书从规模增值性维度,用规模以上工业企业中有研发活动企业所占比重、企业办研发机构数、研发人员全时当量等3个指标,对行为增值性进行统计性描述。从有研发活动企业所占比重看,如图5-20所示,近年来规模以上工业企业中有研发活动企业所占比重随着政府研发补贴的增加不断提高,从2011年的11.5%到2017年的27.4%,翻了一番多,年均增速高达15.67%,说明政府研发补贴不仅提高了企业研发投入,还显著增加了从事研发活动的企业数量。从企业办研发机构数看,如图5-21所示,近年来规模以上工业企业办研发机构数增速更加明显,从2011年的3.1万个到2017年的8.3万个,增长了164%,年均增速高达18.18%,说明越来越多的企业开始认识到研发机构的作用。从研发人员全时当量看,虽然这些年规模以上工业企业中有研发活动企业所占比重和企业办研发机构数增速都非常明显,但如图5-22所示,研发人员全时当量增长相对稳健,从2011年的193.9万人年,到2017年的273.6万人年,增长了0.4倍,年均增速为6.06%。

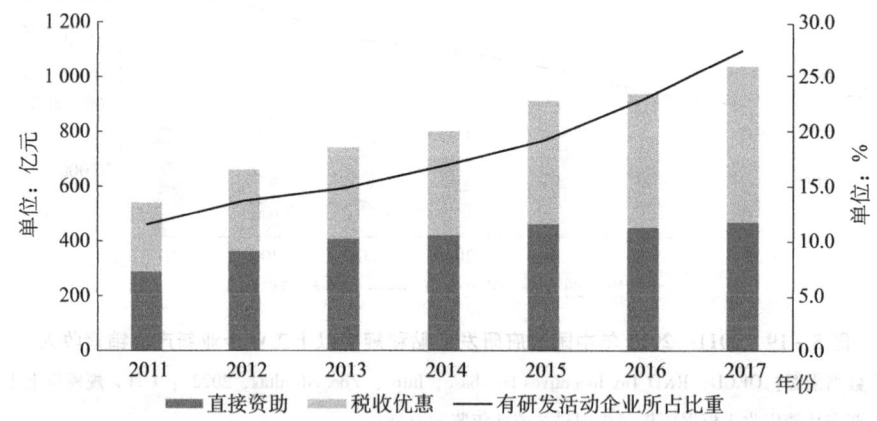

图5-20 2011—2017年中国政府研发补贴和规模以上工业企业有研发活动企业所占比重

数据来源:OECD, R&D Tax Incentives Database, https://oe.cd/rdtax, 2022年4月. 规模以上工业企业新产品销售收入根据历年《中国科技统计年鉴》整理。

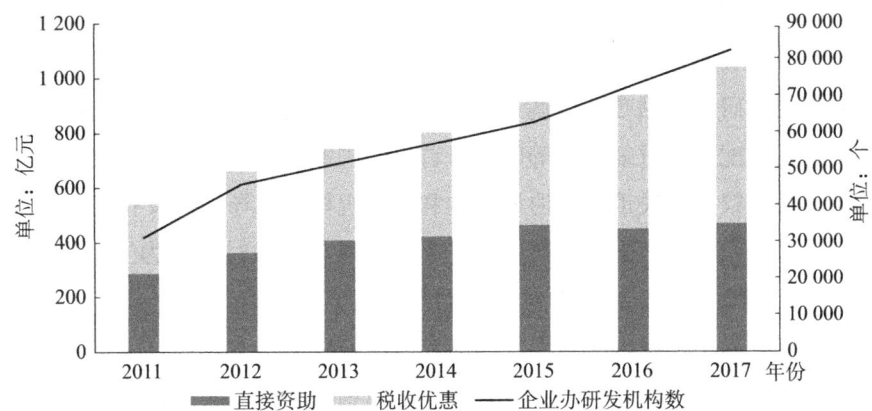

图 5-21　2011—2017 年中国政府研发补贴和规模以上工业企业办研发机构数

数据来源：OECD, R&D Tax Incentives Database, https://oe.cd/rdtax, 2022 年 4 月．规模以上工业企业新产品销售收入根据历年《中国科技统计年鉴》整理。

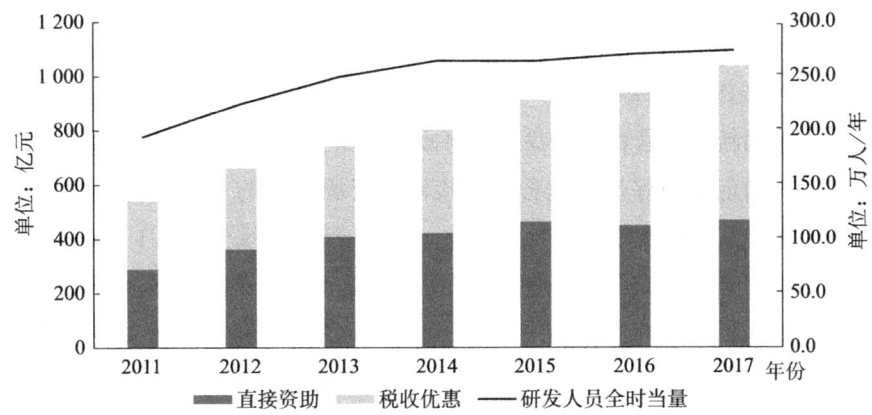

图 5-22　2011—2017 年中国政府研发补贴和规模以上工业企业研发人员全时当量

数据来源：OECD, R&D Tax Incentives Database, https://oe.cd/rdtax, 2022 年 4 月．规模以上工业企业新产品销售收入根据历年《中国科技统计年鉴》整理。

5.4.2　存在的不足

在肯定成绩的同时，也要清醒看到，我国现行政府研发补贴政策工具选择和组合策略在面对国家发展阶段变化、国际政治经济格局变化、科技革命和产业变革等方面，还存在一些不适应的地方，无法完全满足统筹推进传统产业技术进步、高技术产业赶超、战略性新兴产业培育等政策目标的需要。主要表现在以下几个方面。

（1）政策统筹力度不够

我国政府研发补贴政策协调不够，存在政出多门、封闭分散等现象，容易造成资源低效配置、重复配置等问题。首先，国家科技需求凝练和政策统筹层级较低，缺少权威的决策议事协调机构和咨询机构，领导机构没有完全融入科技创新的自组织网络中去，科技咨询主要以座谈会等临时机制为主，"自上而下"和"自下而上"相结合的体制机制仍未建立，没有形成充分的正反馈和负反馈机制。其次，我国政府研发补贴政策一般由国家有关部门主导，可能出现形式主义、官僚主义、本位主义，产生部门利益冲突、政策相互矛盾、措施设计不科学、目标订立不合理等问题。再次，国家将各部门分头管理的各类科技计划（专项、基金等）统一为科技部直接管理的"五大专项"，没有从根本上解决科技计划散乱小弱问题，反而削弱了专业部门/机构提专业需求、管专业计划的职责，容易带来补贴工具的同质化、经费管理的一刀切、绩效评估的简单化等问题。

（2）市场作用发挥不够

与其他创新型国家相比，我国政府研发补贴具有较强的行政管理色彩，政府参与政策制定实施评价全过程，直接涉及资源分配的"指挥棒"偏多，市场激励创新的基础机制作用发挥不充分。通过梳理我国政府2021年7月13日向世贸组织提交的第6份补贴通报文件[①]可以发现，我国政府研发补贴政策具有鲜明的地区和部门特色，存在重复、分散、封闭、低效等现象，补贴手段比较单一，方式比较直接，政策名称一般直接体现补贴意图、对象、形式等信息，较容易被认定为可诉的专项补贴和引发贸易纠纷，传统产业补贴依然更受政府部门青睐。此外，一些科技计划（专项、基金）等对民营企业设置了"玻璃门"，一些行政性垄断行业仍存在显性或隐形壁垒，一些研发补贴管理部门倾向于"短期突破""安全平稳"的大项目，这些都会抑制企业和企业家作用发挥，削弱政府研发补贴的诱导效应和促进效应。

（3）基础研究投入不够

我国作为后发追赶经济体，在改革开放后很长一段时间内，聚焦设备引

---

① Committee on Subsidies and Countervailing Measures. G/SCM/N/372/CHN [EB/OL]. (2021-08-27) [2022-3-18]. https://www.wto.org/english/tratop_e/scm_e/scm_e.htm.

进、技术改造、产品模仿、应用创新等制定实施政府研发补贴政策,推动我国技术和产业实现了"压缩式"高速增长。我国许多科技创新指标呈现出整体上的规模优势,论文和专利的年度数量跃居世界第一。但是,与美日德瑞等老牌创新型经济体相比,我国在基础研究投入强度和比例上有很大差距(见图4-13、图4-14),原创性、引领型科学突破较少,论文质量和专利收益等指标存在明显劣势,知识产权使用费收入很少(见图5-23),关键核心技术受制于人问题突出。理论和实践证明,提升原始创新能力没有捷径可走,依靠引进模仿吸收再创新的路子难以解决现代产业体系所依赖的"科技底座"问题。基础研究虽然是一个"慢变量",但也是夯实国家科技基础、提高自主创新能力的基础和前提。在我国政府研发补贴政策工具箱中,逐步提高基础创新投入比例,推进以科技基础为核心的全方位创新,是实现高水平科技自立自强的必然要求。

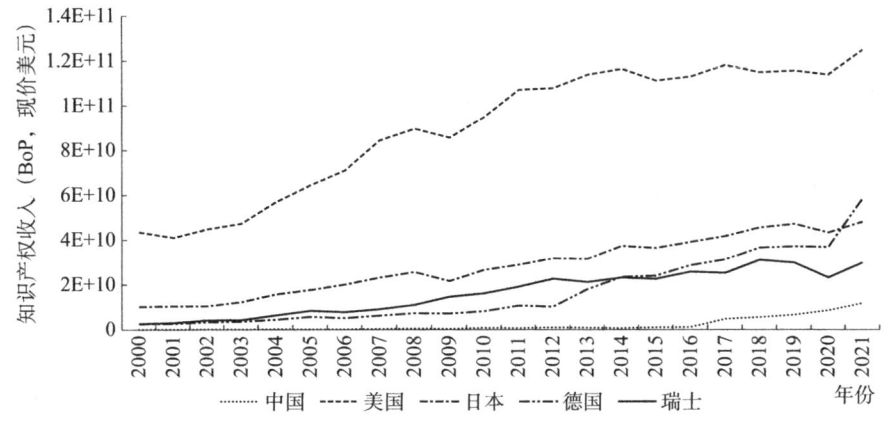

图 5 - 23　2000—2021 年中美日德瑞知识产权使用费收入

资料来源:International Monetary Fund, Balance of Payments Statistics Yearbook and data files.

(4)开放合作意识不够

开放合作是当前全球创新发展的大趋势。我国强调科技自立自强、自主创新,但绝不是搞闭门造车、关起门来自己干。尽管我国面临关键核心技术受制于人的问题,但越是如此越要主动推进国际科技合作。与美国、欧洲、日本相比,我国利用政府研发补贴政策促进国际科技合作的力度较小,对吸引国外人才、技术、资本等创新要素的制度不健全,对如何推动协同科研的组织机制仍然缺乏探索,创新体系整体开放水平相对落后,制约了全球技术红利的获取和技术扩散效应的释放。

5.5 本章小结

本章基于系统性思维和复杂性方法，对我国政府研发补贴政策目的、政策工具以及政策适应性进行研究，有意义的发现归结如下：

第一，我国科技发展战略分为4个层次，顶层（愿景）是推动高质量发展这一根本要求，目标层是实现高水平科技自立自强这一战略支撑，方针层是科教兴国、人才强国、创新驱动发展三大国家战略，行为层是针对我国社会生产力发展的多层次性分类施策，统筹推进传统产业技术进步、高技术产业赶超、战略性新兴产业培育等。其中，最基础的战略（行为层战略），就是我国政府研发补贴政策的主要目的。促进传统产业技术进步，推动产业向全球价值链中高端跃进，是党的十九大提出新时代"两步走"战略安排的重要目标。受路径依赖、融资成本、风险厌恶等多重因素影响，我国许多传统产业企业自主创新意愿不强、动力不足，无法实现价值链的跃升。而以产业补贴为代表的传统产业政策，容易滋生"伪自主"创新、低水平重复投资等问题。只有采取政府研发补贴政策，将政府补贴直接与企业研发挂钩，才能更好调动传统产业企业加大研发投入的积极性主动性，激发企业家精神。实现高技术产业赶超，解决关键核心技术"卡脖子"问题，是中美战略博弈大背景下，我国科技发展战略的现实紧迫需要，也是新阶段我国政府研发补贴政策新的重要目的。2018年以来，我国经济社会发展五年规划、年度计划和多数专项规划都对此做出了安排，25个中央和国家机关有关部门出台了具体政策。培育战略性新兴产业，布局前沿技术和颠覆性技术研发，是在新一轮科技革命和产业变革中，寻找新的经济增长点，抢占制造业新一轮竞争制高点的必然要求。我国制造业的平均工业化水平位于工业1.8到工业2.1的范围内，面临前有"堵截"后有"追兵"的局面，需要前瞻布局研发一批前沿技术和颠覆性技术。特别是二阶颠覆性技术创新涉及跨行业跨领域协作，其技术复杂性决定了获得私人融资的难度倍增，需要政府研发补贴发挥诱导和促进作用。

第二，当前，我国综合采用直接资助和税收优惠两种政府研发补贴政策工具。直接资助方面，主要采用自然科学基金联合基金项目、重大专项、重点研发计划、技术创新引导专项（基金）等 4 种亚类工具。税收优惠方面，主要采用研发费用加计扣除、固定资产加速折旧、所得税名义税率优惠等 3 种亚类工具。总的来说，我国政府研发补贴政策工具箱比较丰富，但在设计实施过程也依然存在一些有待改进的短板和弱项。比如，我国自然科学基金联合基金项目与瑞士科学基础型政府研发补贴政策类似，有助于引导企业加强基础研究、提高创新投入，但我国联合基金项目的联合资助方主要是科研院所转制的国有企业，一定程度上限制了这一政策效果的充分发挥。重大专项和重点研发计划，对原有繁杂的科技计划、专项等进行了整合，但并没有完全解决重复、分散、封闭、低效等问题，企业特别是民营企业在争取项目中较高等院校、科研院所难度更大，无法充分调动企业积极性。技术创新引导专项（基金）把原科技型中小企业专项资金并入创新型企业培育专项，削弱了专项对中小企业创新的扶持力度，降低了科研人员对成果转化的意愿和能力，造成科技创新链条中的中试和工程化环节出现短板。研发费用加计扣除、固定资产加速折旧、所得税名义税率优惠，都是基于企业所得税的研发税收优惠政策，受我国税制结构制约，加上我国研发费用加计扣除范围较窄、高新技术企业认定门槛较高等问题，较美日等以总额型研发税收抵免为主体的税额式优惠，政策效果更间接、资助强度更低。

第三，我国政府研发补贴政策对企业技术创新活动具有比较强的引导和激励作用，但也存在一些不适应的地方，无法完全满足统筹推进传统产业技术进步、高技术产业赶超、战略性新兴产业培育等政策目标的需要。正向作用主要表现在 3 个方面：一是具备投入增值性，即我国政府研发补贴对企业研发投入具有诱导作用；二是具备产出增值性，即我国政府研发补贴对企业技术创新产出具有促进作用；三是具备行为增值性，即我国政府研发补贴对企业研发行为带来了正向影响。存在不足主要体现在 4 个方面：一是政策统筹力度不够，存在政出多门、封闭分散等现象，容易造成资源低效配置、重复配置等问题；二是市场作用发挥不够，政府研发补贴具有较强的行政管理色彩，政府参与政策制定实施评价全过程，直接涉及资源分配的"指挥棒"偏多；三是基础研究投入不够，原创性、引领型科学突破较少，论文质量和专利收益等指标存在明显劣势，知识产权使用费收入很少，关键核心技术受制于人问题突出；四是开放合作意识不够，利用政府研发补贴政策促进国际科技合作的力度较小，对吸引国外人才、技术、资本等创新要素的制度不健全，对如何推动协同科研的组织机制仍然缺乏探索，创新体系整体开放水平相对落后，制约了全球技术红利的获取和技术扩散效应的释放。

本章的政策启示如下：第一，建立更加有效的政产学研联系和决策议事协调机制。在复杂技术环境下，没有一个组织可以通过"单独行动"战略取得成功（里克罗夫特和董开石，2016）。自组织网络是复杂技术的创新者，通过保持先进核心能力、强大情报能力、快速自组织能力来克服创新的不确定性，通过网络资源间的相互适应和强化来识别战略方向和机遇，抢占竞争优势地位。打通政产学研沟通协调"堵点"，把政府、市场和学术咨询融通起来，形成优质高效的正反馈和负反馈路径，才能建立更加科学有效的决策议事协调机制，制定出更具适应性的政府研发补贴政策。第二，建立更加灵敏的政府研发补贴政策工具选择和组合策略优化机制。实践证明，技术轨迹的发展路径不是线性的，政府需要在网络化学习中持续感知态势，把不确定和不稳定当作预期结果，针对失灵或失败政策工具和组合策略迅速做出调整。同时，政策优化调整是一个与技术和网络协同演进的过程，颠覆式的调整可能带来不可预知的结果，而渐进式调整更容易适应环境，从而带来更好的效果。因此，政府研发补贴政策工具选择和组合策略不应是一个僵化、一成不变的决策，但在强调适应性的同时也要具备一定的稳定性，注重在网络化学习和渐进式调整中不断演进。第三，进一步丰富政府研发补贴政策工具箱。克服政府研发补贴政策存在的重复、分散、封闭、低效等问题，光靠整合亚类工具是"治标不治本"的，反而容易带来中试、工程化等环节短板这类问题。当前，我国仍处在社会主义初级阶段，生产力发展具有多层次性，需要更为丰富的工具箱，替代传统产业补贴等效用不高或容易引起贸易争端的政策工具，才能建立更加灵敏的政府研发补贴政策工具选择和组合策略优化机制。比如，将非国有企业引入自然科学基金联合基金项目，重启科技型中小企业技术创新基金，试行总额型或增额型研发税收抵免政策等。

第 6 章

我国政府研发补贴政策的效应评估
——来自微观企业的经验证据

6.1 引言

第五章,本书运用系统性思维和复杂性方法,从政策目的、政策工具、政策适应性等3个方面,对我国政府研发补贴政策现状进行了分析。诚如前文分析所示,我国综合采用直接资助和税收优惠两种政府研发补贴政策工具,无论是单项补贴还是总补贴强度,均处于经合组织成员国及金砖国家的中等水平,但运用模糊集定性比较分析,我国和美国等多半高企业研发强度国家一样,同属于采取"高直接资助、高税收优惠"策略的国家。我国政府研发补贴政策工具选择和组合策略适应性如何?哪种政策工具对企业技术创新具有更强的诱导和促进作用?现行政策能否有力有效支撑传统产业技术进步、高技术产业赶超、战略性新兴产业培育等3大政策目标同步推进?回答这些问题,对于我们更好地认识各类政府研发补贴政策工具特性,更科学地制定修订政府研发补贴政策组合策略,更经济地使用有限的科技财政,更智慧地撬动企业研发投入,具有重要的理论和实践意义。

关于我国政府研发补贴政策工具选择和组合策略的适应性，诚如第 2 章文献综述所示，绝大多数既有实证研究发现，我国政府研发补贴政策有利于诱导企业加大研发投入，促进企业加强自主创新；第 3 章模糊集定性比较分析同样支持了这一论断。关于直接资助和税收优惠两种政策工具对企业技术创新的比较分析，国内只有少数学者进行了实证研究（戴晨和刘怡，2008，梁彤缨等，2012，赵凯和王鸿源，2018），虽然实证结果和政策建议都不尽相同，但大都认为税收优惠具有更强的激励作用，直接资助具有更强的针对性；国际比较研究则发现，直接资助和税收优惠各有特点、各具利弊，不存在谁更胜一筹，需要针对创新情境和发展目标有的放矢、相机抉择。关于现行政策能否有力有效支撑 3 大政策目标，目前还没有文献对此进行过专门研究，但这是提升当前我国政府研发补贴政策工具选择和组合策略有效性的关键所在，是完善新发展阶段国家科技治理体系的内在要求。

复杂性理论认为，21 世纪，复杂技术已成为创新型国家科技创新和产业发展的主流，复杂性技术和自组织网络是协同演化的过程，身处自组织网络的政府需要因时因势调整研发补贴等政策，以适应网络和技术演化发展的需要。里克罗夫特和董开石（2016）开创性地利用复杂性范式，对不同领域技术生命周期过程中的创新模式进行分析，形成了技术和网络协同演化的图景，把创新模式分为常规模式（Normal）、转换模式（Transition）、转型模式（Transformation）等 3 种类型（见图 6-1），类似于创新经济学中的渐进式创新、突破式创新、破坏式创新。其中，常规模式是既有网络和技术在既有技术轨迹上的协同演化，在技术上表现为对现有核心能力和互补性资产的创造性积累，以及高度的路径依赖，在网络上表现为高度动态的本地化学习；转换模式是既有网络和技术的协同演化开启一条新的技术轨迹，在技术上表现为重大创新带来部分新的核心能力和互补性资产，以及中度的路径依赖，在网络上表现为更有探索性的区域化学习；转型模式是新网络和技术的协同演化开启一条新的技术轨迹，在技术上表现为带来新的核心能力和互补性资产，以及低度的路径依赖（打破原有路径依赖），在网络上表现为全球化学习。总的来说，转型模式的风险要高于转换模式，转换模式的挑战要高于常规模式。

当前，我国政府研发补贴的 3 大政策目标，可分别对应 3 类创新技术和上述 3 种创新模式（见表 6-1）。其中，促进传统产业技术进步，推动产业向全球价值链中高端跃进，主要需要通过常规模式对传统产业技术进行渐进式创

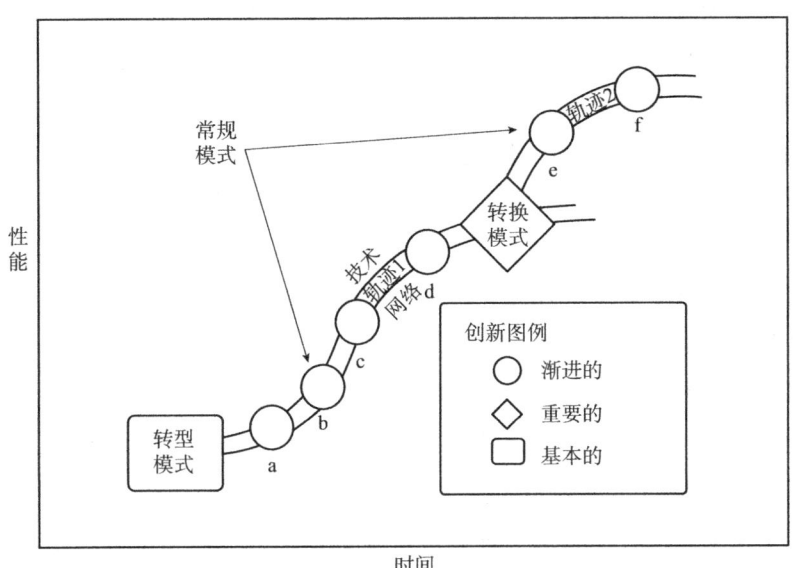

图 6-1 三类创新模式

注：根据里克罗夫特和董开石（2016）绘制．

新；实现高技术产业赶超，解决关键核心技术"卡脖子"问题，主要需要通过转换模式对"卡脖子"技术进行突破式创新；培育战略性新兴产业，布局前沿技术和颠覆性技术研发，主要需要通过转型模式对前沿/颠覆性技术进行破坏式创新。不同创新模式的技术变迁和网络演进特征不同，面对的风险挑战各异，采用相同的政府研发补贴政策工具和组合策略或难以达到最优的政策效果。如何针对不同类型技术创新，更科学精准地选择政府研发补贴政策工具和组合策略，以统筹推进3大政策目标的实现，是本章尝试探讨的重要课题。

表 6-1　　　　　　　政策目标、创新技术和创新模式对应表

政策目标	创新技术	创新模式
传统产业技术进步	传统产业技术	常规模式
高技术产业赶超	"卡脖子"技术	转换模式
战略性新兴产业培育	前沿/颠覆性技术	转型模式

基于上述背景，本章拟基于企业微观样本对我国政府研发补贴政策的效应进行评估，分析直接资助、税收优惠两种政府研发补贴政策工具对企业技术创新的影响效应，并重点讨论3个关键性问题：一是两种政府研发补贴政策工具

对企业技术创新的影响;二是对两种政策工具的影响程度进行比较,识别分析何种政策工具对企业技术创新的影响更大;三是进一步讨论两种政策工具对3种不同类型技术——"卡脖子"技术、前沿/颠覆性技术以及传统产业技术——创新的差异性影响。可能的创新之处在于:第一,辨析政策的差异性。既有研究关于两种政策工具对企业技术创新影响的比较分析较少,本章对二者影响效应的差异性分析,将进一步丰富该领域的研究成果。第二,探索政策的适应性。既有研究对支持3种不同类型技术的补贴政策的有效性分析较为缺乏,本章对两种政策工具与不同类型技术的适应性分析,将进一步拓宽既有研究视角。第三,拓展衡量创新的维度。相较于既有研究主要使用企业研发投入、专利申请(授权)、新产品产值等规模性、效率性指标衡量企业技术创新,本章进一步利用谷歌专利数据库(Google Patent)爬取企业发明专利对应的被引数,引入衡量创新的质量性指标,构建起较为多元的企业创新指标体系。第四,运用多种策略保证结果的稳健性,如使用多维度被解释变量,严格控制个体固定效应,使用 Heckman 两阶段法、工具变量法解决内生性问题,替换解释变量、被解释变量及估计方法等。此外,在相应理论分析的基础上,本章还利用中介效应模型分别分析了直接资助、税收优惠两种政策对企业技术创新的影响机制。本章的后续安排如下:第二节为研究设计,第三节为基本回归结果,第四节为进一步分析,第五节为稳健性检验,第六节为异质性讨论和调节效应检验,第七节为影响机制分析与检验。

6.2 研究设计

6.2.1 计量模型设定

围绕本章拟研究的3个关键问题,本章基准的计量模型如(1)-(3)式所示:

$$innovation_{it} = \beta_0 + \beta_1 tax_{it} + \sum \lambda_i X_{it} + \sum \varphi_i F_{it} + \varepsilon_{it} \quad (1)$$

$$innovation_{it} = \beta_0 + \beta_1 sub_{it} + \sum \lambda_i X_{it} + \sum \varphi_i F_{it} + \varepsilon_{it} \quad (2)$$

$$innovation_{it} = \beta_0 + \beta_1 tax_{it} + \beta_2 sub_{it} + \sum \lambda_i X_{it} + \sum \varphi_i F_{it} + \varepsilon_{it} \quad (3)$$

（1）－（3）式依次对应了本章所需要讨论的3个问题。式中，$innovation_{it}$表示企业技术创新指标，由于本章主要基于微观层面数据进行分析，因此企业技术创新指标主要围绕企业层面数据进行构建。同时，为了兼顾指标的综合性，本章主要选取了企业的研发投入、企业新产品产值、专利申请量以及企业专利引用量这四项指标。tax_{it}表示税收优惠指标；sub_{it}表示直接资助指标；X_{it}表示企业层面相关的控制变量，包括企业规模、企业年龄、企业的资本密度、企业利润率、企业员工薪酬、企业综合生产效率、企业的行业集聚度（赫芬达尔指数）以及集聚度指标的平方项；λ_i为诸多控制变量对应的估计参数。F主要包含了一系列固定效应，其中包括企业的个体固定效应以及时间（年份）固定效应。i和t分别表示对应的企业与年份，ε_{it}则为模型中的随机扰动项。主要变量的测度方式方法以及变量的描述性统计情况将在变量定义与数据来源部分中进行具体汇报。

根据此前的理论分析，可以预计无论是直接资助还是税收优惠，均会对企业技术创新产生显著的正向效应，且这一效应应当是稳健的。同时，针对"卡脖子"技术创新，直接资助可能具有更好的政策效果；对于前沿/颠覆性技术创新，两种政策工具均具有较好的支持作用；而对于传统技术创新，税收优惠的政策优势可能更大。

6.2.2 变量定义与数据来源

（1）被解释变量

本章被解释变量的选取主要基于创新的生命周期理论。具体来看，企业技术创新存在投入→形成中间品→转化→形成最终品的这一流程，创新流程中的每个环节均意义重大。由此，本章参考创新投入、中间品产出、最终品产出这一逻辑对企业技术创新进行刻画，依次引入了企业的研发投入（创新投入）、专利申请量（中间品产出）、新产品产值（最终品产出）。此外，企业技术创新不仅需要考虑规模，也需要兼顾效率和质量，因此本章还引入了企业专利的引用情况。从专利视角出发，通过判断专利的质量分析企业的创新质量，进一步拓宽企业技术创新的概念边界，当然这也体现了本书的边际贡献。目前政府研发补贴有关文献鲜有考虑创新质量这一维度。需要说明的是，针对专利引用量，本章首先基于各工业企业拥有专利所对应的专利号，在谷歌专利数据库中依次爬取专利的引用情况，并且构建了"企业—申请年—专利编号—专利引用情况"的面板数据。同时，考虑到专利申请后专利引用的累积性，此处使用企业累计专利引用数与企业累计拥有专利数的比值来衡量专利质量，进而测度企业的创新质量。此外，由于专利的被引用存在右侧的"断尾"问题，因此本章仅考察了专利申请后5年内的专利被引用量。此外，研发投入与企业的新产品产值通常与企业的创新规模相关，而专利以及专利引用量与企业自身的创新效率与创新质量有关，因此本章进一步将创新指标分为规模性指标与效率质量性指标两类。具体计算方式上，针对企业的研发投入（$r\&d_{it}$）、新产品产值（np_{it}）、专利申请量（pat_app_{it}）以及专利申请引用量（$cited_{it}$），本章均使用了对数化的处理方式，即：$r\&d = ln（1 + 研发投入）$，$np = ln（1 + 新产品产值）$，$pat\_app = ln（1 + 专利申请量）$，$cited = ln（1 + 累积专利平均引用量）$。

（2）核心解释变量

①税收优惠（tax_{it}）。税收优惠的衡量标准存在多样性，考虑到研发费用加计扣除是我国研发税收优惠最主要的亚政策工具之一，本章主要借鉴郑榕（2006）、任海云与宋伟宸（2017）的做法，使用企业研发支出税前扣除优惠评估方法衡量企业的税收优惠。具体来说，需要通过计算研发支出加计扣除所引致的企业研发投资成本减少来衡量企业的税收优惠强度，具体如（4）式所示：

$$tax_{it} = \frac{研发成本减少}{企业总资产} = \frac{研发投入 \cdot \gamma \cdot \eta}{企业总资产} \quad (4)$$

其中，γ 表示税前扣除率，η 表示所得税率。γ 的计算方法如下：首先，Warda（2005）认为企业研发经费投入的税前支出可以降低企业的税后成本，用公式可以表示为：$after\_tax\_cost = 1 - \gamma \cdot \eta$。同时，B 指数[①]的计算公式为：

$$B = \frac{after\_tax\_cost}{1 - \eta} \quad (5)$$

此时，当实施税前扣除这一激励方式时，B 指数的计算公式可以进一步转

[①] 注解：B 指数由 Warda（2001）提出，其反映的是每单位研发经费支出的实际税后成本，反之可以推断，1 - B 代表的是每单位研发经费支出可减少企业的税收成本。从含义上来说，B 指数与税收优惠对研发经费投入的激励程度呈现出负相关联，即 B 指数的值越高，税收激励程度越低，反之则反。

化为（6）式：

$$B = \frac{1 - \gamma \cdot \eta}{1 - \eta} \tag{6}$$

根据（6）式子，可以反向推导得到 γ，即：

$$\gamma = \frac{1 - B \cdot (1 - \eta)}{1 - \eta} \tag{7}$$

其中，在各项税率下的 B 指数，可以参考戴晨和刘怡（2008）测算得到的相关数据进行分析。依托（4）式子，可以最终得到企业的税收优惠 tax_{it}。此外，为了保证与直接资助的可比性，tax_{it} 进行了标准化处理，标准化后的变量均值为 0，方差为 1。

最后需要说明的是，由于本章利用研发费用加计扣除作为衡量税收优惠的代理变量，在计算过程中涉及企业研发投入，而在被解释变量中也有研发投入这一指标。为保证结果的科学性，关于企业研发投入的回归可仅作为参考，这也是本章选取多个被解释变量共同进行检验的目的之一。

②直接资助（sub_{it}）。借鉴杨洋等（2015）、姚东旻和朱泳奕（2019）、蒋冠宏（2022）等的做法，本章此处主要使用企业的财政补贴收入作为衡量直接资助的代理变量。变量的处理方式与前文保持一致，即将企业的财政补贴进行对数化处理。同时，为了保证与税收优惠的可比性，sub_{it} 也进行了标准化处理，标准化后的变量均值为 0，方差为 1。测算税收优惠与直接资助的相关数据均来源于中国工业企业数据库。

（3）其他控制变量

①企业规模（$size_{it}$）：使用对数化后的企业总资产规模衡量。②企业年龄（age_{it}）：使用企业指标所处当前年份 t 与企业成立年份之差加 1 后取对数衡量。③企业资本密集度（cap_den_{it}）：使用企业的实际固定资产存量与企业的总从业人数之间的比值进行衡量。其中，针对企业的实际固定资产存量，本章主要借鉴了 Brandt 等（2012）的做法，利用分行业、分省份的资本增长率近似替代企业自身的资本存量增长率，并基于此测算估计出企业实际固定资产存量。④企业的盈利能力（$profit_{it}$）：使用企业的总利润与销售额之比进行测度。⑤企业员工薪酬（$wage_{it}$）：使用企业的薪酬总额与企业就业人数之间的比值衡量。⑥企业综合生产效率（$prod_{it}$）：使用企业的工业总产值与企业总就业人数之间的比值进行衡量。⑦企业的行业集中度（hhi_{it}）以及其平方项（hhi_sq_{it}）。

在城市层面，结合企业所处的二位数行业，对单个企业的赫芬达尔指数进行测度。考虑到行业集中度可能对企业技术创新存在非线性影响，因此在控制变量中进一步引入了赫芬达尔指数的平方项。

6.2.3 相关数据来源与描述性统计

（1）中国工业企业数据库

本章对中国工业企业数据库的匹配工作主要基于 Brandt 等（2012）的思路。具体来看，本章同样使用了贯序匹配的方法对工业企业数据进行逐年匹配。但是，为了获得更多的匹配样本，本章对原有的匹配方法进行了一定的修改。具体来看：首先，将企业编码（ID）相同的企业设定为同一企业，并将 ID 匹配作为匹配的首要原则。一般来说，利用企业的 ID 可以完成绝大多数企业的匹配工作。其次，为了让利用 ID 无法进行匹配的企业也科学地纳入本章使用的基础数据库，在第二步再次利用企业名称进行匹配。对于使用企业名称仍然无法匹配的企业，则使用企业法人名称＋邮编的第三种方法进行匹配。此处隐含一个假设，即企业的 ID 与名称可能在一定时期内发生改变，但是企业的法人名称以及企业的地址没有发生改变，则可以认为两个企业依然为同一企业。

对历年工业企业数据匹配的基本流程如下：根据企业的 ID 首先匹配第 t、$t+1$ 年的企业数据；同时基于上述方式，令使用 ID 无法匹配的企业再利用企业名称进行匹配；若仍未完成匹配的则使用企业法人名称＋企业地址进行匹配。通过保存上述匹配成功的样本，形成工业企业的长样本数据。考虑到数据质量，因此本章使用的数据为 1998—2007 年的工业企业数据。需要进一步说明的是，由于行业分类标准在 1998—2007 年间出现过变更，因此为了保证行业分类代码统一，本章通过变更行业的逐项比对，将样本区间内行业分类标准均统一为《国民经济行业分类代码（2002 版）》，为后续实证研究作支撑。

此外，本章还进一步参考杨汝岱（2015）、江艇等（2018）的做法，对合并后的数据进行如下处理：对于总资产、工业总产值、固定资产净值、销售额等指标存在缺失值的样本进行剔除；保证企业的规模，剔除了员工人数小于等于 8 人的企业样本；对不符合会计准则的企业样本进行剔除；对存在重复的样本，即企业唯一编号与年份并非唯一对应的样本进行了剔除。

（2）专利相关数据

整体上看，本章的专利数据主要来源有 3 个：一是 He 等（2016）的中国专利数据项目，二是中国工业企业专利数据平台，三是谷歌专利数据库（Google Patent）。首先，在 He 等（2018）的中国专利数据项目将国家知识产权局的专利相关数据与工业企业数据库进行了匹配，共获得了 1998—2009 年间的发明专利、实用新型专利以及外观设计专利共 1 113 588 条数据。同时，本章进一步引入了中国工业企业专利数据平台专利数据，这一平台数据包括企业的 ID、企业名称、年份、邮政编码、行业类别、地区代码，以及发明专利、实用新型专利以及外观设计专利的申请与授权情况等，专利的数据体系较为完善。针对 He 等（2018）的数据结果，本章还在企业层面结合中国工业企业专利数据平台数据对两者进行了比对，从比对结果来看，两者之间数据基本吻合，这保证了 He 等（2018）数据的可靠性。此外，为了进一步验证工业企业专利数据的可靠性，本章利用谷歌专利数据库，基于企业名称等模糊搜索的方式，抽样抓取了相关企业申请授权发明专利、实用新型专利以及外观设计专利的情况，并进一步与上述两个数据库进行比对。最终结果显示，从谷歌专利数据库获得的数据与前述两个数据库基本保持一致，说明本章使用的专利数据具有较强的可靠性。

针对专利引用数据，本章主要从谷歌专利数据库（Google Patent）之中进行抓取。具体来看，谷歌专利数据库实际上已经纳入包括欧洲专利局（European Patent Office，EPO）、美国国家专利局（United States Patent and Trademark Office，USPTO）等国家的已授权专利数据。近两年，随着谷歌专利数据库的不断发展，陆续有多个国家也将本国的专利数据纳入这一数据库之中，包括中国、加拿大、德国等。需要寻找专利的精确信息，仅需要在搜索栏中输入专利的精确编号即可。在谷歌专利数据库中，可检索出的信息包括专利编号、发明家名称、申请地区、申请年份、申请过程的各项事件（Application Events）、专利摘要及专利相关信息，主要的界面可以参考图 6-2。本章所需要使用的核心被解释变量，即专利的被引用量，即包含在企业的相关信息之中（Info 部分，在图示中右下角）。此处，基于专利编号（图例中的 CN1482193A），本章逐一爬取了各专利的被引用情况。需要注意的是，由于谷歌专利数据库存在较强的反爬虫机制，因此为了避免出现禁用 IP 等一系列阻碍专利引用数据获取的问题出现，本书利用了延时、IP 代理、混用 IP 池等相关技术手段，来尽可能规避谷歌专利数据库的反爬机制，这也使得数据的收集时间较长。最终，本书获得了超过 19 万条专利引用数据。

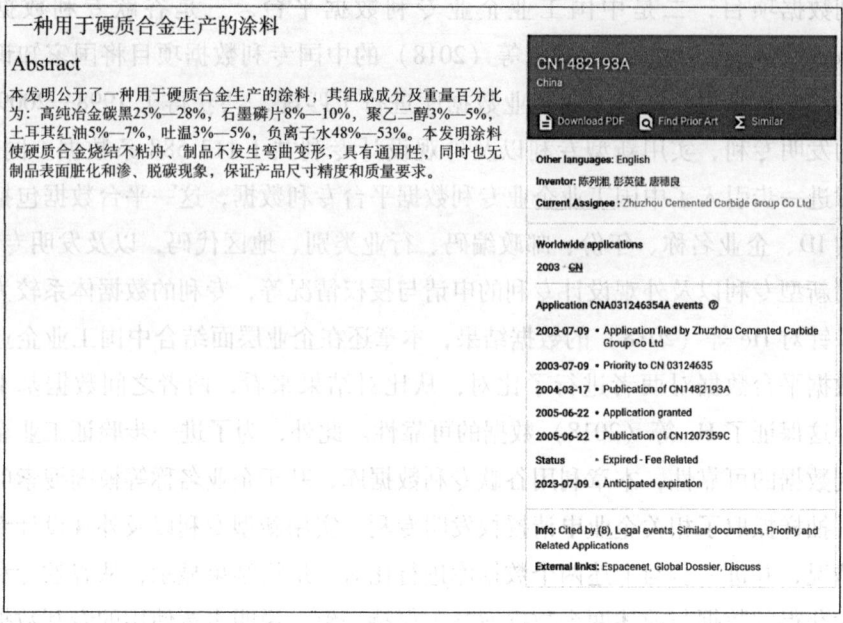

图 6-2 谷歌专利数据库专利信息图例

数据来源：谷歌专利数据库（Google Patent）。

（3）其他控制变量的数据来源与描述性统计

其他控制变量同样来源于中国工业企业数据库。考虑到数据质量，本章主要的时间跨度为 1998—2007 年。本章基本回归涉及变量的描述性统计如表 6-2 所示。

表 6-2 主要变量描述性统计

符号	变量属性	变量描述	均值	标准差	最小值	最大值
$r\&d$	被解释变量	研发投入	0.3132	1.3897	0.0000	15.7816
np		新产品产值	0.0297	2.5995	0.0000	18.5160
pat_app		专利申请	0.7650	0.2284	0.0000	8.5267
$cited$		专利引用情况	0.0066	0.1352	0.0000	8.6581
tax	解释变量	税收优惠	0.0000	1.0000	-0.1386	122.9445
sub		直接资助	0.0000	1.0000	-0.1324	134.4967
$size$	控制变量	企业规模	9.6998	1.4629	1.3862	20.1521
age		企业年龄	2.0523	0.9109	0.0000	7.6043
cap_den		企业资本密集度	284.2736	3810.423	0.0033	2344094
$profit$		企业利润率	0.0391	0.7316	0.0000	767.5357
$wage$		企业薪酬水平	13.9029	73.1545	0.0000	75022.87

续表

符号	变量属性	变量描述	均值	标准差	最小值	最大值
prod	控制变量	企业生产效率	369.9680	1 524.585	1.0000	744 166.3
hhi		产业集中度	0.1261	0.1680	0.0021	1.0000
hhi_sq		产业集中度的平方	0.04415	0.1267	0.0000	1.0000

注：直接资助指标与税收优惠指标均进行了标准化处理，因此均值为0，方差为1。部分后续研究中新加入的变量将在所属部分内容中进行详细的说明与分析。

6.3 基本回归结果

6.3.1 税收优惠与企业技术创新

表6-3汇报了在没有控制变量、有控制变量，并同时控制个体固定效应以及年份固定效应的情况下，税收优惠对企业技术创新的影响，其中（1）—（4）列中对应的被解释变量具有不同属性：研发投入与企业的新产品产值通常与企业创新规模相关，而专利以及专利引用量与企业自身的创新效率与创新质量有关，因此本章将创新指标分为规模型指标与效率质量型指标两类。从结果来看，无论是否加入控制变量，税收优惠变量的系数均在1%水平上显著为正，说明税收优惠无论是对企业的创新规模，还是创新的效率和质量，均有显著的正向影响，即企业的税收优惠可以在多个维度有效促进企业技术创新。

表6-3　　　　基准回归：税收优惠与企业技术创新

	Panel A：未加入控制变量			
变量	(1) r&d	(2) np	(3) pat_app	(4) cited
tax	0.6630 ***	0.0931 ***	0.0023 ***	0.0008 ***
	(0.0219)	(0.0043)	(0.0003)	(0.0001)
控制变量-企业	NO	NO	NO	NO
年份固定效应	YES	YES	YES	YES
个体固定效应	YES	YES	YES	YES
观测值	1 411 331	1 411 331	1 411 331	1 411 331
R^2 - Adj	0.6364	0.6586	0.5200	0.4806

续表

	Panel B：加入控制变量			
变量	(1) r&d	(2) np	(3) pat_app	(4) cited
tax	0.6660 *** (0.0219)	0.0969 *** (0.0042)	0.0025 *** (0.0003)	0.0009 *** (0.0001)
控制变量-企业	YES	YES	YES	YES
年份固定效应	YES	YES	YES	YES
个体固定效应	YES	YES	YES	YES
观测值	1 409 808	1 409 808	1 409 808	1 409 808
R^2-Adj	0.6407	0.6606	0.5211	0.4814

注：① ***、**、* 分别表示在1%、5%、10%水平上显著；②括号中为稳健标准误。

6.3.2 直接资助与企业技术创新

表6-4汇报了在没有控制变量、有控制变量，并同时控制个体固定效应以及年份固定效应的情况下，直接资助对企业技术创新的影响。Panel A 的结果显示，在未加入控制变量之前，直接资助变量的系数并不显著；Panel B 的结果显示，在加入了控制变量之后，直接资助变量的系数在（1）—（3）列的回归结果中至少在5%水平上显著为正，但是在（4）列的结果中并不显著。这一结果说明，直接资助对企业的创新规模以及创新效率均存在较为明显的正向推动效应。但是，从（4）结果来看，政府的直接支持对创新质量正向作用的显著性偏弱，这在一定程度上说明了直接资助的局限性，即相较于税收优惠，直接资助的作用在某些企业技术创新维度可能并不十分明显。

表6-4　　　　　　基准回归：直接资助与企业技术创新

	Panel A：未加入控制变量			
变量	(1) r&d	(2) np	(3) pat_app	(4) cited
sub	0.0011 (0.0011)	0.0010 (0.0023)	0.0001 (0.0001)	-0.0001 (0.0001)
控制变量-企业	NO	NO	NO	NO
年份固定效应	YES	YES	YES	YES
个体固定效应	YES	YES	YES	YES
观测值	1 411 331	1 411 331	1 411 331	1 411 331
R^2-Adj	0.5526	0.6582	0.5200	0.4806

续表

	Panel B：加入控制变量			
变量	(1) r&d	(2) np	(3) pat_app	(4) cited
sub	0.0039 ***	0.0046 **	0.0003 **	-0.0000
	(0.0011)	(0.0023)	(0.0001)	(0.0001)
控制变量-企业	YES	YES	YES	YES
年份固定效应	YES	YES	YES	YES
个体固定效应	YES	YES	YES	YES
观测值	1 409 808	1 409 808	1 409 808	1 409 808
R^2-Adj	0.5562	0.6601	0.5211	0.4814

注：① ***、**、* 分别表示在1%、5%、10%水平上显著；②括号中为稳健标准误。

此外，考虑到企业创新在很大程度上还会受到所在行业、地区政策环境及其他宏观层面因素（例如经济发展水平、财力水平）的影响，因此本章进一步纳入了宏观层面的控制变量并进一步在三位数行业固定了行业效应①，具体宏观变量设置与结果可参考附录表A1（表A1同时包含了税收优惠与直接资助的回归结果）。从结果来看，表A1与表6-3、表6-4的回归结果基本保持一致。

6.4 进一步分析

6.4.1 两种政策工具对企业技术创新的影响比较

这一部分将对本章所关心的第二个问题展开讨论，即直接资助和税收优惠对创新的作用孰强孰弱。实际上，在基准回归中我们即可发现部分经验证据：回归中，税收优惠的系数在4项回归结果中显著为正，而直接资助则仅在3项回归结果中为正。为了进一步对两者的作用进行比较，此处将两个变量同时加

---

① 此处感谢评审专家的宝贵意见与建议。

入回归模型进行分析。同时，为了强化两者之间的可比性，两个变量均进行了标准化处理，处理后两个变量的均值为0，方差为1。表6-5汇报了回归结果，其中Panel A未加入相关控制变量，Panel B加入了控制变量。从结果来看，无论是否加入控制变量，税收优惠指标的回归系数均在1%水平上显著为正；对于直接资助，其在有控制变量时，仅对企业的研发投入、新产品产值以及专利申请存在显著的正向效应，同样对创新质量的作用并不显著。此外，从系数来看，税收优惠变量的系数也明显大于直接资助。表6-5的结果说明，相对于税收优惠的全局性作用，直接资助对企业技术创新的正向效应存在一定的局限性，且税收优惠对企业技术创新的促进作用较政府补贴也更大，这与前文分析基本保持一致。

表6-5 税收优惠、直接资助与企业技术创新

变量	(1) r&d	(2) np	(3) pat_app	(4) cited
	Panel A：未加入控制变量				
tax	0.6630***	0.0931***	0.0023***	0.0008***
	(0.0219)	(0.0043)	(0.0003)	(0.0001)
sub	-0.0001	0.0008	0.0001	-0.0001
	(0.0010)	(0.0022)	(0.0001)	(0.0001)
控制变量-企业	NO	NO	NO	NO
年份固定效应	YES	YES	YES	YES
个体固定效应	YES	YES	YES	YES
观测值	1 411 331	1 411 331	1 411 331	1 411 331
R^2-Adj	0.6364	0.6586	0.5200	0.4806
	Panel B：加入控制变量				
变量	(1) r&d	(2) np	(3) pat_app	(4) cited
tax	0.6660***	0.0969***	0.0025***	0.0009***
	(0.0219)	(0.0042)	(0.0003)	(0.0001)
sub	0.0030***	0.0045*	0.0003**	-0.0000
	(0.0010)	(0.0023)	(0.0001)	(0.0001)
控制变量-企业	YES	YES	YES	YES
年份固定效应	YES	YES	YES	YES

续表

	Panel B：加入控制变量			
变量	（1） r&d	（2） np	（3） pat_app	（4） cited
个体固定效应	YES	YES	YES	YES
观测值	1 409 808	1 409 808	1 409 808	1 409 808
R^2 – Adj	0.6407	0.6606	0.5211	0.4814

注：① ***、**、* 分别表示在1%、5%、10%水平上显著；②括号中为稳健标准误。

6.4.2 两种政策工具对不同类型技术创新的影响比较

根据前文分析结果，相较于直接资助，税收优惠对企业技术创新的正向推动作用更强，这主要基于全局样本，并没有充分考虑企业自身属性等相关因素。结合对前文相关章节的研究内容，这一部分将重点回答本章的第三个关键问题，即直接资助和税收优惠对"卡脖子"技术、前沿/颠覆性技术以及传统产业技术等3类技术创新的差异性影响究竟几何。为此，本章将样本涉及企业分为了3个分样本，即"卡脖子"技术创新企业、前沿/颠覆性技术创新企业以及传统产业技术创新企业。其中，"卡脖子"技术创新企业，主要根据国家统计局印发的《高技术产业（制造业）分类（2017）》（国统字〔2017〕200号）和《高技术产业（服务业）分类（2018）》（国统字〔2018〕53号），通过与工业企业所属的四位数行业进行逐项比对获得。对于前沿/颠覆性技术创新企业，主要基于国家统计局公布的《战略性新兴产业分类（2018）》（国家统计局令第23号），同样在四位数行业层面逐项比对得到。值得注意的是，"卡脖子"技术创新企业与前沿/颠覆性技术创新企业之间存在部分重叠。除"卡脖子"技术创新企业以及前沿/颠覆性技术创新企业以外，即认定为传统产业技术创新企业。

在得到上述3个样本后，本章进行了分样本回归分析，主要结果如表6-6中的Panel A、Panel B以及Panel C所示。Panel A 结果中，（1）—（2）列结果显示直接资助和税收优惠的回归系数均显著为正，且税收优惠指标的回归系数数值明显大于直接资助，说明对于"卡脖子"技术创新的规模性指标，税收优惠的正向作用更大。（3）—（4）的结果却与（1）—（2）列的结果体现出了较为明显的差异，税收优惠变量的系数并不显著，同时直接资助指标的系数显著为正,这一结果说明,对于"卡脖子"技术的创新效率与创新质量而言,直接资助的作用更为明显,这也是对前文模糊集定性比较分析和案例分析结果的重要佐证。综合来看,对于"卡脖子"技术创新而言,直接资助的促进效应较税收优惠可能更为显著。

表6-6 税收优惠、直接资助与不同类型技术创新

Panel A:"卡脖子"技术创新

变量	(1) r&d	(2) np	(3) pat_app	(4) cited
tax	0.6909***	0.0804***	0.0019	-0.0008
	(0.1891)	(0.0236)	(0.0013)	(0.0006)
sub	0.0144*	0.0191**	0.0025*	0.0013*
	(0.0085)	(0.0089)	(0.0014)	(0.0008)
控制变量-企业	YES	YES	YES	YES
年份固定效应	YES	YES	YES	YES
个体固定效应	YES	YES	YES	YES
观测值	79 724	79 724	79 724	89 309
R^2-Adj	0.7127	0.7428	0.6189	0.4056

Panel B:前沿/颠覆性技术创新

变量	(1) r&d	(2) np	(3) pat_app	(4) cited
tax	0.8667***	0.2650***	0.0017*	-0.0006
	(0.0452)	(0.0143)	(0.0006)	(0.0004)
sub	0.0239***	0.0408***	0.0019	0.0023*
	(0.0077)	(0.0120)	(0.0014)	(0.0010)
控制变量-企业	YES	YES	YES	YES
年份固定效应	YES	YES	YES	YES
个体固定效应	YES	YES	YES	YES
观测值	84 215	92 468	84 215	92 468
R^2-Adj	0.7405	0.3131	0.4121	0.3577

Panel C:传统产业技术创新

变量	(1) r&d	(2) np	(3) pat_app	(4) cited
tax	0.6252***	0.0962***	0.0020***	0.0007***
	(0.0185)	(0.0041)	(0.0002)	(0.0001)

续表

	Panel C：传统产业技术创新			
变量	(1) r&d	(2) np	(3) pat_app	(4) cited
sub	0.0021**	0.0026	0.0002	-0.0001**
	(0.0009)	(0.0024)	(0.0001)	(0.0001)
控制变量-企业	YES	YES	YES	YES
年份固定效应	YES	YES	YES	YES
个体固定效应	YES	YES	YES	YES
观测值	1 268 112	1 268 112	1 268 112	1 268 112
R^2 - Adj	0.6293	0.6388	0.5109	0.4602

注：①***、**、*分别表示在1%、5%、10%水平上显著；②括号中为稳健标准误。

根据Panel B中（1）—（2）列结果，直接资助和税收优惠对前沿/颠覆性技术创新均具有明显的正向效应，这一结果在规模性创新指标上尤为显著；同时，从系数大小可知，税收优惠对前沿/颠覆性技术创新的促进作用更强。对于专利申请，仅税收优惠的回归系数显著为正，这与（1）—（2）列的结果相对接近。而对于专利引用量，仅有直接资助变量的系数显著为正，说明存在一种可能，即对于前沿/颠覆性技术创新，直接资助在一定程度上更能提高企业的创新质量。综合来看，针对前沿/颠覆性技术创新，直接资助和税收优惠均具有较为明显的正向推动效应。这也从一个方面印证了，为什么实行"高直接资助、高税收优惠"策略的美国，最"盛产"前沿/颠覆性技术。

Panel C中，（1）—（3）列结果显示，税收优惠的回归系数均在1%的统计水平上显著为正，但直接资助变量仅在（1）、（4）列显著，且（4）列结果中直接资助的回归系数显著为负。这一结果说明，对于传统产业技术创新，税收优惠的正向作用更强，这也体现出税收优惠的全局性与普适性特点。另一方面，第（4）列结果也说明，对于传统产业技术创新而言，存在一种可能，即直接资助在一定程度上反向降低了创新质量。从企业看，直接资助受企业自利倾向、信息不对称、监管不到位等影响，存在补贴绩效不佳以及"骗补"等相关问题（王杏芬，2021），部分企业为了获得直接资助或者完成补贴绩效考核指标，存在"滥竽充数"的倾向，即仅追求创新的数量而忽略创新的质量，这也将导致补贴并不能很好提升创新质量，甚至还使得创新质量产生"恶化"。从政府看，直接资助受所在地政府治理能力、政治环境、反腐力度、倾向偏好等影响（刘虹等，2012），可能会破坏市场竞争准则、增加政策制定执行退出和寻租等交易费用（周燕和潘遥，2019），对于风险相对小、入场门槛较低的传统创业技术创新来说，或难以有效发挥补贴的促进作用。

6.5 稳健性检验

6.5.1 内生性问题

理论上，本章可能至少面临 3 类内生性问题。1）遗漏变量问题。在本章研究中，由于工业企业数据库所采集的企业数据是有限的，同时影响企业技术创新的重要指标关乎企业的各个维度，因此本章的回归模型在理论上应当存在遗漏变量，而遗漏变量也将导致内生性问题。2）反向因果问题。从理论上看，一方面直接资助和税收优惠可以为企业提供融资支持进而正向促进企业技术创新，另一方面企业可能正是因为有较强的创新能力才使得其获得直接资助或是税收的专项优惠，因此本章的核心解释变量与被解释变量之间存在较为明显的反向因果问题，这也将导致模型的内生性问题。3）样本选择偏差。在实际进行回归分析的过程中，部分缺失的观测值、不符合会计准则的观测值实际上已被剔除，因此本章实际上选择了相对数据较为完整的企业样本对相关问题进行分析，使得可能存在样本选择偏差。据此，本章主要选择两类方法来尽可能排除内生性问题，一是 Heckman 两阶段方法，二是工具变量法。

（1）Heckman 两阶段方法

针对由样本选择偏差而导致的内生性问题，本章使用了 Heckman 两阶段方法进行处理。对于 4 个被解释变量而言，其均存在数值为 0 的观测值，由此，将被解释变量不为 0 的样本，设置虚拟变量（$inno=1$）为 1，其余为 0，并利用 Probit 模型估计下式：

$$Pr(inno=1) = \sum \lambda_i X_{it} + \sum \varphi_i F_{it} + \varepsilon_{it} \tag{8}$$

其中，X_{it}表示本章所涉及的在企业层面的控制变量，F_{it}表示一系列固定效应，此处为企业个体效应以及年份效应；ε_{it}表示随机扰动项。（8）式可以讨论影响企业技术创新决策的相关因素，同时可以在（8）式的基础上测算和求取各个被解释变量对应模型下的逆米尔斯比率（Inverse Mills Ratio，IMR，变量符号表示为 $lambda$）。最终，通过在回归模型中纳入逆米尔斯比率即可在一定程度上控制样本选择偏差所造成的内生性问题。表 6-7、表 6-8 汇报了在各估计模型中纳入逆米尔斯比率之后的回归结果。从结果来看，无论是直接资助还是税收优惠，回归中的逆米尔斯比率均在 1% 统计水平上显著，说明本章的确存在较为明显的样本选择偏差问题。同时，从结果来看，在纳入了逆米尔斯比率后，无论是直接资助还是税收优惠估计系数依然显著为正，与基本回归类似，说明在克服了样本选择偏差这一内生性问题后，主要结论依然稳健，即直接资助和税收优惠均对企业技术创新具有明显的正向推动作用。

表 6-7　　　　　　　Heckman 两阶段法检验结果—税收优惠

变量	（1） r&d	（2） np	（3） pat_app	（4） cited
tax	0.5541***	0.0955***	0.0025***	0.0009***
	(0.0215)	(0.0043)	(0.0003)	(0.0002)
lambda_r&d	-0.5816***			
	(0.0179)			
lambda_np		-0.8596***		
		(0.0193)		
lambda_pat_app			-0.0442***	
			(0.0016)	
lambda_cited				-0.0088***
				(0.0009)
控制变量-企业	YES	YES	YES	YES
年份固定效应	YES	YES	YES	YES
个体固定效应	YES	YES	YES	YES
观测值	708 231	1 299 155	1 298 477	1 299 667
R^2-Adj	0.8383	0.6642	0.5264	0.4811

注：①***、**、*分别表示在 1%、5%、10% 水平上显著；②括号中为稳健标准误。

表 6-8　　　　　Heckman 两阶段法检验结果—直接资助

变量	(1) r&d	(2) np	(3) pat_app	(4) cited
sub	0.0142***	0.0048*	0.0006***	-0.0000
	(0.0020)	(0.0025)	(0.0002)	(0.0001)
lambda_r&d	0.4009***			
	(0.0587)			
lambda_np		-0.1428***		
		(0.0306)		
lambda_pat_app			0.0320***	
			(0.0032)	
lambda_cited				0.0397***
				(0.0023)
控制变量-企业	YES	YES	YES	YES
年份固定效应	YES	YES	YES	YES
个体固定效应	YES	YES	YES	YES
观测值	708 231	1 299 155	1 298 477	1 299 667
R^2-Adj	0.7865	0.6643	0.5270	0.4819

注：①***、**、*分别表示在1%、5%、10%水平上显著；②括号中为稳健标准误。

(2) 工具变量法

为了进一步解决互为因果等内生性问题，本章进一步引入了工具变量法。Angrist 和 Pischke（2009）指出，适合的工具变量不仅要与内生变量相关，同时也需要满足充分的外生性条件。本章根据以往文献的做法，针对直接资助和税收优惠分别寻找了两个工具变量，以构成工具变量组，并通过过度识别检验考察其是否充分满足外生性条件。1）针对税收优惠，本章引入了两个工具变量。一是滞后一阶的税收优惠变量。一般而言，本期与上一期的税收优惠应当存在较强的自相关关系，但是本期的税收优惠并不会影响上一期的税收优惠，且上期税收优惠仅可通过本期的税收优惠来影响企业技术创新，因此这一变量在理论上同时满足相关性条件与外生性条件。二是借鉴张杰等（2015）的做法，利用三位数行业层面税收优惠的增长率作为捕捉税收优惠对企业技术创新影响测度的工具变量，这一变量同样进行了滞后一阶处理。选择这一工具变量的原因在于，行业层面的税收优惠增长率与企业个体层面的税收优惠之间存在直接关联，但是与企业个体的创新行为之间并没有直接联系，这一工具变量同样满足了相关性与外生性条件。2）针对直接资助，核心工具变量的选择逻辑与税收优惠基本类似。一是选择了滞后两阶的直接资助变量。二是同样构建了在行业层面的政府补贴变动增速。基于上述选择的工具变量，表6-9、表6-10汇报了一阶段以及两阶段最小二乘法的回归结果。

表6-9　　　　　　　　　　工具变量回归结果—税收优惠

变量	(1) r&d First Stage	(2) r&d 2SLS	(3) np 2SLS	(4) pat_app 2SLS	(5) cited 2SLS
tax		10.5617***	14.6817***	1.1414***	0.4642***
		(1.4234)	(1.5485)	(0.1226)	(0.0506)
iv_ltax	0.0069***				
	(0.0010)				
iv_cic_tax	0.0027***				
	(0.0006)				
Anderson LM (p-value)		48.994	91.094	91.094	95.983
		0.0000	0.0000	0.0000	0.0000
Cragg-Donald Wald F		24.492	45.311	45.311	47.762
Stock-Yogo-10%		19.93	19.93	19.93	19.93
Sargan Test (p-value)		0.310	3.815	0.005	0.032
		0.5776	0.0508	0.9433	0.8587
控制变量-企业	YES	YES	YES	YES	YES
年份固定效应	YES	YES	YES	YES	YES
个体固定效应	YES	YES	YES	YES	YES
观测值	885 945	885 945	885 514	885 514	885 514

注：①***、**、*分别表示在1%、5%、10%水平上显著；②括号中为稳健标准误。

根据表6-9中的（1）列可知，在一阶段回归中，两个工具变量均在1%水平上显著为正，说明工具变量组与核心解释变量之间存在较强的相关性，与前文中的理论分析结果相吻合。同时，（2）—（5）列则汇报了两阶段最小二乘法回归后税收优惠变量系数的估计结果。可以发现，Anderson LM 检验对应的 p 值小于 0.1，拒绝了模型存在识别不足的基本假设。进一步看，Cragg-Donald Wald F 检验的值均大于 Stock-Yogo-10% 的统计临界值 19.93，说明并不存在弱工具变量问题。进一步看，过度识别检验 Sargan Test 的统计值为 0.310、

3.815、0.005、0.032，除了（3）列结果外，其余结果对应的 p 值均大于 0.1，说明本章选定的工具变量组满足外生性条件。最终，从两阶段最小二乘法的回归结果来看，税收优惠指标的估计系数均在 1% 水平上显著为正，说明在使用工具变量法克服了内生性问题后，税收优惠能够有效推进企业技术创新这一结论依然稳健。同时，可以关注到，在利用工具变量进行两阶段最小二乘法回归后，税收优惠变量的系数值有所扩大，这就说明原有回归可能低估税收优惠对企业技术创新的正向推动效应。

表 6-10　　　　　　　　工具变量回归结果—直接资助

变量	(1) r&d First Stage	(2) r&d 2SLS	(3) np 2SLS	(4) pat_app 2SLS	(5) cited 2SLS
sub		0.1630 ***	0.1415 ***	0.0089 ***	0.0097 ***
		(0.0166)	(0.0286)	(0.0032)	(0.0025)
iv_lsub	0.1390 ***				
	(0.0023)				
iv_sub_growth	0.0600 ***				
	(0.0015)				
Anderson LM		4 511.681	4 511.681	4 511.681	4 511.681
(p-value)		0.0000	0.0000	0.0000	0.0000
Cragg-Donald Wald F		2 426.503	2 426.503	2 426.503	2 426.503
Stock-Yogo-10%		19.93	19.93	19.93	19.93
Sargan Test		0.409	4.863	3.615	0.843
(p-value)		0.5226	0.0274	0.0573	0.3585
控制变量-企业	YES	YES	YES	YES	YES
年份固定效应	YES	YES	YES	YES	YES
个体固定效应	YES	YES	YES	YES	YES
观测值	57 010	57 010	57 010	57 010	57 010

注：①＊＊＊、＊＊、＊分别表示在 1%、5%、10% 水平上显著；②括号中为稳健标准误。

从表 6-10 的结果来看，在一阶段回归中，两个工具变量均在 1% 水平上显著为正，说明工具变量组与核心解释变量之间同样存在较强的相关性，且为正向关联，这与前文中的理论分析结果相吻合。同时，同样（2）—（5）列则汇报了两阶段最小二乘法回归后直接资助变量系数的估计结果。可以发现，Anderson LM 检验统计值均为 4 511.681，其对应的 p 值小于 0.1，拒绝了模型存在识别不足问题的基本假设。进一步看，Cragg-Donald Wald F 检验的统计值为 2 426.503，均显著大于 Stock-Yogo-10% 的统计临界值 19.93，说明此处并不存在弱工具变量问题。过度识别检验 Sargan Test 的统计值为 0.409、4.863、3.615、0.843，除了（3）、（4）列结果外，其余结果对应的 p 值均显著大于 0.1，说明本章选定的工具变量组在一定程度上满足了外生性条件。最终，从两阶段最小二乘法的回归结果来看，直接资助指标的估计系数均在 1% 水平上显著为正，说明在使用工具变量法克服了内生性问题后，直接资助能够有效推进企业技术创新这一结论依然稳健，且（5）列中，直接资助变量原有的不显著也转变为了显著。同时，同样可以发现，在利用工具变量进行两阶段最小二乘法回归后，直接资助变量的系数值均有所扩大，这就说明与税收优惠一样，原有回归可能低估了直接资助对企业技术创新的正向推动效应。

6.5.2 其他稳健性检验

（1）替换被解释变量

此前分析中已经提到，专利可分为外观设计专利、实用新型专利以及发明专利3类，且专利存在两种状态，一是专利申请，二是专利授权。由此，为了保障本章研究结果的稳健性，这一部分主要替换了被解释变量。此处引入了专利的外观设计专利申请数、实用新型专利申请数、发明专利申请数以及发明专利授权数作为被解释变量，对本章所关心的3个问题进行回归分析。这4类被解释变量同样进行了对数化处理，主要结果如表 6-11 以及表 6-12 所示。

表 6-11　　稳健性检验—替换被解释变量 1

	Panel A：税收优惠			
变量	(1) pat_app_d	(2) pat_app_u	(3) pat_app_i	(4) pat_auth_i
tax	0.0005 ***	0.0014 ***	0.0011 ***	0.0001 ***
	(0.0002)	(0.0002)	(0.0001)	(0.0000)
控制变量-企业	YES	YES	YES	YES
年份固定效应	YES	YES	YES	YES
个体固定效应	YES	YES	YES	YES
观测值	1 409 808	1 409 808	1 409 808	1 409 808
R^2 - Adj	0.4705	0.5064	0.4819	0.3632

续表

	Panel B：直接资助			
变量	(1) pat_app_d	(2) pat_app_u	(3) pat_app_i	(4) pat_auth_i
sub	0.0001	0.0002 *	0.0001	0.0000 **
	(0.0001)	(0.0001)	(0.0001)	(0.0000)
控制变量-企业	YES	YES	YES	YES
年份固定效应	YES	YES	YES	YES
个体固定效应	YES	YES	YES	YES
观测值	1 409 808	1 409 808	1 409 808	1 409 808
R^2-Adj	0.4705	0.5063	0.4818	0.3632
	Panel C：税收优惠 vs 直接资助			
变量	(1) pat_app_d	(2) pat_app_u	(3) pat_app_i	(4) pat_auth_i
tax	0.0005 ***	0.0014 ***	0.0011 ***	0.0001 ***
	(0.0002)	(0.0002)	(0.0001)	(0.0000)
sub	0.0001	0.0002 *	0.0001	0.0000 **
	(0.0001)	(0.0001)	(0.0001)	(0.0000)
控制变量-企业	YES	YES	YES	YES
年份固定效应	YES	YES	YES	YES
个体固定效应	YES	YES	YES	YES
观测值	1 409 808	1 409 808	1 409 808	1 409 808
R^2-Adj	0.4705	0.5064	0.4819	0.3632

注：①***、**、*分别表示在1%、5%、10%水平上显著；②括号中为稳健标准误。

表6-11中，Panel A结果显示，税收优惠变量的估计系数均在1%统计水平上显著为正，这与前文研究结果保持一致，即税收优惠能够有效且显著促进企业技术创新，这一结果在替换了被解释变量后依然稳健。Panel B中，(2)、(4)列结果显示直接资助变量的估计系数在10%统计水平上显著为正，其余并不显著，这就表明对于创新效率类指标，直接资助的作用可能相对有限，这与基本回归中的结果也在一定程度上保持了一致。Panel C中，在同时纳入税收优惠变量与直接资助变量后，税收优惠变量依然在1%统计水平上显著为正，而直接资助变量则仅在(2)、(4)列结果中显著为正，这一结果与基本

回归之中的结果较为类似。

表6-12 稳健性检验—替换被解释变量2

Panel A:"卡脖子"技术创新企业

变量	(1) pat_app_d	(2) pat_app_u	(3) pat_app_i	(4) pat_auth_i
tax	0.0010	0.0008	0.0004	-0.0001
	(0.0007)	(0.0010)	(0.0005)	(0.0001)
sub	0.0009	0.0012	0.0008*	0.0002
	(0.0006)	(0.0011)	(0.0005)	(0.0002)
控制变量-企业	YES	YES	YES	YES
年份固定效应	YES	YES	YES	YES
个体固定效应	YES	YES	YES	YES
观测值	79 724	79 724	79 724	79 724
R^2-Adj	0.5340	0.6051	0.6119	0.2154

Panel B: 前沿/颠覆性技术创新企业

变量	(1) pat_app_d	(2) pat_app_u	(3) pat_app_i	(4) pat_auth_i
tax	-0.0003	0.0027**	0.0015**	-0.0003
	(0.0009)	(0.0009)	(0.0006)	(0.0004)
sub	0.0009	0.0014	0.0013*	0.0004
	(0.0007)	(0.0007)	(0.0007)	(0.0004)
控制变量-企业	YES	YES	YES	YES
年份固定效应	YES	YES	YES	YES
个体固定效应	YES	YES	YES	YES
观测值	84 215	92 468	92 468	92 468
R^2-Adj	0.4990	0.3951	0.3684	0.1556

Panel C: 传统产业技术创新企业

变量	(1) pat_app_d	(2) pat_app_u	(3) pat_app_i	(4) pat_auth_i
tax	0.0005***	0.0012***	0.0008***	0.0001***
	(0.0001)	(0.0002)	(0.0001)	(0.0000)
sub	0.0000	0.0001	0.0000	0.0000
	(0.0001)	(0.0001)	(0.0001)	(0.0000)

续表

	Panel C：传统产业技术创新企业			
变量	(1) pat_app_d	(2) pat_app_u	(3) pat_app_i	(4) pat_auth_i
控制变量-企业	YES	YES	YES	YES
年份固定效应	YES	YES	YES	YES
个体固定效应	YES	YES	YES	YES
观测值	1 268 112	1 268 112	1 268 112	1 268 112
R^2 – Adj	0.4698	0.4990	0.4546	0.3561

注：① *** 、** 、* 分别表示在1%、5%、10%水平上显著；②括号中为稳健标准误。

表6-12进一步基于"卡脖子"技术创新企业数据样本、前沿/颠覆性技术创新企业数据样本以及传统产业技术创新企业数据样本，利用新的被解释变量，对本章所关心的第三个问题进行稳健性分析。从 Panel A 结果看，对于"卡脖子"技术创新企业而言，直接资助和税收优惠的大多数系数并不显著，但可以注意到（3）列数据中，直接资助指标的系数显著为正，这也在一定程度上说明直接资助能够更好地支撑"卡脖子"技术创新。从 Panel B 结果看，(2)、(3) 列结果中，税收优惠指标系数在5%水平上显著为正，同时直接资助指标在（3）列中估计系数显著为正，这也说明了对于前沿/颠覆性技术创新而言，直接资助和税收优惠均具有更好的正向促进作用。Panel C 结果显示，仅有税收优惠指标的估计系数在1%的统计水平上显著为正，而直接资助指标的估计系数均不显著，这一结果说明，对于传统产业技术创新而言，直接资助的作用可能相对税收优惠等全局性政策而言，并没有足够的优势。虽然存在些许不同，但是表6-12的结果以及根据结果得到的分析结论与基础回归结果在一定程度上保持了一致。

(2) 替换解释变量

此处的替换解释变量，实际上即为了排除变量之间的内生性影响而对解释变量进行处理后形成的新变量。具体来看，此处将本章中所使用的核心解释变量，直接资助和税收优惠，均做了滞后一阶的处理。同时，考虑到控制变量等也可能存在一定的内生性问题，因此相关的控制变量也做了滞后一阶处理，并重新进行回归，主要结果如表6-13、表6-14所示。

表6-13 稳健性检验—替换解释变量1

	Panel A			
变量	(1) r&d	(2) np	(3) pat_app	(4) cited
L.tax	0.3922***	0.0739***	0.0028***	0.0015***
	(0.0150)	(0.0055)	(0.0004)	(0.0003)
控制变量-企业	YES	YES	YES	YES
年份固定效应	YES	YES	YES	YES
个体固定效应	YES	YES	YES	YES
观测值	886 078	787 246	787 246	787 246
R^2-Adj	0.1734	0.7248	0.5847	0.5539
	Panel B			
变量	(1) r&d	(2) np	(3) pat_app	(4) cited
L.sub	0.0079***	-0.0001	0.0000	-0.0002
	(0.0014)	(0.0032)	(0.0002)	(0.0001)
控制变量-企业	YES	YES	YES	YES
年份固定效应	YES	YES	YES	YES
个体固定效应	YES	YES	YES	YES
观测值	886 078	787 246	787 246	787 246
R^2-Adj	0.1093	0.7246	0.3743	0.5539
	Panel C			
变量	(1) r&d	(2) np	(3) pat_app	(4) cited
L.tax	0.3921***	0.0739***	0.0028***	0.0015***
	(0.0150)	(0.0055)	(0.0004)	(0.0003)
L.sub	0.0051***	-0.0001	0.0000	-0.0002
	(0.0014)	(0.0031)	(0.0002)	(0.0001)
控制变量-企业	YES	YES	YES	YES
年份固定效应	YES	YES	YES	YES
个体固定效应	YES	YES	YES	YES
观测值	886 078	787 246	787 246	787 246
R^2-Adj	0.1735	0.7248	0.5847	0.5539

注：①***、**、*分别表示在1%、5%、10%水平上显著；②括号中为稳健标准误。

表 6-13 中，Panel A 结果显示，税收优惠变量的估计系数均在 1% 统计水平上显著为正，这与前文研究结果保持一致，即税收优惠能够有效且显著促进企业技术创新，这一结果在将税收优惠替换为滞后一阶的税收优惠变量之后依然稳健。Panel B 中，仅（1）列结果显示直接资助变量的估计系数在 1% 统计水平上显著为正，其余（2）—（4）列结果中滞后一阶的直接资助变量回归系数并不显著，这就表明直接资助对企业技术创新的规模性指标存在较强的正向作用，但是对于创新效率与质量类指标，直接资助的作用可能相对有限，这与基本回归中的结果也在一定程度上保持了一致。Panel C 中，在同时纳入税收优惠变量与直接资助变量后，税收优惠变量依然在 1% 统计水平上显著为正，而直接资助变量则仅在（1）列结果中显著为正。这一结果与基本回归以及前文中其他稳健性检验保持了较强的一致性。

表 6-14　　稳健性检验—替换解释变量 2

Panel A："卡脖子"技术创新企业				
变量	(1) r&d	(2) np	(3) pat_app	(4) cited
L. tax	0.0142	0.2634	0.0013	0.0017
	(0.0120)	(0.5536)	(0.0019)	(0.0011)
L. sub	0.0176**	0.0351**	0.0013	0.0006
	(0.0083)	(0.0154)	(0.0020)	(0.0004)
控制变量-企业	YES	YES	YES	YES
年份固定效应	YES	YES	YES	YES
个体固定效应	YES	YES	YES	YES
观测值	43 919	43 919	43 919	43 919
R^2 - Adj	0.7145	0.7934	0.6754	0.4328
Panel B：前沿/颠覆性技术创新企业				
变量	(1) r&d	(2) np	(3) pat_app	(4) cited
L. tax	0.0885***	0.2587***	0.0112***	0.0017*
	(0.0173)	(0.0239)	(0.0016)	(0.0009)
L. sub	0.0304**	0.0434***	0.0080***	0.0061***
	(0.0118)	(0.0148)	(0.0027)	(0.0023)

续表

	Panel B：前沿/颠覆性技术创新企业			
变量	(1) r&d	(2) np	(3) pat_app	(4) cited
控制变量-企业	YES	YES	YES	YES
年份固定效应	YES	YES	YES	YES
个体固定效应	YES	YES	YES	YES
观测值	47 513	53 729	53 729	53 729
R^2 – Adj	0.7298	0.3326	0.1070	0.0757
	Panel C：传统产业技术创新企业			
变量	(1) r&d	(2) np	(3) pat_app	(4) cited
L. tax	0.0747***	0.0671***	0.0022***	0.0008***
	(0.0056)	(0.0054)	(0.0004)	(0.0003)
L. sub	-0.0007	-0.0012	-0.0001	-0.0003***
	(0.0016)	(0.0033)	(0.0002)	(0.0001)
控制变量-企业	YES	YES	YES	YES
年份固定效应	YES	YES	YES	YES
个体固定效应	YES	YES	YES	YES
观测值	707 170	707 170	737 499	707 170
R^2 – Adj	0.6035	0.7064	0.5766	0.5342

注：①***、**、*分别表示在1％、5％、10％水平上显著；②括号中为稳健标准误。

表6-14进一步基于"卡脖子"技术创新企业数据样本、前沿/颠覆性技术创新企业数据样本以及传统产业技术创新企业数据样本，利用新的解释变量，对本章所关心的第三个问题进行稳健性分析。从Panel A结果看，对于"卡脖子"技术创新企业而言，税收优惠指标系数均不显著，但是在（1）、（2）列结果中，直接资助指标的系数显著为正，这就说明在考虑内生性并替换解释变量后，直接资助对"卡脖子"技术创新的正向促进效应更强这一结果并未发生改变。Panel B结果中，所有指标均至少在10％统计水平上显著为正，说明对于前沿/颠覆性技术创新而言，直接资助和税收优惠均是重要支撑。Panel C结果显示，所有税收优惠指标的估计系数均在1％的统计水平上显著为正，而直接资助指标的估计系数仅在（4）列结果中显著为负。这一结果说

明，对于传统产业技术创新而言，直接资助的作用可能相对税收优惠等全局性政策而言并没有足够的优势。同时，（4）列结果也表明，直接资助存在降低企业技术创新质量的可能性，造成这一结果的主要原因在前文中已经有所阐述，而（4）列中结果则进一步为直接资助所产生的负向效应提供了经验支撑。总体上看，在替换了解释变量后，主要回归结果与基本回归保持了较好的一致性。

（3）替换估计方法

从本章所使用的被解释变量可知，企业专利数量在未经过对数化处理之前是以自然数形式离散分布的。由此，本章基于专利相关指标的这一特性，替换主要的估计方式，拟使用泊松回归或负二项回归，基于原始专利数据充分进行分析。在模型选择上，由于本章专利数据的方差明显大于均值，因此此处选择负二项回归作为主要分析工具。同时，针对被解释变量，本章使用专利申请总量、外观设计专利申请量、实用新型专利申请量以及发明专利申请量这4项指标。主要结果如表6–15、表6–16所示。

表6–15　　　　　　　稳健性检验—替换估计方法1

变量	(1) $apply$	(2) $apply\_fm$	(3) $apply\_wg$	(4) $apply\_sy$
Panel A				
tax	0.0516***	0.0568***	0.0447**	0.0389***
	(0.0086)	(0.0190)	(0.0195)	(0.0113)
控制变量-企业	YES	YES	YES	YES
年份固定效应	YES	YES	YES	YES
个体固定效应	YES	YES	YES	YES
观测值	20 510	5 311	7 132	11 605

变量	(1) $apply$	(2) $apply\_fm$	(3) $apply\_wg$	(4) $apply\_sy$
Panel B				
sub	0.0102	0.2959***	0.0001	-0.0046
	(0.0121)	(0.0054)	(0.0276)	(0.0154)
控制变量-企业	YES	YES	YES	YES
年份固定效应	YES	YES	YES	YES
个体固定效应	YES	YES	YES	YES
观测值	20 510	5 311	7 132	11 605

续表

Panel C：传统企业

变量	(1) apply	(2) apply_fm	(3) apply_wg	(4) apply_sy
tax	0.0513***	0.4410***	0.0448**	0.0390***
	(0.0086)	(0.0016)	(0.0195)	(0.0114)
sub	0.0074	0.4381***	−0.0026	−0.0063
	(0.0121)	(0.0071)	(0.0277)	(0.0154)
控制变量−企业	YES	YES	YES	YES
年份固定效应	YES	YES	YES	YES
个体固定效应	YES	YES	YES	YES
观测值	20 510	5 311	7 132	11 605

注：①***、**、*分别表示在1%、5%、10%水平上显著；②括号中为稳健标准误。

表6−15中，Panel A结果显示，税收优惠变量的估计系数均至少在5%统计水平上显著为正，这与前文研究结果保持一致，即说明税收优惠能够有效且显著促进企业技术创新，这一结果在替换了估计方法之后依然稳健。Panel B中，仅（2）列结果显示直接资助变量的估计系数在1%统计水平上显著为正，其余估计结果中直接资助变量的回归系数并不显著，这就表明直接资助对企业技术创新的规模性指标可能存在较强的正向作用，但是对于创新效率与质量类指标，直接资助的作用较为有限，这与基本回归中的结果也在一定程度上保持了一致。Panel C中，在同时纳入直接资助变量和税收优惠变量后，税收优惠变量依然至少在5%统计水平上显著为正，而直接资助变量则仅在（2）列结果中显著为正，这与前文中基本回归以及各稳健性检验的结果类似。

表6−16　　　　稳健性检验—替换估计方法2

Panel A："卡脖子"技术创新企业

变量	(1) apply	(2) apply_fm	(3) apply_wg	(4) apply_sy
tax	0.0452***	0.0425	0.0308	0.0349**
	(0.0125)	(0.0286)	(0.0216)	(0.0154)
sub	0.0767***	0.1639***	0.0222	−0.0114
	(0.0106)	(0.0376)	(0.0555)	(0.0110)

续表

	Panel A:"卡脖子"技术创新企业			
变量	(1) apply	(2) apply_fm	(3) apply_wg	(4) apply_sy
控制变量-企业	YES	YES	YES	YES
年份固定效应	YES	YES	YES	YES
个体固定效应	YES	YES	YES	YES
观测值	4 178	1 527	1 283	3 027
	Panel B:前沿/颠覆性技术创新企业			
变量	(1) apply	(2) apply_fm	(3) apply_wg	(4) apply_sy
tax	0.0694***	0.1682***	0.0134	0.0432***
	(0.0084)	(0.0172)	(0.0165)	(0.0125)
sub	0.1194***	0.2457***	-0.0107	-0.0168
	(0.0097)	(0.0233)	(0.0350)	(0.0176)
控制变量-企业	YES	YES	YES	YES
年份固定效应	YES	YES	YES	YES
个体固定效应	YES	YES	YES	YES
观测值	6 730	2 935	2 645	3 554
	Panel C:传统产业技术创新企业			
变量	(1) apply	(2) apply_fm	(3) apply_wg	(4) apply_sy
tax	0.0436***	0.0109	0.0221	0.0377***
	(0.0110)	(0.0225)	(0.0254)	(0.0143)
sub	-0.0112	-0.0050	-0.0325	-0.0300
	(0.0161)	(0.0362)	(0.0341)	(0.0221)
控制变量-企业	YES	YES	YES	YES
年份固定效应	YES	YES	YES	YES
个体固定效应	YES	YES	YES	YES
观测值	14 566	3 263	5 231	8 343

注:①***、**、*分别表示在1%、5%、10%水平上显著;②括号中为稳健标准误。

表6-16 进一步基于"卡脖子"技术创新企业数据样本、前沿/颠覆性技

术创新企业数据样本以及传统产业技术创新企业数据样本，利用估计方法进行重新回归。从 Panel A 结果看，对于"卡脖子"技术创新企业而言，税收优惠指标在（1）、（4）列显著，直接资助指标在（1）、（2）列显著，且在（1）列中，直接资助指标的估计系数明显大于税收优惠指标的估计系数，这就说明即使在替换估计方法后，直接资助对"卡脖子"技术创新的正向促进效应在一定程度上依然较强的结论并未发生根本性改变。Panel B 结果中，税收优惠指标在（1）、（2）、（4）列显著为正，直接资助指标则在（1）、（2）列显著为正，可以说明直接资助和税收优惠均是前沿/颠覆性技术创新的重要支撑。Panel C 结果显示，（1）、（4）列中税收优惠指标的估计系数均在 1% 的统计水平上显著为正，而直接资助指标的估计系数均未显著。这一结果说明，对于传统产业技术创新而言，直接资助的作用可能相对税收优惠并没有足够的优势。总结而言，在替换了估计方法后，主要回归结果与基本回归以及前文中涉及的稳健性检验均保持了较强的一致性。

6.6 异质性讨论和调节效应检验

6.6.1 基于企业特征的异质性分析

（1）高新技术企业与非高新技术企业

前文研究的重点，在于考察直接资助和税收优惠对各类技术创新的差异性影响，主要的结论也具有较强的稳健性。这一部分则需要考虑直接资助和税收优惠对不同属性企业可能存在的异质性影响。在基本回归中，对于"卡脖子"技术创新企业以及前沿/颠覆性技术创新企业行业分类主要基于企业的四位数行业代码进行逐项对比。对了突出直接资助和税收优惠对高新技术企业与非高新技术企业的差异性影响，此处在二位数行业层面将企业样本分为高新技术企业与非高新技术企业，主要依据依然为《高技术产业（制造业）分类（2017）》。分样本回归的结果如表 6-17 与表 6-18 所示。

表 6-17　　　异质性讨论（税收优惠）——企业所属行业

变量	(1) r&d		(2) np	
	高新技术	非高新技术	高新技术	非高新技术
tax	0.7677 ***	0.5530 ***	0.1102 ***	0.0820 ***
	(0.0454)	(0.0204)	(0.0076)	(0.0048)
控制变量-企业	YES	YES	YES	YES
年份固定效应	YES	YES	YES	YES
个体固定效应	YES	YES	YES	YES
观测值	476 676	924 795	476 676	924 795
R^2 - Adj	0.6825	0.6090	0.7045	0.6017

变量	(3) pat_app		(4) cited	
	高新技术	非高新技术	高新技术	非高新技术
tax	0.0027 ***	0.0012 ***	0.0010 ***	0.0002
	(0.0005)	(0.0002)	(0.0003)	(0.0001)
控制变量-企业	YES	YES	YES	YES
年份固定效应	YES	YES	YES	YES
个体固定效应	YES	YES	YES	YES
观测值	476 676	924 795	476 676	924 795
R^2 - Adj	0.5462	0.4906	0.4982	0.4542

注：①***、**、*分别表示在1%、5%、10%水平上显著；②括号中为稳健标准误。

表6-17中，(1)—(4)列结果显示税收优惠指标的估计系数基本均在1%统计水平上显著为正，说明税收优惠无论是对高新技术企业还是非高新技术企业的技术创新均具有显著的正向效应。进一步看，在(1)—(4)列结果中，高新技术企业样本中税收优惠变量的估计系数值均大于非高新技术企业样本，这进一步说明，税收优惠对高新技术企业技术创新的推动作用更强。

表 6-18　　　异质性讨论（直接资助）——企业所属行业

变量	(1) r&d		(2) np	
	高新技术	非高新技术	高新技术	非高新技术
sub	0.0189 ***	0.0002	0.0095 *	0.0013
	(0.0031)	(0.0011)	(0.0054)	(0.0024)
控制变量-企业	YES	YES	YES	YES

续表

变量	(1) r&d		(2) np	
	高新技术	非高新技术	高新技术	非高新技术
年份固定效应	YES	YES	YES	YES
个体固定效应	YES	YES	YES	YES
观测值	476 676	924 795	476 676	924 795
R^2 – Adj	0.6041	0.5180	0.7039	0.6012
变量	(3) pat_app		(4) cited	
	高新技术	非高新技术	高新技术	非高新技术
sub	0.0009**	0.0001	0.0003	-0.0001
	(0.0004)	(0.0001)	(0.0002)	(0.0001)
控制变量-企业	YES	YES	YES	YES
年份固定效应	YES	YES	YES	YES
个体固定效应	YES	YES	YES	YES
观测值	476 676	924 795	476 676	924 795
R^2 – Adj	0.5462	0.4906	0.4982	0.4542

注：①***、**、*分别表示在1%、5%、10%水平上显著；②括号中为稳健标准误。

表6-18则汇报了直接资助对高新技术企业与非高新技术企业的异质性效应。可以发现，在（1）—（3）部分中，直接资助变量的估计系数仅在高新技术企业的样本中显著为正，而对于非高新技术企业，直接资助变量的估计系数并不显著，这就表明直接资助对于高新技术企业的技术创新依然具有明显的正向促进作用，但是对非传统企业的技术创新，这一作用并不明显。需要注意的是，（4）列中，直接资助对高新技术企业与非高新技术企业的技术创新均未表现出明显的正向作用，这就说明直接资助可以有效提高企业的规模性创新，但是对于创新质量而言，直接资助的作用并未充分发挥，这也从侧面支撑了前文的观点，即直接资助可能会诱发企业"骗补""滥竽充数"等相关问题。结合表6-17与表6-18的结果可知，当前国内的技术创新主要还是依托高新技术企业，关键性的政策支撑也对高新技术企业的效果更好，因此有必要合理提高对高新技术企业的政策倾斜。

（2）企业生命周期

Adizes（1989）关于企业的生命周期理论指出，企业的发展过程主要包含了发展、成长、成熟以及衰退等 4 个阶段,每个阶段企业自身的特点以及涉及要素禀赋也存在差异,因此同一因素对于所处不同生命周期阶段企业的影响也应当存在不同。鉴于此,本章在基准回归模型的基础上,将样本企业分解为成长期企业与成熟期企业。具体的分类方式为,基于二位数行业,以年度企业年龄的中位数为基准,将年龄大于中位数的企业设定为成熟期企业,小于中位数的企业设定为成长期企业。表 6-19 与表 6-20 汇报了分样本回归的结果。

表 6-19　　　　　异质性讨论(税收优惠)—企业生命周期

变量	(1) r&d		(2) np	
	成熟期	成长期	成熟期	成长期
tax	0.7686***	0.5088***	0.0953***	0.0476***
	(0.0320)	(0.0263)	(0.0065)	(0.0048)
控制变量-企业	YES	YES	YES	YES
年份固定效应	YES	YES	YES	YES
个体固定效应	YES	YES	YES	YES
观测值	645 771	584 225	645 771	584 225
R^2 - Adj	0.6852	0.7767	0.7255	0.7035
变量	(3) pat_app		(4) cited	
	成熟期	成长期	成熟期	成长期
tax	0.0025***	0.0010***	0.0010***	-0.0000
	(0.0005)	(0.0003)	(0.0002)	(0.0002)
控制变量-企业	YES	YES	YES	YES
年份固定效应	YES	YES	YES	YES
个体固定效应	YES	YES	YES	YES
观测值	645 771	584 225	645 771	584 225
R^2 - Adj	0.5725	0.6221	0.5409	0.6102

注:①***、**、*分别表示在 1%、5%、10% 水平上显著;②括号中为稳健标准误。

表 6-19 中,(1)—(4)列结果显示税收优惠指标的估计系数基本均在 1% 统计水平上显著为正,说明税收优惠无论是对成熟期企业还是成长期企业的技术创新均具有明显的正向作用。进一步看,在 (1)—(4) 列结果中,成熟期企业样本中税收优惠变量估计系数的值均大于成长期企业样本,这就说明税收优惠对成熟期企业技术创新的推动作用更强。这可能是由于,成熟期企

业自身已经形成了较为成熟的治理框架与技术创新体系,且企业销售、营收等已趋于规模化,因此对于具有全局性影响的税收优惠政策,成熟期企业的受益程度更高,进而税收优惠对企业技术创新的促进作用也就越强。相对而言,成长期企业仍处于定型阶段,税收优惠通过营收、销售等渠道所展现出的正向效应也正处于定型阶段,使得税收优惠对成长期企业的作用相对成熟期企业更弱。

表6-20 异质性讨论(直接资助)—企业生命周期

变量	(1) r&d		(2) np	
	成熟期	成长期	成熟期	成长期
sub	-0.0013	0.0029	-0.0015	0.0081**
	(0.0017)	(0.0018)	(0.0034)	(0.0038)
控制变量-企业	YES	YES	YES	YES
年份固定效应	YES	YES	YES	YES
个体固定效应	YES	YES	YES	YES
观测值	645 771	584 225	645 771	584 225
R^2-Adj	0.6196	0.7026	0.7252	0.7033
变量	(3) pat_app		(4) cited	
	成熟期	成长期	成熟期	成长期
sub	-0.0001	0.0002	-0.0002	0.0001
	(0.0002)	(0.0003)	(0.0002)	(0.0001)
控制变量-企业	YES	YES	YES	YES
年份固定效应	YES	YES	YES	YES
个体固定效应	YES	YES	YES	YES
观测值	645 771	584 225	645 771	584 225
R^2-Adj	0.5725	0.6221	0.3633	0.6102

注:①***、**、*分别表示在1%、5%、10%水平上显著;②括号中为稳健标准误。

表6-20则汇报了直接资助对成熟期企业与成长期企业的异质性效应。可以发现,在(1)—(4)部分中,直接资助变量的估计系数的显著性十分有限,仅在(2)中直接资助在成长期企业样本中的估计系数在5%统计水平上显著为正,这就表明直接资助对于成长期企业的规模性创新依然具有一定的正向促进作用,说明在一定程度上,直接资助对于成长期企业技术创新具有一定的支撑作用。但从全局来看,无论是成熟期企业还是成长期企业,直接资助的作用依然有限。

此外，考虑到企业生命周期可能存在较大的行业异质性，即不同行业基于其行业特征对企业成长期、成熟期的判定标准不相一致。因此，此处在上述回归的基础之上进一步在三位数行业固定了行业效应，回归结果可参考附录表 A2（表 A2 同时包含了税收优惠与直接资助的回归结果）。从结果来看，表 A2 与表 6 – 19、表 6 – 20 的回归结果基本保持一致。①

（3）企业所有制性质

部分研究发现，企业所有制性质对于政府研发补贴具有重要影响。例如，高宏伟（2011）、李婧（2013）认为，政府研发补贴对国有企业技术创新具有负向影响；刘虹等（2012）、马文聪等（2017）、董静等（2016）、林木西等（2018）认为，政府研发补贴对非国有企业的激励作用比对国有企业强；郭兵和罗守贵（2015）、罗植（2018）则认为，政府研发补贴对国有企业的研发投入具有诱导作用，但对其创新产出激励作用有限或具有挤出作用；刘继兵（2014）、杨亭亭等（2018）认为，国有企业较非国有企业更愿意进行研发活动，政府研发补贴作用更加显著。可见，学界对于政府研发补贴对国有企业技术创新的影响问题上依然存在一定分歧。基于此，本章进一步将企业样本分为国有企业与非国有企业两类②，并进行分样本回归分析，主要结果如表 6 – 21、表 6 – 22 所示。

表 6 – 21　　　　　异质性讨论（税收优惠）—企业所有制性质

变量	(1) r&d		(2) np	
	国企	非国企	国企	非国企
tax	0.8325 ***	0.6487 ***	0.0997 ***	0.0950 ***
	(0.1157)	(0.0223)	(0.0188)	(0.0044)
控制变量 – 企业	YES	YES	YES	YES
年份固定效应	YES	YES	YES	YES
个体固定效应	YES	YES	YES	YES
观测值	203 183	1 193 323	203 183	1 193 323
R^2 – Adj	0.6283	0.6719	0.8008	0.6253

---

① 此处感谢评审专家的宝贵意见与建议。
② 受限于工业企业数据库对企业所有制性质的分类，本章在识别样本时主要识别了国有企业，并将其归为一类；其余其他企业均归为非国有企业。为增加样本识别的精准性，本章在附录中进一步将样本分为"国有控股企业"和"私人控股企业"，以进一步明确文中所得结论。相应回归结果汇报于附录表 A3 中，与表 6 – 21、表 6 – 22 的回归结果基本保持一致。此处感谢评审专家的宝贵意见与建议。

续表

变量	(3) pat_app		(4) cited	
	国企	非国企	国企	非国企
tax	0.0047***	0.0023***	0.0016**	0.0009***
	(0.0013)	(0.0003)	(0.0008)	(0.0001)
控制变量-企业	YES	YES	YES	YES
年份固定效应	YES	YES	YES	YES
个体固定效应	YES	YES	YES	YES
观测值	203 183	1 193 323	203 183	1 193 323
R^2-Adj	0.5702	0.5255	0.5113	0.4990

注：①***、**、*分别表示在1%、5%、10%水平上显著；②括号中为稳健标准误。

表6-21中，(1)—(4)列结果中，税收优惠指标的估计系数基本均至少在5%统计水平上显著为正，说明税收优惠无论是对国有企业还是非国有企业的技术创新均具有明显的正向促进作用。进一步看，在(1)—(4)列结果中，国有企业样本中税收优惠变量估计系数的值均大于非国有企业样本，这就说明税收优惠对国有企业技术创新的推动作用更强。一般来说，国有企业通常具有更为规范的公司治理机制，同时由于国有企业的融资约束水平较低，资源禀赋较非国有企业也更为充裕，使得国有企业产品销售、营收等也更具规模，使得以税收优惠为代表的全局性政策对于国有企业作用更强。与国有企业形成对比，非国有企业在上述方面较国有企业相对不足，因此税收优惠的作用也更弱。

表6-22　　　　异质性讨论（直接资助）—企业所有制性质

变量	(1) r&d		(2) np	
	国企	非国企	国企	非国企
sub	-0.0022	0.0059***	0.0102	0.0102***
	(0.0039)	(0.0012)	(0.0066)	(0.0019)
控制变量-企业	YES	YES	YES	YES
年份固定效应	YES	YES	YES	YES
个体固定效应	YES	YES	YES	YES
观测值	203 183	1 193 323	203 183	1 307 017
R^2-Adj	0.5969	0.5755	0.8007	0.1526

续表

变量	(3) pat_app		(4) cited	
	国企	非国企	国企	非国企
sub	0.0003	0.0004**	-0.0007	0.0001
	(0.0005)	(0.0002)	(0.0004)	(0.0001)
控制变量-企业	YES	YES	YES	YES
年份固定效应	YES	YES	YES	YES
个体固定效应	YES	YES	YES	YES
观测值	203 183	1 193 323	203 183	1 193 323
R^2 - Adj	0.5701	0.5255	0.5113	0.4990

注：① ***、**、* 分别表示在1%、5%、10%水平上显著；②括号中为稳健标准误。

表6-22则汇报了直接资助对国有企业与非国有企业的异质性效应。可以发现，至少在（1）—（3）列中，直接资助变量的估计系数在非国有企业样本中显著为正。而在所有基于国有企业样本的回归中，直接资助的估计系数均未显著。这就表明，直接资助对非国有企业技术创新的促进作用更强。主要的原因可能与前文类似，即对于国有企业而言，其存在的资源约束相对于非国有企业而言更小，而直接资助的作用类似于金融资源的直接配置，因此对于本身融资约束水平较低的国有企业，直接资助的作用相对有限，而对于融资约束水平较高的非国有企业，直接资助的边际效应更高，使得直接资助对非国有企业技术创新的促进作用更强。

6.6.2 基于区域特征的调节效应分析

（1）制度环境的调节效应

理论上，制度环境的好坏能够影响某地企业技术创新的规模、效率与质量。一方面，良好制度环境将能够有效提高企业的创新效率与创新质量。目前，在实施贯彻创新驱动发展战略的宏观背景之下，部分地区不断优化、深化、强化创新支持政策，通过体系化推进，完善大中小企业融通创新，协同推进知识产权保护体系建设，为地区创新创业营造了良好的制度环境，让本地区企业的技术创新、产业升级步入了新阶段、实现了新提升。另一方面，制度环境存在的不足将会成为地区落实创新驱动发展的重要阻碍。从这一角度来看，讨论区域制度环境如何调节直接资助、税收优惠对企业技术创新的影响具有一定的现实意义。为此,本章在模型中引入了制度环境变量($inst_{jt}$)[①]以及这一变量与直接资助指标/税收优惠指标的交乘项($inst \times sub$;$inst \times tax$)。其中,制度环境指标主要基于樊纲等(2011)测算的、历年各省的市场化指数,这一指数具体包含了政府与市场、产品市场、要素市场、市场中介组织、非国有经济以及法律制度环境等若干个维度,具有较强的综合性,且市场化指数的值越高,表明地区的制度环境优势越大。在纳入了交乘项后,主要回归结果如表6-23所示。

表6-23　　　　　　　调节效应分析—制度环境

变量	(1) r&d	(2) np	(3) pat_app	(4) cited
	Panel A			
tax	0.5686***	0.0530***	0.0012***	0.0005***
	(0.0285)	(0.0041)	(0.0003)	(0.0002)
$inst$	0.0390***	0.0767***	0.0136***	0.0083***
	(0.0076)	(0.0107)	(0.0012)	(0.0008)
$tax \times inst$	0.2312***	0.1038***	0.0030***	0.0009***
	(0.0350)	(0.0078)	(0.0005)	(0.0003)
控制变量-企业	YES	YES	YES	YES
年份固定效应	YES	YES	YES	YES
个体固定效应	YES	YES	YES	YES
观测值	1 409 808	1 409 808	1 409 808	1 409 808
R^2-Adj	0.6435	0.6608	0.5212	0.4816
	Panel B			
变量	(1) r&d	(2) np	(3) pat_app	(4) cited
sub	0.0024**	0.0042	0.0005***	-0.0000
	(0.0012)	(0.0026)	(0.0002)	(0.0001)
$inst$	0.0864***	0.0915***	0.0140***	0.0084***
	(0.0077)	(0.0108)	(0.0012)	(0.0008)
$sub \times inst$	0.0089***	0.0034	-0.0005	0.0001
	(0.0031)	(0.0047)	(0.0004)	(0.0002)

---

① j表示地区。

续表

Panel B

变量	(1) r&d	(2) np	(3) pat_app	(4) cited
控制变量-企业	YES	YES	YES	YES
年份固定效应	YES	YES	YES	YES
个体固定效应	YES	YES	YES	YES
观测值	1 409 808	1 409 808	1 409 808	1 409 808
R^2 – Adj	0.5563	0.6602	0.5212	0.4815

注：①***、**、*分别表示在1%、5%、10%水平上显著；②括号中为稳健标准误。

在 Panel A、Panel B 所对应的（1）—（4）列中，制度环境指标的估计系数均在1%水平上显著为正，说明制度环境优势可以有效提高本地企业的技术创新水平。进一步看，Panel A 中，税收优惠与制度环境指标的交乘项均在1%统计水平上显著为正；Panel B 中，直接资助与制度环境指标的交乘项系数仅在（1）列中显著为正。这一结果说明，某一地区的制度优势可以有效提升税收优惠对企业技术创新的正向促进效应，但是这一效应在直接资助上并非十分明显。这一结果同样表明税收优惠的全局性效应更强，使得其在宏观上与制度环境形成更为明显的协同效应。

（2）集聚水平的调节效应

地区的产业集聚水平也是重要的宏观环境指标。一般来说，产业集聚之后将形成三类外部性，即 Marshall 效应（单一行业集聚外部性），Jacobs 效应（多行业集聚外部性）以及 Porter 外部性（竞争外部性）。由于集聚是多种外部性的综合协同，因此其对技术创新的作用也是多项效应共同影响下的净效应。此处，本章借鉴以往文献的一贯做法，使用区位熵衡量产业集聚水平。从指标性质而言，区位熵不受区域规模要素的影响，因此能够较好地体现要素在空间上的整体分布情况，同时也为了保证核心变量的一致性与统一性，借鉴 Rosenthal 和 Strange（2001）、苏丹妮（2018）等相关研究的做法，本章在企业层面构建如下的产业集聚指标：

$$agg_{ijct} = \frac{(L_{jct} - L_{ijct})/L_{ct}}{L_{jt}/L_t} \tag{9}$$

其中，j 表示行业，c 表示地区（为尽量在小尺度衡量产业集聚，此处 c 表示地级市），L 表示就业人数。L_{jct} 表示在地级市 c 产业 j 在 t 年的就业人数；L_{ct} 表示 c 地级市在 t 年的就业规模；L_{jt} 表示行业 j 在 t 年在全国范围内的就业总人数，L_t 表示全国在 t 年的就业人数，这些数据均基于工业企业数据库计算。需要指出的是，为避免由企业自身规模所导致的估计偏误，此处剔除了企业自身的就业人数，即（9）式中的 L_{ijct}。在纳入了产业集聚指标、产业集聚与税收优惠以及直接资助变量的交乘项后，表 6-24 汇报了主要的回归结果。

表 6-24　　　　　　　　　调节效应分析—集聚水平

	Panel A			
变量	（1） r&d	（2） np	（3） pat_app	（4） cited
tax	0.7050***	0.0860***	0.0029***	0.0013***
	(0.0330)	(0.0111)	(0.0003)	(0.0002)
agg	-0.0101***	-0.0051	-0.0005***	-0.0003***
	(0.0014)	(0.0041)	(0.0002)	(0.0001)
tax × agg	-0.0201**	0.0056	-0.0002**	-0.0002***
	(0.0091)	(0.0076)	(0.0001)	(0.0000)
控制变量-企业	YES	YES	YES	YES
年份固定效应	YES	YES	YES	YES
个体固定效应	YES	YES	YES	YES
观测值	1 409 808	1 409 808	1 409 808	1 409 808
R^2-Adj	0.6411	0.6606	0.5211	0.4814
	Panel B			
变量	（1） r&d	（2） np	（3） pat_app	（4） cited
sub	0.0051***	0.0036	0.0004**	-0.0001
	(0.0014)	(0.0027)	(0.0002)	(0.0001)
agg	-0.0096***	-0.0057***	-0.0005***	-0.0003***
	(0.0013)	(0.0016)	(0.0002)	(0.0001)
sub × agg	-0.0005	0.0005	-0.0000	0.0000**
	(0.0003)	(0.0004)	(0.0000)	(0.0000)
控制变量-企业	YES	YES	YES	YES

续表

变量	Panel B			
	(1) r&d	(2) np	(3) pat_app	(4) cited
年份固定效应	YES	YES	YES	YES
个体固定效应	YES	YES	YES	YES
观测值	1 409 808	1 409 808	1 409 808	1 409 808
R^2 – Adj	0.5562	0.6601	0.5211	0.4814

注：①***、**、*分别表示在1%、5%、10%水平上显著；②括号中为稳健标准误。

在 Panel A、Panel B 所对应的（1）—（4）列中，产业集聚指标的估计系数基本在1%水平上显著为负，说明产业集聚在一定程度上抑制了本地企业的技术创新。进一步看，Panel A 的（1）、（3）、（4）列中，税收优惠与产业集聚指标的交乘项系数至少在5%统计水平上显著为负，说明产业集聚同样抑制了税收优惠对企业技术创新的正向推动效应；而在 Panel B 中，直接资助与产业集聚的交乘项系数仅在（4）列中显著，且同样为负。这一结果表明，高产业集聚水平将抑制本地企业的技术创新，并进一步抑制政策效应的发挥。这就说明，国内的产业集聚并未很好发挥出集聚对创新的推动作用，现有的产业集聚可能更多的是"低端创新"的集聚，且由集聚所产生"创新惰性"反向抑制了创新支持性政策效应的发挥（胡彬和万道侠，2017，2019）。此外，由产业集聚产生的拥挤效应（例如地租上升、人均公共基础设施下降等）也将进一步降低支持性政策对企业技术创新的正向效应。

6.7 影响机制分析与检验

为了检验影响机制，本章主要构建以下中介效应模型：

$$mech_{it} = \alpha_0 + \alpha_1 \, dep\_var_{it} + \sum \lambda_i X_{it} + \sum \varphi_i F_{it} + \varepsilon_{it} \quad (10)$$

$$innovation_{it} = \beta_0 + \beta_1 \, dep\_var_{it} + \beta_2 \, mech_{it} + \sum \lambda_i X_{it}$$
$$+ \sum \varphi_i F_{it} + \varepsilon_{it} \quad (11)$$

$$innovation_{it} = \gamma_0 + \gamma_1 dep\_var_{it} + \sum \lambda_i X_{it} + \sum \varphi_i F_{it} + \varepsilon_{it} \quad (12)$$

式中，$mech_{it}$ 表示机制变量，dep_var_{it} 表示核心解释变量，即前文中的税收优惠（tax_{it}）与直接资助（sub_{it}），其余控制变量与前文保持一致。具体来看，若存在中介效应，则 α_1、β_2 系数显著，且 $|\beta_1| < |\gamma_1|$。

6.7.1 直接资助对企业技术创新的影响机制

直接资助可以通过缓解企业自身的融资约束、提高企业商业信用等两项渠道提高企业技术创新水平。

（1）融资约束（fc_{it}）。具体来看，由于企业以现金等形式获得了直接资助，在一定程度上增加了企业的经营性现金流，因此对于企业自身而言，直接资助可以缓解企业自身的融资约束。同时，获得直接资助的企业通常也已获得相关认定，包括科技型中小企业认定、高新技术企业认定、专精特新企业认定等。由此，获得直接资助的企业也对外部形成了一种"信号传递"，特别是对外部金融机构的"信号传递"：即获得直接资助的企业是创新发展动能较强的企业。基于此类"信号"，金融机构也更倾向于为此类企业提供融资支持（卢君生等，2018）。结合上述两个视角，缓解融资约束应当是直接资助影响企业创新的关键路径之一。由此，本章构建了融资约束指标，以检验直接资助对企业创新的影响机制。借鉴以往文献的做法（肖曙光等，2020等），本章选择SA指数作为衡量企业融资约束代理变量。以往研究中，刻画企业融资约束的指数包括KZ指数、WW指数、SA指数等。理论上，由于SA指数能够克服KZ指数、WW指数包含的内生性财务指标缺陷，因此众多学者选择SA指数作为衡量融资约束的关键指数。SA指数的计算公式如（13）式所示：

$$SA = -0.737 \times Size + 0.043 \times Size^2 - 0.04 \times Age \quad (13)$$

其中，$Size$ 表示企业规模，此处使用企业总资产衡量；Age 表示企业年龄，此处使用当前年份减去企业成立年份衡量。SA 指数越大（非绝对值），则表示企业的融资约束程度越高。

（2）商业信用（$busi\_cred_{it}$）。目前，我国金融市场尚未完全成熟，因此以商业信用为代表的非正规融资形式较为普遍，也是企业获得研发资金的重要渠道之一（姚星等，2019）。概念上，商业信用融资是指企业自身通过对供应商延迟付款、客户预付款等形式获得融资，现实中由于存在企业个体之间的信息不对称,因此当一方提供商业信用时需承担相应风险,例如伙伴企业能否足额偿还"信用负债"等。为了降低此类风险,交易伙伴需要通过监督、调研等方式缓解信息不对称。此时,"信号传递"将进一步发挥作用:直接资助所形成的间接"信号"有利于缓解信息不对称,降低交易伙伴对企业自身偿还能力的顾虑。此外,高新技术企业等认定有效期同样较长,使得交易伙伴可以在较长时间内形成对企业稳定预期,也将进一步提高交易伙伴提供商业信用的可能性。据此,本章进一步引入企业商业信用的机制变量,借鉴刘春林与田玲(2021)的做法,结合工业企业数据的可获得性,使用企业流动负债与企业总资产的比值衡量企业的商业信用。表6-25汇报了中介效应检验的主要结果。

表6-25 直接资助机制检验结果

变量	sub	fc	控制变量与固定效应	观测值	R²-Adj
	Panel A:直接资助机制检验1—融资约束				
(1) fc	-0.0002** (0.0001)		YES	1 409 808	0.9579
(2) r&d	0.0039*** (0.0013)		YES	1 409 808	0.5562
(3) r&d	0.0034** (0.0013)	-3.6721*** (0.0174)	YES	1 409 808	0.5745
(4) np	0.0003 (0.0002)		YES	1 409 808	0.5211
(5) np	0.0003 (0.0002)	-0.2500*** (0.003)	YES	1 409 808	0.5242
(6) pat_app	0.0046** (0.0022)		YES	1 409 808	0.6601
(7) pat_app	0.0043* (0.0022)	-1.9895*** (0.0289)	YES	1 409 808	0.6617
(8) cited	-0.0000 (0.0001)		YES	1 409 808	0.4814
(9) cited	-0.0001 (0.0001)	-0.1877*** (0.0019)	YES	1 409 808	0.4865

变量	sub	busi_cred	控制变量与固定效应	观测值	R²-Adj
	Panel B:直接资助机制检验2—商业信用				
(1) busi_cred	0.0141*** (0.0012)		YES	1 409 808	0.8017

续表

变量	sub	busi_cred	控制变量与固定效应	观测值	R^2 – Adj
Panel B：直接资助机制检验2—商业信用					
（2）r&d	0.0039 *** (0.0011)		YES	1 409 808	0.5562
（3）r&d	0.0030 *** (0.0011)	0.0660 *** (0.0019)	YES	1 409 808	0.5567
（4）np	0.0003 ** (0.0001)		YES	1 409 808	0.5211
（5）np	0.0002 (0.0001)	0.0065 *** (0.0003)	YES	1 409 808	0.5213
（6）pat_app	0.0046 ** (0.0023)		YES	1 409 808	0.6601
（7）pat_app	0.0030 (0.0023)	0.1124 *** (0.0033)	YES	1 409 808	0.6605
（8）cited	– 0.0000 (0.0001)		YES	1 409 808	0.4814
（9）cited	– 0.0001 (0.0001)	0.0019 *** (0.0002)	YES	1 409 808	0.4815

注：①***、**、*分别表示在1%、5%、10%水平上显著；②括号中为稳健标准误。

Panel A 的（1）行结果显示，直接资助指标系数显著为负，表明直接资助可以有效降低企业的融资约束水平。同时，在（3）、（5）、（7）、（9）行结果中，融资约束指标回归系数显著为负，表明融资约束对企业技术创新的规模、效率、质量等均存在较为显著的负向作用；进一步比较（2）与（3），（4）与（5），（6）与（7），（8）与（9），在纳入融资约束指标后，直接资助变量回归系数有所减小，说明融资约束这一指标的中介效应存在，即直接资助通过缓解企业的融资约束，提高企业的技术创新水平，融资约束机制成立。同样的，在 Panel B 中，直接资助变量系数显著为正，说明直接资助可以显著提高企业自身的商业信用，将商业信用变量进一步纳入原有回归后，直接资助变量系数出现了下降，部分如（5）、（7）行中，直接资助系数由显著变为了不显著，这进一步说明了商业信用中介效应的存在，即直接资助通过提高企业自身的商业信用，提升企业技术创新水平，商业信用机制成立。

6.7.2 税收优惠对企业技术创新的影响机制

税收优惠可以通过缓解企业融资约束、提高企业资本劳动比等两项渠道提高企业技术创新水平。

一方面,与直接资助一致,税收优惠同样扩大了企业自身的经营性现金流,因此缓解融资约束也是税收优惠促进企业技术创新的重要机制之一。除此之外,税收优惠提高企业自身的资本劳动比(cap_lab)是税收优惠影响创新的另一条重要路径。具体来看,由于税收优惠通常与研发投入、设备改进、技术进步等研发行为直接相关,因此会不断激励企业进行设备更新、技术改造等。在这一过程中,企业资产性要素(如固定资产投资)与劳动要素之间的相对价格降低,使得企业积极推进资本劳动比的调整优化。资本劳动比的提升会加强企业的资本化倾向:根据传统的经济增长理论,资本化程度的提升将有利于提高企业的全要素生产率,而全要素生产率是企业技术创新水平重要的"代理变量"。目前,众多经验证据已经证明资本劳动比的提升可以有效提高企业的全要素生产率,如 Acemoglu(2010)、Liu & Mao(2019)等。因此,税收优惠可以通过激励提升企业的固定资产投资,使得企业在追求利润最大化的前提下优化企业自身的资本劳动比,提高企业的技术创新水平,并最终提升企业的全要素生产率。由此,借鉴张杰等(2016)的做法,使用企业固定资产与企业员工数量的比值衡量,对其结果同样进行对数化处理。表 6-26 汇报了税收优惠机制检验的相关结果。

表 6-26 税收优惠机制检验结果

		Panel A:税收优惠机制检验 1—融资约束			
变量	sub	fc	控制变量与固定效应	观测值	$R^2 - Adj$
(1) fc	-0.0511 *** (0.0035)		YES	1 121 349	0.7522
(2) $r\&d$	0.6660 *** (0.0219)		YES	1 409 808	0.6407
(3) $r\&d$	0.6555 *** (0.0236)	-0.0254 *** (0.0006)	YES	1 121 349	0.6703
(4) np	0.0025 *** (0.0003)		YES	1 409 808	0.5211
(5) np	0.0025 *** (0.0003)	-0.0012 *** (0.0001)	YES	1 121 349	0.5480
(6) pat_app	0.0969 *** (0.0042)		YES	1 409 808	0.6606

续表

		Panel A：税收优惠机制检验1—融资约束			
变量	sub	fc	控制变量与固定效应	观测值	R^2 – Adj
(7) pat_app	0.0924 *** (0.0044)	0.0029 *** (0.0009)	YES	1 121 349	0.6744
(8) cited	0.0009 *** (0.0001)		YES	1 409 808	0.4814
(9) cited	0.0009 *** (0.0002)	-0.0017 *** (0.0001)	YES	1 121 349	0.5112

		Panel B：税收优惠机制检验2—资本劳动比			
变量	sub	busi_cred	控制变量与固定效应	观测值	R^2 – Adj
(1) cap_lab	0.0084 *** (0.0005)		YES	1 409 808	0.8017
(2) r&d	0.6660 *** (0.0219)		YES	1 409 808	0.5562
(3) r&d	0.6653 *** (0.0219)	0.0825 *** (0.0030)	YES	1 409 808	0.5567
(4) np	0.0025 *** (0.0003)		YES	1 409 808	0.5211
(5) np	0.0024 *** (0.0003)	0.0120 *** (0.0006)	YES	1 409 808	0.5213
(6) pat_app	0.0969 *** (0.0042)		YES	1 409 808	0.6601
(7) pat_app	0.0951 *** (0.0042)	0.2160 *** (0.0054)	YES	1 409 808	0.6605
(8) cited	0.0009 *** (0.0001)		YES	1 409 808	0.4814
(9) cited	0.0009 *** (0.0001)	0.0043 *** (0.0004)	YES	1 409 808	0.4815

注：①***、**、*分别表示在1%、5%、10%水平上显著；②括号中为稳健标准误。

表6-26中，Panel A的（1）行结果中，税收优惠指标系数显著为负，这意味着税收优惠可以显著降低企业的融资约束水平。同时，比较（2）与（3），（4）与（5），（6）与（7），（8）与（9），在纳入融资约束指标后，税收优惠变量回归系数有所减小，表明融资约束这一指标存在一定的中介效应，即税收优惠通过缓解企业融资约束水平来提高创新水平，融资约束机制同样成

立。同样的，Panel B 的（1）行结果中，税收优惠变量系数显著为正，表明税收优惠可以提高企业的资本劳动比率。进一步来看，将资本劳动比变量纳入基准回归后，税收优惠变量系数出现了下降，这表明资本劳动比这一中介效应的存在，即税收优惠可以通过调整企业的资本劳动比来影响企业创新，资本劳动比这一机制成立。

6.8 本章小结

本章主要使用中国工业企业数据库、中国专利数据项目、中国工业企业专利数据平台、谷歌专利数据库，基于企业微观样本分析了直接资助、税收优惠两种政府研发补贴政策工具对企业技术创新的影响效应，并重点讨论了 3 个关键性问题：第一，两种政策工具如何影响企业技术创新；第二，哪种政策工具对企业技术创新的影响更大；第三，两种政策工具对"卡脖子"技术创新、前沿/颠覆性技术创新以及传统产业技术创新的影响有何差异。本章得到结论如下：

第一，从总体上看，直接资助和税收优惠对企业技术创新都具有正向作用，但税收优惠的正向作用更大、更全面。具体来说，直接资助对企业的创新规模以及创新效率均存在较为明显的正向推动效应，但是对创新质量正向作用的显著性偏弱；税收优惠无论是对企业的创新规模，还是创新的效率和质量，均有显著的正向影响。即税收优惠可以在全维度有效促进企业技术创新，而直接资助对企业技术创新的正向效应存在一定的局限性。同时，税收优惠对企业技术创新的正向促进作用较直接资助更大。

第二，从政府研发补贴政策工具和三大政策目的的适应性看，对于"卡脖子"技术创新，直接资助的带动作用较税收优惠更为显著；对于前沿/颠覆性技术创新，直接资助和税收优惠均具有较为明显的正向推动效应；对于传统产业技术创新，税收优惠的正向作用更强。这意味着，在带动企业技术创新方面，税收优惠具有功能性、普适性特点，而直接资助的选择性、针对性更强。

第三，在使用 Heckman 两阶段法、工具变量法克服了样本选择偏差、互为因果等内生性问题后，本章主要结论依然稳健，即直接资助和税收优惠均对企业技术创新具有明显的正向推动作用。

第四，分别替换被解释变量、解释变量、估计方法后，本章主要结论依然稳健，即：直接资助和税收优惠均对企业技术创新具有明显的正向推动作用；税收优惠对企业技术创新的作用相对于直接资助更大；对于"卡脖子"技术创新，直接资助作用更显著；对于前沿/颠覆性技术创新，两种政策工具均有显著效应；对于传统产业技术创新，税收优惠作用更大。

第五，直接资助和税收优惠对不同属性企业存在异质性影响。其中，税收优惠对于高新技术企业、成熟期企业、国有企业的技术创新效应更大；直接资助对于高新技术企业、成长期企业、非国有企业的技术创新效应更大。这进一步补充了第二条的结论，即直接资助和税收优惠这两种政策工具对不同类型企业的作用有异，在实践应用中应注意分类施策。

第六，地区制度优势可以有效提升税收优惠对企业技术创新的正向促进效应，但在直接资助上不明显。这也表明税收优惠的全局性效应更强，使得其在宏观上与制度环境形成较为更为明显的协同效应。

第七，高产业集聚水平将抑制本地企业的技术创新，并进一步抑制直接资助和税收优惠政策效应的发挥。这说明，当前产业集聚可能更多的是"低端创新"，且由集聚所产生"创新惰性"反向抑制了政策效应的发挥。此外，由产业集聚产生的拥挤效应（例如地租上升、人均公共基础设施下降等）也将进一步降低支持性政策对企业技术创新的正向效应。

第八，直接资助可以通过缓解企业融资约束、提高企业商业信用来提升企业技术创新能力；税收优惠在缓解企业融资约束的同时，通过提高企业的资本劳动比以提升企业技术创新能力。两者对创新的影响机制既有交叉也有不同。

第 7 章

结论、政策启示与展望

7.1 本书结论

政府研发补贴作为促进企业技术创新的重要手段,如何科学精准地选择政策工具,以更好发挥其诱导作用和促进作用、规避其挤出效应和抑制效应,是长期以来政策制定者和学界特别关心关注的问题。本书从各国政府研发补贴政策实践差异和实证研究结果异质性出发,从政策组合和复杂性的视角,系统分析了政府研发补贴政策工具选择和组合策略对企业创新的影响效应与作用机理。有意义的发现归结如下:

7.1.1 政府研发补贴是应对复杂性挑战的重要举措

本书在理论分析中发现,传统政府研发补贴问题研究通常建立在简单性原则基础上,政府与市场、公益与私利泾渭分明,形成的传统市场失灵理论虽然为政府研发补贴提供了理论支撑,但难以充分证明政府补贴应用研究和试验发展的合理性,与当前大多数工业经济体的实践存在一定程度的分离现象。究其原因，在于创新系统和经济系统、社会系统一样"受到复杂性的向性运动的吸引"，而知识的累积性和工业的专业化加速了技术复杂性的进程，运用简单的、线性的、静止的研究方法，已无法满足解释、分析复杂性条件下政府研发补贴等相关现实问题的需要。

为克服传统分析和还原方法的局限，本书第 4 章借鉴里克罗夫特和董开石（2016）的研究思路，引入复杂性范式来分析政府研发补贴问题，发现自第二次世界大战以来，复杂技术已逐步取代简单技术，成为创新型国家科技创新和产业发展中的主流；复杂技术因其高收益和难模仿等特点，已成为国家竞争优势的重要组成；技术复杂性打乱了研究、开发、设计、制造的先后顺序，打破了政府、企业、高校、科研院所的功能界限，传统线性模型已无法有效指导实践；自组织网络已成为复杂技术和重大创新背后的主要力量，可以通过链接多样化的创新主体，在非线性交互作用中形成涌现现象，是国家创新系统竞争优势的核心和关键；政府作为自组织网络的重要参与者、协调者、支持者，在复杂技术创新过程中发挥着不可替代且日益重要的作用；研发补贴作为政府重要政策工具，在克服市场失灵、组织竞争情报、构建路径依赖等方面起到了关键的支撑作用，已成为应对复杂性挑战的重要举措。可以说，复杂性理论有效弥补了传统市场失灵理论解释力不足的问题，对我们在新一轮科技革命和产业变革中，更加辩证地认识研发补贴，更加有效地发挥政府作用，具有重要的指导意义。

7.1.2 实现高水平企业研发投入的政府研发补贴政策工具选择和组合策略具有多样性

本书在宏观研究中发现，大多数工业经济体政府都试图通过直接资助或税收优惠等研发补贴政策来促进企业从事技术创新活动，但在政策工具的选择和组合上存在较大差异。哪种政策工具和组合更有效？国内外文献针对这个问题，重点聚焦政府研发补贴对企业技术创新投入和产出的影响，进行了大量卓有成效的研究。但与政策制定者一样，学术界研究成果对政府研发补贴政策工具有效性问题也存在不同认识。与此同时，除近年来的个别文献以外，绝大多数实证研究都聚焦在对单一政策工具的有效性分析上，而忽略了对政策组合问题的关注，这可能会导致隐藏的处理偏差。

本书第 3 章运用模糊集定性比较分析（fsQCA）方法，对 40 个国家的政府研发补贴政策组合进行了研究,分析了影响企业研发强度的各类政策工具,并对不同政策"配方"的实践效果进行了比较,发现实现高企业研发强度的政府研发补贴政策组合并不是单一的,而是多样的。虽然多半高企业研发强度国家实行的是"高直接资助、高税收优惠"策略,但也有像德国、瑞典这样的"高直接资助、低税收优惠"国家,日本、澳大利亚这样的"低直接资助、高税收优惠"国家,以及丹麦、瑞士等个别"低直接资助、低税收优惠"国家。在 fsQCA 方法中,评估政策组合的效能取决于覆盖度和一致性,与案例的多寡无关。因此,案例数较多的"双高"策略并不必然优于其他 3 种策略,创新型国家采用更多的直接补贴也不必然优于税收优惠。在不同国家、不同创新生态下,不同政府研发补贴政策组合产生了相似的政策效果,不同政府研发补贴政策工具发挥了各自的促进作用。这表明没有一种"普世"的最优政策组合,只有最适合特定国家或地区的政策组合。

此外,本书还发现,各国政府根据本国的创新战略或科技政策,在选择直接资助或税收优惠政策工具的同时,还选择对高等教育研发或政府研发提供资金支持。其中,北欧诸国对高等教育研发提供了高强度的政府资助,并取得了显著的政策效果。通过"全球创新指数"可以发现,这些国家普遍具有较高的"校企研究合作"得分。美日韩等具有使命导向型科技政策的国家,则对政府自身研发提供了高额的政府资助,主要用于推进单靠市场本身不能产生令人满意结果的研发领域。西欧各国大多对高等教育研发和政府研发都提供慷慨的政府资助,力图打造政产学研深入融合的国家创新系统。

7.1.3 政府研发补贴政策工具选择和组合策略是一个历史演进的过程

本书在案例分析中发现,在长期实践过程中,不同国家根据自身战略需求和国情实际,分别选择了"高直接资助、高税收优惠""低直接资助、高税收优惠""高直接资助、低税收优惠""低直接资助、低税收优惠"等不同的政府研发补贴政策组合策略。这些策略各有所长、各具特色,对正处于发展格局重塑、比较优势转换、产业结构升级的我国都具有重要参考价值。

本书第 4 章选取美国、日本、德国、瑞士等作为实施 4 种政府研发补贴政策的典型国家,引入复杂性科学与演化经济学相关理论和概念,对 4 国政府研发补贴作用机理、政策演进和体制机制进行案例比较分析,发现不同国家政府选择不同的研发补贴政策工具和组合策略,源自不同国家的不同政治文化、经济基础、创新禀赋,是历史的选择而非历史的偶然。没有一种政府研发补贴政策工具或组合策略是万能或不变的,一国在一时实行某一种政策工具或政策组合,并不意味着该国在任何时候、对任何行业都实行同样的政策工具或政策组合,也不意味着该政策工具或政策组合适用于该国任何技术创新,且都能够产生诱导效应和促进效应,而不会带来其他负面影响。哪一种政策工具或政策组合更具有适应性,取决于国家创新体系、技术复杂程度、技术发展水平等诸多要素,需要相机抉择、因势利导。政府研发补贴政策与体制机制是一体之两面,具有协同演进的特点,政府研发补贴政策工具选择和组合策略,对政府研发补贴体制机制具有塑造作用,同时又受既有政府研发补贴体制机制的制约。制定实施适应性的政府研发补贴政策,需要建立学习成长型的自组织网络,构建科学的政府研发补贴体制机制,只有这样,才能把制度优势更好转化为治理效能。

7.1.4 进入新发展阶段我国政府研发补贴具有多重政策目的

本书在国内政策研究中发现,改革开放以来,特别是 20 世纪 80 年代从日本"引进"产业政策以来,我国逐步建立起具有本国特色的政府研发补贴政策体系,为推动我国社会主义市场经济发展、科技能力和国防实力跃升发挥了重要作用。但与美国、日本、德国、瑞士等立足工业 3.0、迈向工业 4.0 的发达工业经济体不同,我国刚步入创新型国家行列,制造业的平均工业化水平还位于工业 2.0 左右,正处于从技术追赶为主向技术追赶和前沿创新并举的阶段,社会生产力发展的多层次性决定了政府研发补贴政策的多目的性。这决定了我国不能也不该像美国、日本、德国、瑞士等那样,形成相对单一固定的政府研发补贴组合策略。

本书第 5 章运用系统性思维和复杂性方法,从政策目的、政策工具、政策适应性等 3 个方面,结合价值链进化理论、微笑曲线理论、贸易政策不确定性指数等,对我国政府研发补贴政策现状进行分析,发现我国政府研发补贴政策服从服务于推动高质量发展这一根本要求、实现高水平科技自立自强这一战略支撑,以及实施科教兴国、人才强国、创新驱动发展三大国家战略,主要目的是促进传统产业技术进步,推动产业向全球价值链中高端跃进;实现高技术产业赶超,解决关键核心技术"卡脖子"问题;培育战略性新兴产业,布局前沿技术和颠覆性技术研发。当前，我国综合采用直接资助和税收优惠两种政府研发补贴政策工具，主要包括自然科学基金联合基金项目、重大专项、重点研发计划、技术创新引导专项（基金）等 4 种直接资助亚类工具，以及研发费用加计扣除、固定资产加速折旧、所得税名义税率优惠等 3 种税收优惠亚类工具。总的来说，我国政府研发补贴政策工具箱比较丰富，对企业技术创新活动具有比较强的投入增值性、产出增值性和行为增值性，但在设计实施过程中，依然存在一些有待改进的短板和弱项，包括政策统筹力度不够、市场作用发挥不够、基础研究投入不够、开放合作意识不够等。只有进一步提高政策适应性，才能更好发挥政策效能、实现政策目的。

7.1.5　针对不同类型技术创新应当选择不同政府研发补贴政策工具和组合

我国综合采用直接资助和税收优惠两种政府研发补贴政策工具，无论是单项补贴还是总补贴强度，均处于经合组织成员国及金砖国家的中等水平，但运用模糊集定性比较分析，我国和美国等多半高企业研发强度国家一样，同属于采取"高直接资助、高税收优惠"策略的国家。本书微观研究中发现，既有研究对我国政府研发补贴政策工具选择和组合策略的适应性分析较少，对政策工具与政策目的匹配性的分析更是缺乏。这些课题对于我们准确把握各类政府研发补贴政策工具特性，优化调整我国政府研发补贴政策组合策略，具有重要的理论和实践意义。

本书第 6 章通过整理和匹配中国工业企业数据库、中国专利数据项目、中国工业企业专利数据平台、谷歌专利数据库，基于企业微观样本，对直接资助、税收优惠两种政府研发补贴政策工具的影响效应进行了差异性分析，并引入复杂性理论的创新模式分类，将我国技术创新分为"卡脖子"技术、前沿/颠覆性技术以及传统产业技术创新等三类，以对我国政府研发补贴政策工具与三大政策目的进行了匹配性分析，发现直接资助对企业的创新规模以及创新效率均存在较为明显的正向推动效应，但是对创新质量正向作用的显著性偏弱；税收优惠无论是对企业的创新规模，还是创新的效率和质量，均有显著的正向影响，即税收优惠可以在多个维度有效促进企业技术创新，且税收优惠对企业技术创新的正向促进作用较直接资助更大。对于"卡脖子"技术创新，直接资助对创新的带动作用较税收优惠更为显著；对于前沿/颠覆性技术创新，直接资助和税收优惠均具有较为明显的正向推动效应；对于传统产业技术创新，税收优惠的正向作用更强，这意味着，在带动企业技术创新方面，税收优惠具有功能性、普适性特点，而直接资助的选择性、针对性更强。在使用 Heckman 两阶段法、工具变量法克服了样本选择偏差、互为因果等内生性问题后，上述主要结论依然稳健。分别替换被解释变量、解释变量、估计方法后，上述主要结论依然稳健。此外，直接资助和税收优惠对不同属性企业存在异质性影响，其中，税收优惠对于高新技术企业、成熟期企业、国有企业的技术创新效应更大；直接资助对于高新技术企业、成长期企业、非国有企业的技术创新效应更大。地区制度优势可以有效提升税收优惠对企业技术创新的正向促进效应，但在直接资助上不明显。高产业集聚水平将抑制本地企业的技术创新，并进一步抑制直接资助和税收优惠政策效应的发挥。同时，本书通过中介效应模型分别检验了直接资助与税收优惠对企业技术创新的影响机制：从结果来看，直接资助通过降低企业的融资约束水平、提升企业的商业信用以提高技术创新能力；税收优惠则通过缓解企业的融资约束、提高企业的资本劳动比来提高技术创新能力。

7.2　政策启示

政府研发补贴政策工具选择和组合策略，是一个复杂的系统工程。特别是进入新发展阶段，我国发展和安全的内外环境发生深刻变化。面对复兴全局、百年变局、世纪疫情、科技革命、产业变革和复杂性挑战，如何在新发展理念指导下，更有效使用世界第二规模的政府研发补贴资金，更充分发挥各类政策工具在克服市场失灵、组织竞争情报、构建路径依赖等方面的支撑作用，更好激发和调动企业创新的积极性主动性，更有力促进中国科技实现高水平自立自强、经济迈上高质量发展之路，是新时代必须研究解决的重大理论和实践问题。本书研究显示，直接资助和税收优惠两类政府研发补贴政策工具各具特色、各有利弊，如何选择和组合，不能靠简单化的经验主义、"拿来主义"，更不能妄图用"一招鲜""三板斧"来解决所有问题，关键要把准方向、遵循规律、因势利导，针对不同创新情境和政策目标精准滴灌、靶向治疗。具体来说，建议对我国政府研发补贴政策工具选择与组合策略的领导体制、战略策略、制度设计、组织实施等进行系统优化和完善。

7.2.1 加强政策统筹，优化完善决策议事协调咨询机制

政府研发补贴政策工具选择和组合策略，首先受政府财政的约束。提高政府研发补贴效能，让有限的财政资金发挥尽可能大的作用，是创新型国家政府共同追求的目标。建立科学合理的领导管理体制机制，加强对政府研发补贴政策的统筹，是实现这一目标的重要途径。本书第4章案例研究发现，经过持续数十年的演进，美国政府建立了分权共治多元的研发补贴体制机制，包括分权的领导管理体制、共治的决策议事协调机制、多元的组织实施体系等；日本政府建立了统一贯通的研发补贴体制机制，包括统一权威的领导体制、上下贯通的组织体系、独立敏感的实施机构等；德国政府建立了适应灵敏的研发补贴体制机制，包括统一适应的领导体制、优质便捷的服务体系、专业独立的实施机构等；瑞士政府建立了扁平高效的研发补贴体制机制，包括统一高效的领导管理体制和统一独立的实施机构等。这些复杂独特的研发补贴体制机制，对美国、日本、德国、瑞士政府会同产学研等创新主体，统筹制定、协调实施研发补贴政策，发挥了不可替代的重要作用。

当前，我国政府研发补贴政策存在政出多门、封闭分散等现象，容易造成数据孤岛、利益藩篱、资源低效配置、低水平重复投资等问题。首先，国家科技需求凝练和政策统筹层级较低，缺少权威的决策议事协调机构和咨询机构，领导机构没有完全融入科技创新的自组织网络中去，科技咨询主要以座谈会等临时机制为主，"自上而下"和"自下而上"相结合的体制机制仍未建立，没有形成充分的正反馈和负反馈机制。其次，我国政府研发补贴政策制定和组织实施一般由国家有关部门主导，既当"教练员"，又当"裁判员"，容易出现形式主义、官僚主义、本位主义，产生部门利益冲突、政策相互矛盾、措施设计不科学、目标订立不合理等问题。再次，国家将各部门分头管理的各类科技计划（专项、基金等）统一为科技部直接管理的"五大专项"，没有从根本上解决科技计划散乱小弱问题，反而削弱了专业部门/机构提专业需求、管专业计划的职责，容易带来补贴工具的同质化、经费管理的一刀切、绩效评估的简单化等问题。

建议：第一，建立统一权威适应的中央科技工作领导体制。总结党的十九

届三中全会以来深化党和国家机构改革的成功经验,参考借鉴美国国家科技委员会(NSTC)、日本综合科学技术创新会议(CSTI)、德国联合科学会议(GWK)等有益做法,成立中央科技工作决策议事协调机构,专责重大科技战略、规划的顶层设计和整体推进,重大科技政策制定、资源配置、任务推进的总体布局和督促落实,以及央地联动、部门协同、军民融合、国际合作等统筹协调和政策保障。中央科技工作决策议事协调机构成员,可以打破中央决策议事协调机构的传统,不再仅限于中央领导同志和中央部门负责同志,而是纳入有关地方党政负责人、产学界代表等,形成适应复杂技术创新和自组织网络运行的科技领导新体制。第二,健全专业的国家科技咨询制度。参照美国总统科技顾问委员会(PCAST)、德国高科技论坛(Hightech – Forum)等经验做法,加强咨询机构的灵敏性、广泛性、权威性,负责直接为中共中央、国务院提供专业咨询,并向中央科技工作决策议事协调机构提出政策建议,更好发挥其在科技领域的参政议政和桥梁纽带作用。第三,完善融通的国家科技需求凝练和决策机制。打破传统以部门主导、专家建议、座谈调研等为主要形式的国家科技需求凝练机制,建立国家需求与市场需求相统一、需求拉动与科学驱动相协调、政产学研用相融通的国家科技需求凝练和重大科技任务统筹协调机制,健全科技、产业、财政等职能部门功能,支持产学研一线创新主体特别是企业发挥"出题人"作用,在凝聚政府、产业界、学术界共识的基础上科学决策,推动重大科技战略任务高效实施,提高科技资源配置效率。善于综合运用政府研发补贴政策和其他资助政策,推动创新链产业链深度融合、创新强国和制造强国互促互强。

7.2.2 重视战略策略,统筹推进三大政策目标实现

诚如本书第 5 章所言,政府研发补贴既是策略问题,也是战略问题。政府研发补贴政策工具选择和组合策略,首先要从全局和战略的高度去思考和把握。特别是当前新一轮科技革命和产业变革方兴未艾,世纪疫情和俄乌冲突进一步加速各国对技术领先地位和产业主导地位的激烈追逐。无论是老牌工业化国家还是新兴经济体,都在寻求通过科技政策和产业政策塑造国际竞争新优势,纷纷提供高额直接资助或大额税收优惠。美欧等传统创新型经济体正加速布局"技术联盟",进一步加强出口管制和技术封锁,推动再工业化和制造业回流,试图抢先锁定全球新兴技术规则和生态体系,以巩固自身在国际科技和

产业竞争中的优势地位。美国更是把我国视为"体系性竞争者",将科技领域作为中美战略博弈的重要战场,重启地缘科技战略和产业政策,妄图纠集盟友对华搞关键核心技术"卡脖子"、科技"精准脱钩"、供应链"去中国化"和"友岸外包"(Friend Shoring)、市场准入限制、标准制定权争夺等,在全球产业链创新链中构筑"小院高墙",对我高端"掐尖式"封堵、中低端"除根式"掏空,以遏阻中华民族复兴进程,重塑国际秩序。与此同时,面对日趋激烈的国际竞争特别是地缘科技博弈,国内科技民族主义有所抬头,个别领域存在重技术赶超轻技术积累、重自主创新轻开放创新、重原始创新轻引进消化吸收再创新、重基础研究轻应用开发、重国内大循环轻国内国际双循环、重政府作用轻市场作用等倾向,个别地方和部门出台的政府研发补贴政策存在地方/部门化、碎片化、短期化等问题。想克服上述问题,离不开战略思维、系统谋划、统筹运作。

策略是在战略指导下为战略服务的。面对新形势新任务新挑战,政府研发补贴政策工具选择和组合策略,一定要符合基本国情和科技规律,服从服务于国家科技创新战略,抓紧抓住全球产业链重构和技术变轨的重大战略机遇期。党的十八大以来,国家把科技创新摆在发展全局的核心位置,加强战略性谋划布局,提出一系列奠基之举,包括推动高质量发展的根本要求、实现高水平科技自立自强的战略支撑,以及实施科教兴国、人才强国、创新驱动发展三大国家战略,推进传统产业技术进步、高技术产业赶超、战略性新兴产业培育等三大政策目标等。10年来,在正确的战略指引下,我国科技创新事业发生了历史性、格局性的巨大变化,创新体系和创新环境持续优化,全社会研发投入和全球创新指数排名持续提升,形成一系列有力支撑发展、保障安全的创新成果,成功进入创新型国家行列[①]。实践证明,新时代科技创新战略是实事求是、符合实际的科学战略,是高瞻远瞩、有力有效的正确战略。

正确的战略需要正确的策略来落实,政府研发补贴政策工具选择和组合策略要在国家科技创新战略指导下为战略服务。针对当前政府研发补贴政策制定和实施中存在的条块分割、各自为政、畸重畸轻、顾此失彼等现象,建议:第一,加强顶层设计。汲取一些拉美国家过早去工业化从而落入"中高端制造

---

① 赵永新. 我国成功进入创新型国家行列(中国这十年·系列主题新闻发布会)[N]. 人民日报,2022-06-07(2).

业陷阱"的教训，深刻把握我国仍处于全球产业链创新链中低端的实际，完整、准确、全面把握和推进三大政策目的，科学发现和精准凝练国家战略需求，统筹谋划基础研究、应用研究和试验发展，一体推进传统产业技术、"卡脖子"技术、前沿/颠覆性技术创新，捋清轻重缓急，明确优先事项，制定出台科技创新和产业发展总体战略，配套实施高适应性政府研发补贴政策，充分挖掘政府研发补贴政策在各类创新中的正向效用。第二，优化区域布局。面对目前国内产业集聚的负面外溢效应，汲取美国科技创新地区"极化""固化"教训，优化国家区域创新能力布局，深入挖掘地区比较优势，均衡建设区域创新中心，制定实施更具针对性的政府研发补贴政策，推动全国科技资源、产业资源、人才资源链接，推进产学研跨区域、跨地域协同融合，着力打造新的科技创新高地和产业集聚高地。第三，树立一盘棋思想。各地区各部门制定实施本地区本部门政府研发补贴政策，首先要对标对表党和国家战略导向，遵循科技规律、市场规律，匹配总体战略、区域布局，结合专业优势、禀赋优势，做到顾全大局、着眼长远，实事求是、循序渐进，真正把有限的财政资金用到刀刃上去，规避政策制定和执行中的"合成谬误"、"分解谬误"。完善地方政府间对接协调机制，构建多层次、专门化的对话机制，增强区域合作的长效性、互利性和制度性。第四，运用科学方法。持续优化国家创新系统，借鉴日本综合科学技术创新会议和德国弗劳恩霍夫系统与创新研究所经验做法，引入德尔菲法（Delphi method）等科技/产业预测手段，完善"自上而下"和"自下而上"紧密结合的民主集中制，建立及时灵敏的正反馈和负反馈机制，密切跟踪、科学研判未来科技/产业发展趋势，及时调整政府研发补贴政策工具选择和组合策略，确保战略坚定性和策略灵活性的有机统一。第五，坚持开放创新。科学认识自主创新与开放创新的关系，汲取"二战"时期日本和冷战时期苏联的教训，旗帜鲜明地反对脱钩、断链和排他性体系，突出以公平竞争促进企业技术创新升级的原则，将替代政策限定在关系国家安全和国计民生的关键领域，在精准设定国家安全利益底线的前提下，主动嵌入发达国家主导的全球产业链创新链，审时度势沿着"微笑曲线"向研发设计、关键零部件生产、运维服务等上下游产业链创新链延伸，在产业链创新链更多环节占据主动，形成你中有我、我中有你、合作两利、互"卡"两败的战略制衡，以合作对抗封锁，以高水平开放推动高水平科技自立自强。

7.2.3 发挥两个作用，着力提高政府研发补贴政策适应性

诚如 2016 年林毅夫和张维迎两位教授著名的产业政策之辩，"需不需要"也常常成为学界研究政府研发补贴政策的焦点。这犹如一场"信念之争"，一方希望政府运用研发补贴政策在科技创新中发挥更强有力的作用，另一方则希望政府最低程度地使用研发补贴政策干预创新活动，以免扭曲市场对资源的配置。然而，理论和实践都已证明，市场和政府并不是二元对立的，"政府万能论"行不通，"市场万能论"同样行不通。一方面，企业研发活动受知识的非竞争性、技术的非排他性、创新的不确定性等诸多条件约束，使社会贴现率与私人贴现率、公共偏好与私营偏好之间存在差异，需要政府提供一定的引导和支持，使社会偏好转变为市场需求。近年来，世界主要创新经济体大都在加大政府研发补贴力度，即便是那些一直向发展中国家兜售所谓自由放任政策的发达国家同样如此。另一方面，政府这只"看得见的手"用得好能够弥补"市场失灵"，用得不好也可能带来越位、缺位等问题。比如，美国持续、高强度的政府研发补贴，既造就了美国在全球的科技霸权，也催生了军工复合体、医工复合体等利益集团，其政治和经济影响力不仅深度介入政府研发补贴决策过程，而且对人民的民主和自由也构成了威胁。因此，对于实践而言，政府研发补贴政策研究的关键不在于"需不需要"，而在于政策适应性，即如何选择更合适的政策工具和组合策略，以更好发挥市场和政府"两只手"的作用，更有力地推动实现高水平科技自立自强。

改革开放以来，我国对高度集中的计划经济体制进行了深刻反思，建立起开放搞活的市场经济体制。中共中央强调发挥"高效市场"作用，但也十分重视"有为政府"作用。引导企业加大研发投入，既需要营造良好的创新环境，使市场在资源配置中起到决定性作用，也需要发挥政府作用，把集中力量办大事的制度优势和超大规模的市场优势结合起来。20 世纪 80 年代，我国全面引进日本战后初期的产业政策，有力促进了中国模仿创新和产业追赶，就是很好的例证。随着技术积累、产业进步、市场成熟，选择性的政府研发补贴政策已无法满足新发展阶段自主创新的需要。特别是进入复杂性时代，科研范式和组织方式进一步变革，科技发展模糊了物理、数字和生物领域界限，创新形态从过去的单向线性、双向转化转变为今天的多学科多领域融合创新，科研力量呈现出跨地域、跨部门、成体系、动态化的协同网络特性。在这样的背景

下，想要克服市场失灵、组织竞争情报、构建路径依赖，推进传统产业技术进步、高技术产业赶超、战略性新兴产业培育，无不需要更加智慧的政府研发补贴政策的支撑。

建议：第一，建立更灵敏的政府研发补贴政策优化机制。实践证明，技术轨迹的发展路径不是线性的，政府需要在网络化学习中持续感知态势，把不确定和不稳定当作预期结果，针对失灵或失败政策工具和组合策略迅速作出调整。同时，政策优化调整是一个与技术和网络协同演进的过程，颠覆式的调整可能带来不可预知的结果，而渐进式调整更容易适应环境，从而带来更好的效果。因此，政府研发补贴政策工具选择和组合策略不应是一个僵化、一成不变的决策，但在强调适应性的同时也要具备一定的稳定性，注重在网络化学习和渐进式调整中不断演进。第二，丰富和优化政府研发补贴政策工具箱。克服政府研发补贴政策存在的重复、分散、封闭、低效等问题，光靠整合亚类工具是"治标不治本"的，反而容易带来中试、工程化等环节短板这类问题。面对当前我国生产力发展的多层次性，需要更为丰富的政策工具箱，用以替代传统产业补贴等效用不高或容易引起贸易争端的政策工具。比如，允许具备实力的非国有企业注册为自然科学基金联合基金项目依托单位，重启科技型中小企业技术创新基金，降低高技术企业认定营收门槛，探索建立国际科技合作重大专项，试行总额型或增额型研发税收抵免政策，缩短特定战略性新兴产业的设备折旧年限，允许企业租赁设备享受加速折旧政策优惠，等等。第三，完善关键核心技术攻关的新型举国体制。集中力量办大事是克服"卡脖子"难题的有效途径，但必须符合科研和市场规律。要健全社会主义市场经济条件下新型举国体制，依托产学研各方面力量，找准关键核心技术攻关的切入点和着力点，提高产业界在国家科技资源分配中的话语权，支持领军企业牵头组建创新联合体，大幅提升小试、中试等成果转化中间环节的投入，以市场化机制、全链条贯通的创新合作方式，聚焦核心能力和互补性资产开发路径或脱离锁定，构建起路径依赖，努力在激烈的国际竞争中抢占战略制高点，获得发展主动权。第四，持续强化功能性政府研发补贴政策作用。压制和限制市场性竞争的选择性政策，在技术追赶阶段具有加速幼稚产业发展的作用，但在技术引领阶段可能会产生"劣币驱逐良币"的效果。要结合技术发展情况，逐步用功能性政策取代选择性政策，更多选择普惠性的直接资助和税收抵免政策，压缩政府不当干预和"寻租"的空间，避免产生违背市场主体意愿和需求的"拉郎配"现象,更好激发企业等创新主体的首创精神、创新潜力和创造动力。第五,健全网络化的政府研发补贴体系。坚持科技创新和制度创新"双轮驱动",主动适应创新主体多元、活动多样、路径多变的新趋势,推进政府研发补贴管理体制变革,优化相关职能部门作用,深化"放管服"改革,引入专业独立的项目管理制度和认证制度,借鉴国际上改进的同行评议、项目经理、随机抽签等机制的成功经验,深入发展"发包""揭榜""中标"等真正有助于选择研究能力而非"头衔""帽子"的竞争性资助政策,构建决策民主系统科学、组织扁平高效灵活、有统有分的政府研发补贴网络,进一步提升国家创新体系整体效能。

7.2.4 坚持分类施策,灵活运用不同政策工具和组合策略

本书宏观和微观实证研究以及案例研究都表明,直接资助和税收优惠两类政府研发补贴政策工具各有特点、各有利弊,没有一种政策工具或组合策略是万能"药方"。比如,美国长期以来推行的"高直接资助、高税收优惠"策略,让美国在原子裂变和载人登月等竞赛中拔得头筹,却难以成功复制到"对癌症的战争"中。这里面既有决策者不遵循科技规律盲目制定政策的主观原因,也有现行体制无法适应更复杂技术创新的客观原因。与之相反,瑞士虽然采取"低直接资助、低税收优惠"策略,但其坚持市场导向,巧妙运用慷慨的政府对高等教育研发的资助和独特的实施合作伙伴制度,有效推动医药界产学融合创新、撬动制药企业加大研发投入力度,成为欧洲最具创新力的生物技术基地和医药制品生产基地。再比如,日本在技术追赶阶段和技术引领阶段,分别实行了"高直接资助、低税收优惠"和"低直接资助、高税收优惠"两种策略,并先后取得成功。但这种政策组合的调整并非自然发生,而是在实践试错、官商博弈、财政约束、腐败丑闻等因素的共同作用下演进而成的。哪一种政策工具或政策组合更具有适应性,取决于国家创新体系、技术复杂程度、科技发展水平等诸多要素,需要相机抉择、因势利导。就像哈佛大学的罗德里克教授在《相同的经济学,不同的政策处方》一书中文版序言中提出的忠告那样,对于那种普适性、"最优做法"式的"药方"要保持清醒的头脑,重视保留和运用政策手段,促进多元化。

发挥市场政府两个作用,统筹推进三大政策目标,关键要在政府研发补贴政策工具选择和组合策略上坚持分类施策。需要认识到,创新模式不是单一

的，存在常规模式、转换模式、转型模式等多种类型，对应到我国的三大政策目标，可以归类为传统产业技术创新、"卡脖子"技术创新、前沿/颠覆性技术创新等三大类。其中，传统产业技术创新是既有网络和技术在既有技术轨迹上的协同演化，在技术上表现为对现有核心能力和互补性资产的创造性积累，以及高度的路径依赖，在网络上表现为高度动态的本地化学习；"卡脖子"技术创新是既有网络和技术的协同演化开启一条新的技术轨迹，在技术上表现为重大创新带来部分新的核心能力和互补性资产，以及中度的路径依赖，在网络上表现为更有探索性的区域化学习；前沿/颠覆性技术创新是新网络和技术的协同演化开启一条新的技术轨迹，在技术上表现为带来新的核心能力和互补性资产，以及低度的路径依赖（打破原有路径依赖），在网络上表现为全球化学习。三类创新模式不同、路径不同、风险不同，运用同样的政策工具和组合策略，是难以满足现实需要的。

当前，我国刚进入创新型国家行列，正处于"追跑"为主向"追跑""并跑""领跑"并举的阶段，距离"跻身创新型国家前列""建成世界科技强国"的奋斗目标还有一定距离。针对我国社会生产力发展的多层次性，结合本书实证研究和案例分析结论，建议对不同创新类型采取更具适应性的政府研发补贴政策。具体来说，对传统产业技术创新，建议侧重发挥税收优惠作用，采取"低直接资助、高税收优惠"策略。传统产业市场化程度较高，技术创新主要是渐进式的，以改进性能的技术变迁为特征，风险较其他两类创新小得多。与政府等其他创新主体相比，企业更清楚市场需求和技术发展趋势，提升传统产业技术核心能力，关键靠企业的创造性积累。政府研发补贴的主要作用在于克服市场失灵，组织竞争情报和构建路径依赖主要依靠市场和企业自身。"低直接资助、高税收优惠"策略能够较好兼顾弥补市场失灵和减少政府干预的双重目的，符合传统产业技术创新的特性和需求。80年代后日本功能性政府研发补贴政策的成效，也证明了这一点。要相机择用增额型和总额型税收优惠政策，既注意经济性，又把握实效性，更好发挥税收优惠的诱导作用。对"卡脖子"技术创新，建议侧重发挥直接资助作用，采取"高直接资助、低税收优惠"策略。"卡脖子"技术创新是对既有技术的重大改变，创造了新的核心功能和新的自组织网络。路径依赖一旦形成，就容易形成"强者愈强"的"马太效应"。因此，谁掌握了"卡脖子"技术，谁就掌握了新的竞争优势。谁被"卡脖子"了，谁就可能长期被"锁在门外"。对这类技术创新，政府研发补贴的主要作用不仅限于克服市场失灵，更重要的是构建或打破路径依赖。这需要开展大量的组织化学习，并投入高昂的专业化初始成本，没有慷慨的直接支持是难以调动企业等创新主体积极性的。德国扩散导向型政府研发补贴政策和追赶时期日本选择性政府研发补贴政策，从构建和打破路径依赖两个角度证明了"高直接资助、低税收优惠"策略的有效应。对前沿/颠覆性技术创新，建议综合直接资助和税收优惠作用，采取"高直接资助、高税收优惠"策略。前沿/颠覆性技术创新是三类创新中最无序的，充满了不可避免的不确定性，挫折、意外和中断时常发生，但一旦取得突破，就会产生破坏性影响。这种高风险高回报的特性，决定了前沿/颠覆性技术创新，是世界科技强国博弈优胜的关键。因此，在三类创新中，前沿/颠覆性技术创新最需要政府介入，政府研发补贴的主要作用涵盖了克服市场失灵、组织竞争情报、构建路径依赖等方方面面。美国作为二战以来最爱"换道超车"的创新型经济体，其危机驱动型政府研发补贴政策充分证明了"高直接资助、高税收优惠"策略的有效性。值得注意的是，对前沿/颠覆性技术创新的政府研发补贴政策，必须设置促进产学研合作创新的机制，美国"对癌症的战争"的失败就是前车之鉴。同时，建议结合企业类型优化细化政策体系。比如，对行业龙头企业、成熟期企业、国有企业，侧重运用税收优惠提高其创新积极性，对"专精特新"中小企业、成长期企业、非国有企业，侧重通过直接资助增强其创新底气和意愿。

7.3 研究不足与展望

政府研发补贴政策研究是一个极为重要并且常做常新的课题。受本人理论水平和实践经验的限制，本书仅涉及了政府研发补贴政策工具选择和组合策略的部分问题，仍有部分相关问题有待后人进行深入挖掘和研究。

第一，本书在理论和案例分析中引入了复杂性范式，但研究方法还停留在对既有理论和概念的应用之上。当前，复杂性研究在社会科学领域方兴未艾，不仅带来了一场方法论和思维方式的变革，也形成了一批优质的计算模型。未来，可以通过建模等方式进一步深化对政府研发补贴的复杂性研究，以更好地认识技术创新中涌现的动力和机制，更深入地掌握各创新主体间非线性的交互效应。这对于提高政府研发补贴政策选择和组合策略的科学性、精准性、实效性，具有重要作用。

第二，本书在宏观研究中引入了模糊集定性比较分析法，克服了传统计量研究的一些局限性。但受案例数量的限制，本书仅对 5 个前因条件进行了定性比较分析，未将专利保护指数、全球清廉指数、长期名义利率、高科技产品出口份额等影响因素纳入研究。当前，随着定性比较分析 R 包的开发和完善，对面板数据等的定性比较分析已经成为可能。未来，可以基于 R 语言，综合运用模糊集定性比较分析和传统计量方法，对更大样本量的数据和更多的前因条件/自变量进行研究，以深度挖掘各政策组合"化学反应"的机理。

第三，本书在微观研究中为有效刻画被解释变量而构建了多元创新指标，并进一步探究了不同政策的异质性效应，以及差异性政策与不同创新主体之间的匹配性，具有一定的边际贡献。需要指出的是，本书涉及的创新维度以及创新指标的衡量方式依然存在拓展空间，例如部分研究识别了不同类型的创新模式，部分研究则基于专利的 IPC 号测算专利的知识宽度，并以此来衡量创新质量。同时，为了兼顾样本数量与质量，本书使用了工业企业数据库，且将样本时间设定在 1998—2007 年，样本的时效性可能相对薄弱。因此，在未来研究中，可以进一步强化研究的稳健性与时效性，引入新的创新维度与创新指标，或是较新年份的企业数据样本（例如上市企业样本）等，以此提升研究的可靠性。

第四，本书基于政策组合和复杂性对政府研发补贴政策问题进行研究，拓宽了既有研究的视角。但政府研发补贴政策是一个"古老"又常新的课题，特别对进入新时代、踏上新征程的中国，还存在很多值得深入探索和研究的现实问题。未来，我国政府研发补贴政策工具选择和组合策略，仍要坚持以习近平新时代中国特色社会主义思想特别是习近平经济思想为指导，实事求是，守正创新，蹚出一条符合实际，助力实现高水平科技自立自强的康庄大道。

附　录

表 A1　基准回归（补充）：税收优惠、直接资助与企业技术创新

变量	(1) r&d	(2) np	(3) pat_app	(4) cited
Panel A：税收优惠与企业技术创新				
tax	0.6582 ***	0.0965 ***	0.0025 ***	0.0008 ***
	(0.0223)	(0.0043)	(0.0003)	(0.0001)
控制变量—企业	YES	YES	YES	YES
控制变量—城市	YES	YES	YES	YES
年份固定效应	YES	YES	YES	YES
个体固定效应	YES	YES	YES	YES
行业固定效应	YES	YES	YES	YES
观测值	1 299 658	1 299 658	1 299 658	1 299 658
R^2 – Adj	0.6493	0.6657	0.5276	0.4879
Panel B：直接资助与企业技术创新				
变量	(1) r&d	(2) np	(3) pat_app	(4) cited
sub	0.0050 ***	0.0045 *	0.0004 **	0.0000
	(0.0012)	(0.0025)	(0.0002)	(0.0001)
控制变量—企业	YES	YES	YES	YES
控制变量—城市	YES	YES	YES	YES
年份固定效应	YES	YES	YES	YES
个体固定效应	YES	YES	YES	YES
行业固定效应	YES	YES	YES	YES

续表

	Panel B：直接资助与企业技术创新			
变量	(1) r&d	(2) np	(3) pat_app	(4) cited
观测值	1 299 658	1 299 658	1 299 658	1 299 658
$R^2 - Adj$	0.5667	0.6652	0.5276	0.4879

注：① ***、**、* 分别表示在1%、5%、10%水平上显著，且括号中为稳健标准误。②区域层面控制变量包括：人均GDP，以各城市以1997年为基期调整后的人均GDP测度。第二产业占比，由该城市第二产业增加值占本地区GDP比重衡量。第三产业占比，由第三产业增加值占本地区GDP比重衡量。外商投资情况，由当年GDP平减指数以及即期平均动态汇率折算后的使用外商资金规模的对数进行衡量。地区财政分权情况，由当年政府预算内财政收入与预算内财政支出的比值进行衡量。政府的科技类财政支出，利用政府的科技支出与本地当年GDP之比进行衡量。金融发展水平，利用本地区存贷款余额（本地区存贷款余额＝存款余额＋贷款余额）占GDP的比重进行测度。主要数据来源于《中国城市统计年鉴》。③行业层面的固定效应：控制三位数层面的行业固定效应。

表A2　　　　　　　　　异质性讨论（补充）—企业生命周期

	Panel A：异质性讨论（税收优惠）—企业生命周期			
变量	(1) r&d		(2) np	
	成熟期	成长期	成熟期	成长期
tax	0.7725***	0.5110***	0.0998***	0.0503***
	(0.0320)	(0.0263)	(0.0065)	(0.0047)
控制变量—企业	YES	YES	YES	YES
年份固定效应	YES	YES	YES	YES
个体固定效应	YES	YES	YES	YES
行业固定效应	YES	YES	YES	YES
观测值	645 771	584 225	645 771	584 225
$R^2 - Adj$	0.6893	0.7781	0.7270	0.7041
变量	(3) pat_app		(4) cited	
	成熟期	成长期	成熟期	成长期
tax	0.0027***	0.0012***	0.0011***	0.0000
	(0.0005)	(0.0003)	(0.0002)	(0.0002)
控制变量—企业	YES	YES	YES	YES
年份固定效应	YES	YES	YES	YES
个体固定效应	YES	YES	YES	YES
行业固定效应	YES	YES	YES	YES
观测值	645 771	584 225	645 771	584 225
$R^2 - Adj$	0.5734	0.6225	0.5415	0.6104

续表

Panel B：异质性讨论（直接资助）—企业生命周期

变量	(1) r&d		(2) np	
	成熟期	成长期	成熟期	成长期
sub	0.0017	0.0042 **	0.0023	0.0102 ***
	(0.0017)	(0.0018)	(0.0035)	(0.0038)
控制变量—企业	YES	YES	YES	YES
年份固定效应	YES	YES	YES	YES
个体固定效应	YES	YES	YES	YES
行业固定效应	YES	YES	YES	YES
观测值	645 771	584 225	645 771	584 225
R^2 - Adj	0.6231	0.7034	0.7267	0.7039

变量	(3) pat_app		(4) cited	
	成熟期	成长期	成熟期	成长期
sub	0.0001	0.0004	-0.0003	0.0002
	(0.0002)	(0.0003)	(0.0001)	(0.0001)
控制变量-企业	YES	YES	YES	YES
年份固定效应	YES	YES	YES	YES
个体固定效应	YES	YES	YES	YES
行业固定效应	YES	YES	YES	YES
观测值	645 771	584 225	645 771	584 225
R^2 - Adj	0.5733	0.6225	0.5415	0.6104

注：①***、**、*分别表示在1%、5%、10%水平上显著；②括号中为稳健标准误。

表 A3　　　异质性讨论（补充）—企业所有制性质

Panel A：异质性讨论（税收优惠）—企业所有制性质

变量	(1) r&d		(2) np	
	国有控股	私人控股	国有控股	私人控股
tax	0.8325 ***	0.6332 ***	0.0997 ***	0.0401 ***
	(0.1157)	(0.0164)	(0.0188)	(0.0053)
控制变量—企业	YES	YES	YES	YES
年份固定效应	YES	YES	YES	YES
个体固定效应	YES	YES	YES	YES
观测值	203 183	338 884	203 183	338 884
R^2 - Adj	0.6283	0.8847	0.8008	0.8104

续表

变量	Panel A：异质性讨论（税收优惠）—企业所有制性质			
	(3) *pat_app*		(4) *cited*	
	国有控股	私人控股	国有控股	私人控股
tax	0.0047***	0.0006	0.0016**	-0.0002
	(0.0013)	(0.0006)	(0.0008)	(0.0003)
控制变量—企业	YES	YES	YES	YES
年份固定效应	YES	YES	YES	YES
个体固定效应	YES	YES	YES	YES
观测值	203 183	338 884	203 183	338 884
R^2-Adj	0.5702	0.7430	0.5113	0.7379

变量	Panel B：异质性讨论（直接资助）—企业所有制性质			
	(1) *r&d*		(2) *np*	
	国有控股	私人控股	国有控股	私人控股
sub	-0.0022	0.0094***	0.0102	0.0006
	(0.0039)	(0.0030)	(0.0066)	(0.0062)
控制变量—企业	YES	YES	YES	YES
年份固定效应	YES	YES	YES	YES
个体固定效应	YES	YES	YES	YES
观测值	203 183	338 884	203 183	338 884
R^2-Adj	0.5969	0.8257	0.8007	0.8103
变量	(3) *pat_app*		(4) *cited*	
	国有控股	私人控股	国有控股	私人控股
sub	0.0003	-0.0001	-0.0007	-0.0004
	(0.0005)	(0.0005)	(0.0004)	(0.0003)
控制变量—企业	YES	YES	YES	YES
年份固定效应	YES	YES	YES	YES
个体固定效应	YES	YES	YES	YES
观测值	203 183	338 884	203 183	338 884
R^2-Adj	0.5701	0.7430	0.5113	0.7379

注：①***、**、*分别表示在1%、5%、10%水平上显著；②括号中为稳健标准误。

参考文献

[1] 阿克塞尔·马克斯，贝努瓦·里候科斯，查尔斯·拉金，等. 社会科学研究中的定性比较分析法——近25年的发展及应用评估 [J]. 国外社会科学，2015（6）：105-112.

[2] 安同良，周绍东，皮建才. R&D补贴对中国企业自主创新的激励效应 [J]. 经济研究，2009（10）：87-98，120.

[3] 白俊红，李婧. 政府R&D资助与企业技术创新——基于效率视角的实证分析 [J]. 金融研究，2011（6）：181-193.

[4] 白俊红. 中国的政府R&D资助有效吗？来自大中型工业企业的经验证据，2011 [C].

[5] 保罗·肯尼迪. 大国的兴衰：1500—2000年的经济变革与军事冲突（上）[M]. 北京：中信出版社，2013.

[6] 伯努瓦·里豪克斯，拉金·查尔斯C. QCA设计原理与应用：超越定性与定量研究的新方法 [M]. 北京：机械工业出版社，2017.

[7] 布什V等. 科学——没有止境的前沿 [M]. 北京：商务印书馆，2004.

[8] 陈超. 瑞士中小企业科技创新创业机制研究 [J]. 上海市经济管理干部学院学报，2017（1）：34-41.

[9] 陈莞，谢富纪. 创新的直接性政府补贴设计与运用 [J]. 科技管理研究，2009（5）：6-7.

[10] 陈海声，赵佳苗. 企业研发投入中的政府激励效果分析——基于双寡头博弈模型 [J]. 财会通讯，2016（19）：20-23.

[11] 陈玲，杨文辉. 政府研发补贴会促进企业创新吗？——来自中国上市公司的实证研究 [J]. 科学学研究，2016（3）：433-442.

[12] 陈明明，张国胜，孙秀. 国有企业、政府补贴与企业创新供给——

基于上市工业企业的实证研究 [J]. 当代财经, 2016 (10): 34-44.

[13] 陈套. 瑞士的科技治理 [J]. 中国领导科学, 2019 (2): 108-111.

[14] 陈婷婷. 政府研发补贴对企业研发支出的综合影响效应分析 [D]. 暨南大学, 2018.

[15] 陈晓暾, 杨丽. 所得税优惠政策对高新技术企业研发影响研究——以陕西省为例 [J]. 价格理论与实践, 2017 (10): 146-149.

[16] 陈远燕. 财政补贴、税收优惠与企业研发投入——基于非上市公司20万户企业的实证分析 [J]. 税务研究, 2016 (10): 34-39.

[17] 陈战光, 宛晴, 冯家丛, 等. 政府补贴、知识产权保护与研发投入 [J]. 投资研究, 2018 (5): 57-71.

[18] 程华, 赵祥, 杨华, 等. 政府科技资助对我国大中型工业企业 R&D 产出的影响——基于省际面板数据的研究 [J]. 科学学与科学技术管理, 2008 (2): 24-27.

[19] 程华, 赵祥. 企业规模、研发强度、资助强度与政府科技资助的绩效关系研究——基于浙江民营科技企业的实证研究 [J]. 科研管理, 2008 (2): 37-43.

[20] 程华, 赵祥. 政府科技资助的溢出效应研究——基于我国大中型工业企业的实证研究 [J]. 科学学研究, 2009 (6): 862-868.

[21] 程华, 赵祥. 政府科技资助对企业 R&D 产出的影响——基于我国大中型工业企业的实证研究 [J]. 科学学研究, 2008 (3): 519-525.

[22] 程华. 科技资助促进企业 R&D 研究 [J]. 科研管理, 2005 (4): 68-71.

[23] 程华. 科技资助政策的评估及其政策工具选择 [J]. 科研管理, 2003 (6): 89-93.

[24] 戴晨, 刘怡. 税收优惠与财政补贴对企业 R&D 影响的比较分析 [J]. 经济科学, 2008 (3): 58-71.

[25] 戴小勇, 成力为. 财政补贴政策对企业研发投入的门槛效应 [J]. 科研管理, 2014 (6): 68-76.

[26] 德国科技创新态势分析报告课题组. 德国科技创新态势分析报告 [G]. 北京: 科学出版社, 2014.

[27] 邓若冰, 吴福象. 研发模式、技术溢出与政府最优补贴强度 [J].

科学学研究，2017（6）：842-852.

[28] 董静，翟海燕，杨自伟. 政府科技资助对谁更有效？——基于企业规模与所有制三维交互的研究 [J]. 财经研究，2016（7）：87-98.

[29] 杜运周，贾良定. 组态视角与定性比较分析（QCA）：管理学研究的一条新道路 [J]. 管理世界，2017（6）：155-167.

[30] 发达国家科技计划管理机制研究课题组. 发达国家科技计划管理机制研究 [M]. 北京：科技出版社，2016.

[31] 樊纲，王小鲁，朱恒鹏. 中国市场化指数——各地区市场化相对进程2011年报告 [M]. 北京：经济科学出版社，2011.

[32] 樊琦，韩民春. 政府 R&D 补贴对国家及区域自主创新产出影响绩效研究——基于中国28个省域面板数据的实证分析 [J]. 管理工程学报，2011（3）：183-188.

[33] 范寒冰，徐承宇. 政府补贴对企业绩效的影响研究——来自中国企业-劳动力匹配调查的经验证据 [J]. 宏观质量研究，2018（2）：1-12.

[34] 范如国. "全球风险社会"治理：复杂性范式与中国参与 [J]. 中国社会科学，2017（2）：66-84+207.

[35] 方海燕，达庆利，朱长宁. 政府不同研发补贴政策下的企业市场绩效 [J]. 工业工程，2012（2）：33-40.

[36] 冯泽，陈凯华，戴小勇. 研发费用加计扣除是否提升了企业创新能力？——创新链全视角 [J]. 科研管理，2019（10）：73-86.

[37] 冯宗宪，王青，侯晓辉. 政府投入、市场化程度与中国工业企业的技术创新效率 [J]. 数量经济技术经济研究，2011（4）：3-17.

[38] 傅志华，王光. WTO 改革背景下中国补贴政策空间分析 [J]. 财政研究，2021（10）：3-11.

[39] 高宏伟. 政府补贴对大型国有企业研发的挤出效应研究 [J]. 中国科技论坛，2011（8）：15-20.

[40] 高雨辰，柳卸林，马永浩，等. 政府研发补贴对企业研发产出的影响机制研究——基于江苏省的实证分析 [J]. 科学学与科学技术管理，2018（10）：51-67.

[41] 葛春雷，裴瑞敏. 德国科技计划管理机制与组织模式研究 [J]. 科研管理，2015（6）：128-136.

［42］顾群，谷靖，吴宗耀．财政补贴、代理问题与企业技术创新——基于R&D投资异质性视角［J］．软科学，2016（7）：70-73.

［43］顾群．政府补贴与企业创新投入、创新模式的关系——来自科技型中小企业的经验证据［J］．财会月刊，2015（32）：74-76.

［44］关勇军，瞿旻，王艳．基于研发补贴类别的研发投入与专利产出关系研究——基于深圳中小板上市企业的经验证据［J］．工业技术经济，2013（4）：25-33.

［45］郭兵，罗守贵．地方政府财政科技资助是否激励了企业的科技创新？——来自上海企业数据的经验研究［J］．上海经济研究，2015（4）：70-78.

［46］郭曼．瑞士创新生态系统的核心特征及对我国创新体系建设的启示［J］．全球科技经济瞭望，2019（8）：28-33.

［47］郭韬．基于复杂性理论的企业组织创新研究［D］．辽宁：哈尔滨工程大学，2008.

［48］郭晓丹，何文韬．战略性新兴产业政府R&D补贴信号效应的动态分析［J］．经济学动态，2011（9）：88-93.

［49］郭研，郭迪，姜坤．政府资助、项目筛选和企业的创新产出——来自科技型中小企业创新基金的证据［J］．产业经济研究，2015（2）：33-46.

［50］韩宇，郑永和，胡智慧．十年决策：世界主要国家（地区）宏观科技政策研究［M］．北京：科学出版社，2014.

［51］贺康，王运陈，张立光，等．税收优惠、创新产出与创新效率——基于研发费用加计扣除政策的实证检验［J］．华东经济管理，2020（1）：37-48.

［52］贺炎林，朱伟豪．财政补贴对研发投入的影响——基于政企关系的视角［J］．科技管理研究，2017（11）：28-36.

［53］赫尔曼·西蒙．隐形冠军：未来全球化的先锋［M］．北京：机械工业出版社，2015.

［54］洪银兴．创新驱动攀升全球价值链中高端［J］．经济学家，2017（12）：6-9.

［55］洪银兴．围绕产业链部署创新链——论科技创新与产业创新的深度融合［J］．经济理论与经济管理，2019（8）：4-10.

[56] 侯建国. 把科技自立自强作为国家发展的战略支撑 [J]. 求是, 2021 (6): 27-32.

[57] 胡彬, 万道侠. 产业集聚如何影响制造业企业的技术创新模式——兼论企业"创新惰性"的形成原因 [J]. 财经研究, 2017 (11): 30-43.

[58] 胡彬, 万道侠. 集聚环境"升级"抑或"降级": 对企业"创新惰性"的新解释 [J]. 财经研究, 2019 (5): 16-29.

[59] 胡明勇, 周寄中. 政府资助对技术创新的作用: 理论分析与政策工具选择 [J]. 科研管理, 2001 (1): 31-36.

[60] 胡瑞卿, 郑旭东. 政府经费支持对企业 R&D 投入的效应分析——基于惠州企业动态面板数据模型的系统 GMM 估计 [J]. 惠州学院学报, 2016 (2): 48-53.

[61] 布朗温·H. 霍尔, 内森·罗森伯格. 创新经济学手册 [M]. 上海: 上海交通大学出版社, 2017.

[62] 杰弗里·M. 霍奇逊. 演化与制度——论演化经济学和经济学的演化 [M]. 北京: 中国人民大学出版社, 2007.

[63] 贾瑞哲. WTO 框架下研发补贴政策研究 [D]. 对外经济贸易大学, 2020.

[64] 蒋冠宏. 中国产业政策的均衡效应分析——基于政府补贴的视角 [J]. 中国工业经济, 2022, No.411 (6): 98-116.

[65] 江艇, 孙鲲鹏, 聂辉华. 城市级别、全要素生产率和资源错配 [J]. 管理世界, 2018 (3): 38-50.

[66] 姜宁, 黄万. 政府补贴对企业 R&D 投入的影响——基于我国高技术产业的实证研究 [J]. 科学学与科学技术管理, 2010 (7): 28-33.

[67] 解维敏, 唐清泉, 陆姗姗. 政府 R&D 资助, 企业 R&D 支出与自主创新——来自中国上市公司的经验证据 [J]. 金融研究, 2009 (6): 86-99.

[68] 康志勇, 汤学良, 刘馨. "鱼与熊掌能兼得"吗? ——市场竞争、政府补贴与企业研发行为 [J]. 世界经济文汇, 2018 (4): 101-117.

[69] 柯忠义, 潘庆年, 彭刚. 企业 R&D 能力互补下的政府补贴与合作创新模式 [J]. 数学的实践与认识, 2014 (7): 1-7.

[70] 科学技术部火炬高技术产业开发中心. 国家支持企业技术创新政策汇编 2020 [M]. 北京: 科学技术文献出版社, 2020.

［71］克劳斯·施瓦布. 第四次工业革命［M］. 北京：中信出版社，2016.

［72］查尔斯·C. 拉金. 重新设计社会科学研究［M］. 北京：机械工业出版社，2019.

［73］李爱鸽，钟飞. 财政补贴与税收优惠对企业研发投入影响的定量分析［J］. 管理现代化，2013（4）：13-15.

［74］李爱玲. 政府研发资助对企业创新产出作用效果研究［J］. 统计与决策，2015（16）：185-188.

［75］李昊洋，程小可，高升好. 税收激励影响企业研发投入吗？——基于固定资产加速折旧政策的检验［J］. 科学学研究，2017（11）：1680-1690.

［76］李华，张瑜娟. 税收分权影响因素及其形成路径研究——基于模糊集的定性比较分析［J］. 山东大学学报（哲学社会科学版），2020（1）：92-101.

［77］李慧敏，陈光，李章伟. 决策与咨询的共生与交融——基于日本科技咨询体系的考察与启示［J］. 科学学研究，2021（7）：1199-1207.

［78］李晋，邓峰. 政府 R&D 补贴投入对技术创新产出能力影响机制研究——基于5个高技术行业面板数据的实证分析［J］. 科技进步与对策，2013（13）：67-71.

［79］李婧. 政府 R&D 资助对企业技术创新的影响——一个基于国有与非国有企业的比较研究［J］. 研究与发展管理，2013（3）：18-24.

［80］李瑞茜，白俊红. 政府 R&D 资助对企业技术创新的影响——基于门槛回归的实证研究［J］. 中国经济问题，2013（3）：11-23.

［81］李文秀，魏守道. 研发形式与发展中国家实施研发补贴的效果［J］. 中国科技论坛，2017（1）：186-192.

［82］李香菊，贺娜. 税收激励有利于企业技术创新吗？［J］. 经济科学，2019（1）：18-30.

［83］李新功. 政府 R&D 资助、金融信贷与企业不同成长阶段实证研究［J］. 管理评论，2018（10）：73-81.

［84］李永，孟祥月，王艳萍. 政府 R&D 资助与企业技术创新——基于多维行业异质性的经验分析［J］. 科学学与科学技术管理，2014（1）：33-41.

［85］李长英，谢中祥，王孝松. 异质产品、中间品贸易与最优研究和开发政策［J］. 制度经济学研究，2009（4）：191-202.

［86］罗伯特·W. 里克罗夫特，董开石. 复杂性挑战——21世纪的技术

创新［M］．北京：北京大学出版社，2016．

［87］梁彤缨，冯莉，陈修德．税式支出、财政补贴对研发投入的影响研究［J］．软科学，2012（5）：32-35．

［88］梁彤缨，桂林玲，刘璇冰．不同融资约束背景下政府研发补助效应研究［J］．科技进步与对策，2017（7）：26-33．

［89］梁彤缨，赵悦祺．技术溢出及政策歧视对R&D补贴效果的影响［J］．科技管理研究，2016（5）：41-46．

［90］廖信林，顾炜宇，王立勇．政府R&D资助效果、影响因素与资助对象选择——基于促进企业R&D投入的视角［J］．中国工业经济，2013（11）：148-160．

［91］林菁璐．政府研发补贴对中小企业研发投入影响的实证研究［J］．管理世界，2018（3）：180-181．

［92］林木西，张紫薇，和军．研发支持政策、制度环境与企业研发投入［J］．上海经济研究，2018（9）：35-48．

［93］林念修．创新是引领发展的第一动力［J］．行政管理改革，2015（10）：21-25．

［94］林毅夫．新结构经济学：反思经济发展与政策的理论框架（增订版）［M］．北京：北京大学出版社，2014．

［95］林洲钰，林汉川，邓兴华．政府补贴对企业专利产出的影响研究［J］．科学学研究，2015（6）：842-849．

［96］刘春林，田玲．人才政策"背书"能否促进企业创新［J］．中国工业经济，2021，No.396（3）：156-173．

［97］刘和东．财政科技投入与原始创新能力关系的实证研究［J］．工业技术经济，2009（12）：55-58．

［98］刘和东．财政科技投入与自主创新关系的实证研究［J］．科技政策与管理，2007．

［99］刘虹，肖美凤，唐清泉．R&D补贴对企业R&D支出的激励与挤出效应——基于中国上市公司数据的实证分析［J］．经济管理，2012（4）：19-28．

［100］刘继兵，王定超，夏玲．政府补助对战略性新兴产业创新效率影响研究［J］．科技进步与对策，2014（23）：56-61．

［101］刘立．科技政策学研究［M］．北京：北京大学出版社，2011．

[102] 刘穷志. 激励自主创新：公共支出效应与最优规模 [J]. 数量经济技术经济研究, 2007 (3): 81-90.

[103] 刘素荣. 融资约束下政府补贴对中小企业研发的激励效应——基于政府补贴相关性分类计量的视角 [J]. 技术经济, 2018 (1): 18-25.

[104] 刘卫民, 陈继祥. 技术溢出与最优 R&D 补贴策略 [J]. 哈尔滨工业大学学报, 2009 (2): 208-210.

[105] 刘效梅. 所得税优惠对高新技术企业 R&D 的影响——以福建省上市高新技术企业为分析对象 [J]. 科技管理研究, 2017 (21): 29-34.

[106] 刘行, 叶康涛, 陆正飞. 加速折旧政策与企业投资——基于"准自然实验"的经验证据 [J]. 经济学 (季刊), 2019 (1): 213-234.

[107] 刘怡芳. 我国政府 R&D 补贴对技术创新的影响研究 [D]. 吉林: 东北师范大学, 2017.

[108] 柳剑平, 程时雄. 国际 R&D 竞争、资本结构与战略性贸易政策 [J]. 科学学与科学技术管理, 2009 (9): 10-15.

[109] 柳剑平, 郑绪涛, 喻美辞. 税收、补贴与 R&D 溢出效应分析 [J]. 数量经济技术经济研究, 2005 (12): 81-90.

[110] 柳卸林. 技术创新经济学（第 2 版）[M]. 北京: 清华大学出版社, 1993.

[111] 卢君生, 张顺明, 朱艳阳. 高新技术企业认证能缓解融资约束吗？[J]. 金融论坛, 2018, 23 (1): 52-65.

[112] 卢馨, 何小华, 戴欹婷, 等. 金融发展、政府补贴与企业研发投入——来自战略性新兴产业上市公司的经验证据 [J]. 首都经济贸易大学学报, 2018 (1): 49-58.

[113] 罗伯特·戈登. 美国增长的起落 [M]. 北京: 中信出版集团, 2018.

[114] 罗植. 政府资助、企业研发投入和创新产出——基于北京工业企业的门槛回归分析 [J]. 中国流通经济, 2018 (1): 102-112.

[115] 马海涛, 任强, 郭义. 对我国中长期优化税制结构的思考 [J]. 经济研究参考, 2022 (3): 5-16.

[116] 马嘉楠, 翟海燕, 董静. 财政科技补贴及其类别对企业研发投入影响的实证研究 [J]. 财政研究, 2018 (2): 77-87.

[117] 马嘉楠,周振华. 地方政府财政科技补贴、企业创新投入与区域创新活力 [J]. 上海经济研究,2018 (2):53-60.

[118] 马名杰. 把科技自立自强作为国家发展的战略支撑 [N]. 2020-12-17 (9).

[119] 马卫华,薛永业. 国家自然科学基金联合基金项目管理机制优化策略 [J]. 科技管理研究,2017 (5):155-163.

[120] 马文聪,李小转,廖建聪,等. 不同政府科技资助方式对企业研发投入的影响 [J]. 科学学研究,2017 (5):689-699.

[121] 马晓楠,耿殿贺. 战略性新兴产业共性技术研发博弈与政府补贴 [J]. 经济与管理研究,2014 (1):73-78.

[122] 苗东升. 复杂性管窥 [M]. 北京:知识产权出版社,2014.

[123] 荷马·A. 尼尔,托宾·L. 史密斯,珍妮弗·B. 麦考密克. 超越斯普尼克——21 世纪美国的科学政策 [M]. 北京:北京大学出版社,2017.

[124] 尼古拉斯·雷舍尔. 复杂性——一种哲学概观 [M]. 上海:上海科技教育出版社,2007.

[125] 聂鸣,曾赤阳,丁秀好. 不同政府科技资助与区域 R&D 产出的关系研究 [J]. 科学学研究,2014 (10):1468-1475.

[126] 潘孝珍. 高新技术企业所得税名义税率优惠的科技创新激励效应 [J]. 中南财经政法大学学报,2017 (6):103-111.

[127] 平力群. 日本科技创新政策形成机制的制度安排 [J]. 日本学刊,2016 (5):106-127.

[128] 邱通. 财政 R&D 补贴和企业创新 [D]. 中国财政科学研究院,2018.

[129] 任国良,蔡宏波,郭界秀. 政府 R&D 政策评价研究的实证沿革与最新进展——综述与评价 [J]. 世界经济文汇,2013 (6):55-88.

[130] 任海云,宋伟宸. 企业异质性因素、研发费用加计扣除与 R&D 投入 [J]. 科学学研究,2017 (8):1232-1239.

[131] 瑞·达利欧. 原则:应对变化中的世界秩序 [M]. 北京:中信出版集团,2022.

[132] 尚洪涛,黄晓硕. 政府补贴、研发投入与创新绩效的动态交互效应 [J]. 科学学研究,2018 (3):446-455.

[133] 邵学峰，赵志琦．补贴边界、产权阈值与研发产出表现 [J]．吉林大学社会科学学报，2019（2）：20-29．

[134] 沈鹏远，邹海峰．政府研发补贴与企业研发投入——以中国制造业上市公司为例 [J]．上海经济研究，2018（8）：84-93．

[135] 石广生．中国加入世贸组织知识读本 [M]．北京：人民出版社，2011．

[136] 史安娜，李兆明，黄永春．工业企业研发活动与政府研发补贴理念转变——基于演化博弈视角 [J]．中国科技论坛，2013（5）：12-17．

[137] 司晓悦，马一铭．区域科技创新的财政支持政策工具研究——基于清晰集定性比较分析方法 [J]．上海行政学院学报，2020（3）：85-95．

[138] 宋丽颖，杨潭．财政补贴、行业集中度与高技术企业R&D投入的非线性关系实证研究 [J]．财政研究，2016（7）：59-68．

[139] 宋林，乔小乐．政府补贴对企业研发投入的影响研究——以装备制造业为例 [J]．经济问题，2017（11）：20-27．

[140] 苏丹妮，盛斌，邵朝对．产业集聚与企业出口产品质量升级 [J]．中国工业经济，2018（11）：117-135．

[141] 苏娜．财政科技专项补贴对企业R&D投入的影响比较分析 [J]．统计与决策，2019（3）：182-185．

[142] 孙慧，王慧．政府补贴、研发投入与企业创新绩效——基于创业板高新技术企业的实证研究 [J]．科技管理研究，2017（12）：111-116．

[143] 孙健夫，贺佳．企业所得税优惠政策对提升高新技术企业科技竞争力的效应分析 [J]．当代财经，2020（3）：26-37．

[144] 孙伟，江三良，韩裕光．环境规制、政府投入和技术创新——基于演化博弈的分析视角 [J]．江淮论坛，2015（2）：34-38．

[145] 孙伟，江三良．环境规制与政府投入的创新效应研究 [J]．华东经济管理，2015（12）：106-111．

[146] 孙晓华，郭旭，王昀．政府补贴、所有权性质与企业研发决策 [J]．管理科学学报，2017（6）：18-31．

[147] 孙延臣，秦书生．现代科学技术中的哲学问题研究 [M]．沈阳：辽宁民族出版社，2007．

[148] 汤颖梅，王明玉．政府研发补贴对高新技术企业研发支出的影响——

基于企业生命周期理论 [J]. 企业经济, 2016 (11): 73-78.

[149] 唐清泉, 卢珊珊, 李懿东. 企业成为创新主体与 R&D 补贴的政府角色定位 [J]. 中国软科学, 2008 (6): 88-98.

[150] 佟爱琴, 陈蔚. 政府补贴对企业研发投入影响的实证研究——基于中小板民营上市公司政治联系的新视角 [J]. 科学学研究, 2016 (7): 1044-1053.

[151] 童光荣, 高杰. 中国政府 R&D 支出对企业 R&D 支出诱导效应及其时滞分析 [J]. 中国科技论坛, 2004 (4): 97-99.

[152] 童锦治, 刘诗源, 林志帆. 财政补贴、生命周期和企业研发创新 [J]. 财政研究, 2018 (4): 33-47.

[153] 王刚刚, 谢富纪, 贾友. R&D 补贴政策激励机制的重新审视——基于外部融资激励机制的考察 [J]. 中国工业经济, 2017 (2): 60-78.

[154] 王光. 中国补贴政策选择的实践特征——基于中国向 WTO 提交的补贴通知分析 [J]. 地方财政研究, 2021 (5): 56-64.

[155] 王赫然. 我国高新技术企业享受企业所得税优惠特点研究 [J]. 全球科技经济瞭望, 2017 (Z1): 25-32.

[156] 王欢芳, 李密. 政府补贴对新兴企业 R&D 投入的影响研究 [J]. 湖南科技大学学报（社会科学版）, 2018 (4): 60-68.

[157] 王菁, 徐小琴, 孙元欣. 政府补贴体现了"竞争中立"吗——基于模糊集的定性比较分析 [J]. 当代经济科学, 2016 (2): 49-60.

[158] 王军, 张一飞. 政府研发补贴对企业创新以及经济增长的影响——理论依据与政策选择 [J]. 经济社会体制比较, 2016 (5): 1-11.

[159] 王俊. R&D 补贴对企业 R&D 投入及创新产出影响的实证研究 [J]. 科学学研究, 2010 (9): 1368-1374.

[160] 王俊. 我国政府 R&D 税收优惠强度的测算及影响效应检验 [J]. 科研管理, 2011 (9): 157-164.

[161] 王俊. 政府 R&D 资助与企业 R&D 投入的产出效率比较 [J]. 数量经济技术经济研究, 2011 (6): 93-106.

[162] 王遂昆, 郝继伟. 政府补贴、税收与企业研发创新绩效关系研究——基于深圳中小板上市企业的经验证据 [J]. 科技进步与对策, 2014 (9): 92-96.

[163] 王万光，叶建芳，杨辉．日本对研发的税收激励政策演变及评价 [J]．税务研究，2016（11）：61-63．

[164] 王文华，张卓．金融发展、政府补贴与研发融资约束——来自 A 股高新技术上市公司的经验证据 [J]．经济与管理研究，2013（11）：51-57．

[165] 王文煜，朱卫东．政府补贴对企业创新投入及创新产出的影响研究 [J]．合肥工业大学学报（社会科学版），2015（4）：14-20．

[166] 王杏芬．技术创新补贴绩效监管之博弈困局与破解机制 [J]．科研管理，2021：1-10．

[167] 王旭，何玉．政府补贴、税收优惠与企业研发投入——基于动态面板系统 GMM 分析 [J]．技术经济与管理研究，2017（4）：92-96．

[168] 王一卉．政府补贴、研发投入与企业创新绩效——基于所有制、企业经验与地区差异的研究 [J]．经济问题探索，2013（7）：138-143．

[169] 王宇，刘志彪．补贴方式与均衡发展：战略性新兴产业成长与传统产业调整 [J]．中国工业经济，2013（8）：57-69．

[170] 王志刚．坚持把科技自立自强作为国家发展的战略支撑 [J]．旗帜，2020（12）：11-13．

[171] 王志刚．矢志科技自立自强加快建设科技强国 [J]．求是，2021（6）：21-26．

[172] 王志刚．完善科技创新体制机制 [N]．人民日报，2020-12-14（9）．

[173] 王志康．社会系统复杂性与社会研究方法——跨层次的社会方法论研究 [M]．广州：广东人民出版社，2017．

[174] 王宗军，周文斌，后青松．固定资产加速折旧所得税政策对企业研发创新的效应 [J]．税务研究，2019（11）：41-46．

[175] 温明月．政府研发补贴的连续性与企业研发投入——基于185家制造业上市公司的实证分析 [J]．公共行政评论，2017（1）：116-140．

[176] 吴非，杜金岷，杨贤宏．财政 R&D 补贴、地方政府行为与企业创新 [J]．国际金融研究，2018（5）：35-44．

[177] 吴剑峰，杨震宁．政府补贴、两权分离与企业技术创新 [J]．科研管理，2014（12）：54-61．

[178] 吴敬琏，刘鹤，樊纲，等．中国经济新时代：构建现代化经济体

系［G］．北京：中信出版集团，2018．

［179］吴勇，陈通．企业合作与非合作并行研发模式下政府补贴策略研究［J］．软科学，2011（6）：25-27．

［180］吴芸．政府科技投入对科技创新的影响研究——基于40个国家1982—2010年面板数据的实证检验［J］．科学学与科学技术管理，2014（1）：16-22．

［181］武咸云，陈艳，杨卫华．战略性新兴产业的政府补贴与企业R&D投入［J］．科研管理，2016（5）：19-23．

［182］习近平．高举中国特色社会主义伟大旗帜 为全面建设社会主义现代化国家而团结奋斗［M］．北京：人民出版社，2022．

［183］习近平．决胜全面建成小康社会夺取新时代中国特色社会主义伟大胜利［M］．北京：人民出版社，2017．

［184］习近平．努力成为世界主要科学中心和创新高地［J］．求是，2021（6）：4-11．

［185］习近平．深入理解新发展理念［J］．奋斗，2019（10）：1-13．

［186］习近平．始终坚持和充分发挥党的独特优势［EB/OL］．http：//www.gov.cn/ldhd/2012-08/01/content_2196155.htm，（2012-08-30）［2022-03-17］．

［187］习近平．为建设世界科技强国而奋斗——在全国科技创新大会、两院院士大会、中国科协第九次全国代表大会［N］．人民日报，2016-06-30（2）．

［188］习近平．在企业家座谈会上的讲话［N］．人民日报，2020-07-22（2）．

［189］习近平．在中国科学院第二十次院士大会、中国工程院第十五次院士大会、中国科协第十次全国代表大会上的讲话［M］．北京：人民出版社，2021．

［190］习近平．在中国科学院第十九次院士大会、中国工程院第十四次院士大会上的讲话［N］．人民日报，2018-05-29（2）．

［191］夏鑫，何建民，刘嘉毅．定性比较分析的研究逻辑——兼论其对经济管理学研究的启示［J］．财经研究，2014（10）：97-107．

［192］小宫隆太郎，奥野正宽，铃村兴太郎．日本的产业政策［M］．

（黄晓勇，韩铁英，吕文忠，张舒英，张子镁，鲍刚）．北京：国际文化出版公司，1988．

［193］小田切宏之，后藤晃．日本的技术与产业发展——以学习、创新和公共政策提升能力［M］．广州：广东人民出版社，2019．

［194］肖曙光，彭文浩，黄晓凤．当前制造业企业的融资约束是过度抑或不足——基于高质量发展要求的审视与评判［J］．南开管理评论，2020，23（2）：85-97．

［195］谢申祥，王孝松．国际寡头竞争、产业研发效率与战略性研发政策［J］．科学学与科学技术管理，2013（2）：28-35．

［196］谢申祥，王孝松．战略性研发补贴政策稳健吗？——基于中间品贸易的视角［J］．经济学（季刊），2013（1）：223-242．

［197］邢斐，董亚娇．企业产品多样化对研发补贴政策绩效的影响［J］．科学学研究，2017（9）：1370-1377．

［198］邢斐，王红建．企业规模、市场竞争与研发补贴的实施绩效［J］．科研管理，2018（7）：43-49．

［199］徐宝达，赵树宽．政府补贴对R&D投入的诱导效应和挤出效应［J］．科技管理研究，2017（9）：29-35．

［200］徐冠华．关于自主创新的几个重大问题［J］．中国软科学，2006（4）：1-7．

［201］徐家良，程坤鹏，苏钰欢．公共价值视域下政府购买公共服务市场竞争度研究——基于S市的定性比较分析（QCA）［J］．上海行政学院学报，2019（5）：24-34．

［202］徐维祥，黄明均，李露，等．财政补贴、企业研发对企业创新绩效的影响［J］．华东经济管理，2018（8）：129-134．

［203］徐伟民．科技政策与高新技术企业的R&D投入决策——来自上海的微观实证分析［J］．上海经济研究，2009（5）：55-64．

［204］许国艺，史永，杨德伟．政府研发补贴的政策促进效应研究［J］．软科学，2014（9）：30-34．

［205］许国艺．政府补贴和市场竞争对企业研发投资的影响［J］．中南财经政法大学学报，2014（5）：59-64．

［206］许国艺．政府研发补贴的差异化互补效应及政策启示［J］．广东

财经大学学报,2015(2):15-21.

[207] 许玲玲. 政府科技补助、企业特征与 R&D 投入强度——来自湖北的微观实证分析 [J]. 武汉金融,2014(3):46-50.

[208] 许治,师萍. 政府科技投入对企业 R&D 支出影响的实证分析 [J]. 研究与发展管理,2005(3):22-26.

[209] 雅各布·埃德勒,保罗·坎宁安,阿卜杜拉·葛克,等. 创新政策影响评估手册 [M]. 北京:北京理工大学出版社,2020.

[210] 颜晓畅. 政府研发补贴对创新绩效的影响:创新能力视角 [J]. 现代财经(天津财经大学学报),2019(1):59-71.

[211] 杨德伟,汤湘希. 政府研发资助强度对民营企业技术创新的影响——基于内生性视角的实证研究 [J]. 当代财经,2011(12):64-73.

[212] 杨红,蒲勇健. 政府科技激励政策对企业 R&D 投入影响实证研究 [J]. 生产力研究,2008(14):89-91.

[213] 杨汝岱. 中国制造业企业全要素生产率研究 [J]. 经济研究,2015(2):61-74.

[214] 杨亭亭,罗连化,许伯桐. 政府补贴的技术创新效应:"量变"还是"质变"? [J]. 中国软科学,2018(10):52-61.

[215] 杨洋,魏江,罗来军. 谁在利用政府补贴进行创新?——所有制和要素市场扭曲的联合调节效应 [J]. 管理世界,2015(1):75-86+98+188.

[216] 姚东旻,朱泳奕. 指引促进还是"锦上添花"?——我国财政补贴对企业创新投入的因果关系的再检验 [J]. 管理评论,2019,31(6):77-90.

[217] 姚星,杨孟恺,李雨浓. 商业信用能促进中国制造企业创新吗 [J]. 经济科学,2019(3):80-92.

[218] 野口悠纪雄. 战后日本经济史 [M]. (张玲). 北京:民主与建设出版社,2018.

[219] 叶子荣,贾宪洲. 科技财政与自主创新:基于中国省级 DPD 模型的实证研究 [J]. 管理评论,2011(2):72-79.

[220] 伊恩·T. 金. 社会科学与复杂性 [M]. (王亚男). 北京:科学出版社,2018.

[221] 应梦洁,曾绍伦. 政府补贴对西部地区制造企业创新活动的影响 [J]. 财经科学,2017(12):120-129.

［222］于洋. 美国研发税收抵免政策——撬动企业持续创新的支点［J］. 全球科技经济瞭望，2017（6）：45-51.

［223］余泳泽. 创新要素集聚、政府支持与科技创新效率——基于省域数据的空间面板计量分析［J］. 经济评论，2011（2）：93-101.

［224］约瑟夫·熊彼特. 经济发展理论［M］. 北京：商务印书馆，1990.

［225］岳松，庄瑜. 政府科研补贴对上市公司R&D支出影响的实证分析［J］. 税务研究，2010（8）：93-95.

［226］张帆，孙薇. 政府创新补贴效率的微观机理：激励效应和挤出效应的叠加效应——理论解释与检验［J］. 财政研究，2018（4）：48-60.

［227］张辉，刘佳颖，何宗辉. 政府补贴对企业研发投入的影响——基于中国工业企业数据库的门槛分析［J］. 经济学动态，2016（12）：28-38.

［228］张嘉怡. 促进企业研发创新的税收优惠政策研究——基于高新技术企业的经验证据［D］. 中央财经大学，2017.

［229］张杰，陈志远，杨连星，等. 中国创新补贴政策的绩效评估：理论与证据［J］. 经济研究，2015（10）：4-17.

［230］张杰，郑文平，翟福昕. 融资约束影响企业资本劳动比吗？——中国的经验证据［J］. 经济学（季刊），2016，15（3）：1029-1056.

［231］张勤芬. 公共财政促进科技创新的作用与政策研究［D］. 上海：上海社会科学院，2009.

［232］张荣芳，丁沁怡. 美国促进技术创新的税收优惠制度评价［J］. 学术评论，2013（3）：31-40.

［233］张伟，仲伟俊，梅姝娥. 伯川德竞争下的混合寡头研发投入［J］. 系统管理学报，2016（4）：705-710.

［234］张夏准. 富国陷阱：发达国家为何踢开梯子？［M］.（蔡佳）. 北京：社会科学文献出版社，2020.

［235］张向达，齐默达. 财政补贴对企业研发投入是激励还是枷锁？——基于创业板上市公司经验数据分析［J］. 辽宁大学学报（哲学社会科学版），2018（6）：36-45.

［236］张小红，逯宇铎. 政府补贴对企业R&D投资影响的实证研究［J］. 科技管理研究，2014（15）：204-209.

［237］张小筠，刘戒骄，谢攀. 政府基础研究是否有助于经济增长——基

于内生增长理论模型的一个扩展 [J]. 经济问题探索, 2019 (1): 1-10.

[238] 张信东, 贺亚楠, 马小美. R&D 税收优惠政策对企业创新产出的激励效果分析——基于国家级企业技术中心的研究 [J]. 当代财经, 2014 (11): 35-45.

[239] 张信东, 武俊俊. 政府 R&D 资助强度、企业 R&D 能力与创新绩效——基于创业板上市公司的经验证据 [J]. 科技进步与对策, 2014 (22): 7-13.

[240] 章成帅. 政府研发资助对企业 R&D 支出及技术创新的效应研究——以大中型企业为例 [D]. 中央财经大学, 2017.

[241] 赵付民, 苏盛安, 邹珊刚. 我国政府科技投入对大中型工业企业 R&D 投入的影响分析 [J]. 研究与发展管理, 2006 (2): 78-84.

[242] 赵骅, 姚韵. 政府 R&D 补贴对双寡头 R&D 投入产出的动态影响分析——基于有限理性的视角 [J]. 科研管理, 2017 (3): 135-143.

[243] 赵凯, 王鸿源. 政府 R&D 补贴政策与企业创新决策间双向动态耦合与非线性关系 [J]. 经济理论与经济管理, 2018 (5): 43-56.

[244] 赵康生, 谢识予. 政府研发补贴对企业研发投入的影响——基于中国上市公司的实证研究 [J]. 世界经济文汇, 2017 (2): 87-104.

[245] 赵玉林, 谷军健. 政府补贴分配倾向与创新激励的结构性偏差——基于中国制造业上市公司匹配样本分析 [J]. 财政研究, 2018 (4): 61-74.

[246] 郑春美, 李佩. 政府补助与税收优惠对企业创新绩效的影响——基于创业板高新技术企业的实证研究 [J]. 科技进步与对策, 2015 (16): 83-87.

[247] 郑榕. 对所得税中两种 R&D 税收激励方式的评估 [J]. 财贸经济, 2006 (9): 3-8.

[248] 郑绪涛, 柳剑平. 促进 R&D 活动的税收和补贴政策工具的有效搭配 [J]. 产业经济研究, 2008 (1): 26-36.

[249] 郑延冰. 民营科技企业研发投入、研发效率与政府资助 [J]. 科学学研究, 2016 (7): 1036-1043.

[250] 周海涛, 张振刚. 政府研发资助方式对企业创新投入与创新绩效的影响研究 [J]. 管理学报, 2015 (12): 1797-1804.

[251] 周晓艳, 卞元月. 政府补贴真的能解决研发外部性吗?——基于

倾向得分匹配的微观证据［J］．河北经贸大学学报，2018（3）：30－38．

［252］周燕，潘遥．财政补贴与税收减免——交易费用视角下的新能源汽车产业政策分析［J］．管理世界，2019（10）：133－149．

［253］朱平芳，徐伟民．政府的科技激励政策对大中型工业企业R&D投入及其专利产出的影响——上海市的实证研究［J］．经济研究，2003（6）：45－53．

［254］朱蔚彤，孟宪平．国家自然科学基金联合基金设立与资助管理机制探讨［J］．中国科学基金，2012（1）：34－37．

［255］朱云欢，张明喜．我国财政补贴对企业研发影响的经验分析［J］．经济经纬，2010（5）：77－81．

［256］朱治理，温军，赵建兵．政府研发补贴、社会投资跟进与企业创新融资［J］．经济经纬，2016（1）：114－119．

［257］庄婉婷，李芳凤，李安兰．政府补贴对企业绩效的影响研究——基于企业R&D投入的中介效应［J］．财会通讯，2018（30）：53－57．

［258］兹比格纽·布热津斯基．大棋局：美国的首要地位及其地缘战略［M］．上海：上海人民出版社，2007．

［259］邹彩芬，刘双，谢琼．市场需求、政府补贴与企业技术创新关系研究［J］．统计与决策，2014（9）：179－182．

［260］邹洋，王茹婷．财政分权、政府研发补贴与企业研发投入［J］．财经论丛，2018（9）：32－42．

［261］邹洋，徐长媛，郭玲，等．高校中政府研发补贴对企业研发投入的影响分析［J］．经济问题，2016（4）：55－62．

［262］邹洋，叶金珍，李博文．政府研发补贴对企业创新产出的影响——基于中介效应模型的实证分析［J］．山西财经大学学报，2019（1）：17－26．

［263］Acemoglu, D. Institutions, Factor Prices, and Taxation：Virtues of Strong States［J］．American Economic Review，2010，100（2）：115－149．

［264］Adashi E Y, Varmus H. NCI's Varmus Changes the Metaphor_There Is No War on 'Cancer'［EB/OL］．https：//www.medscape.com/viewarticle/755368，（2020－06－30）［2021－04－08］．

［265］Adizes I. Corporate Life Cycle：How and Why Corporations Grow and Die and What Do about It［M］．Englewood Cliffs：Prentice Hall，1989．

[266] Aerts K, Schmidt T. Two for the price of one? [J]. Research Policy, 2008, 37 (5): 806-822.

[267] Aerts K, Thorwarth S. Additionality Effects of Public R&D Funding 'R' versus 'D' [R]. 2008.

[268] Almus M, Czarnitzki D. The Effects of Public R&D Subsidies on Firms'Innovation Activities The Case of Eastern Germany [J]. Journal of Business and Economic Statistics, 2003, 21 (2): 226-236.

[269] Alpanda S, Peralta-Alva A. Oil crisis, energy-saving technological change and the stock market crash of 1973-1974 [J]. Review of Economic Dynamics, 2010, 13 (4): 824-842.

[270] Angrist J D, Pischke J. Mostly Harmless Econometrics: An Empiricist's Companion [M]. Princeton: Princeton University Press, 2009.

[271] Appelt S, Galindo-Rueda F, Cabral A C G. Measuring R&D tax support: Findings from the new OECD R&D Tax Incentives Database [EB/OL]. https://dx.doi.org/10.1787/d16e6072-en, (2019-10-15) [2020-02-11].

[272] Arrow K J, Lind R C. 24-Uncertainty and the Evaluation of Public Investment Decisions [A]. DIAMOND P, ROTHSCHILD M. Uncertainty in Economics [M]: Academic Press, 1978.

[273] Arrow K J. Economic Welfare and the Allocation of Resources for Invention [A]. Nelson R R. The Rate and Direction of Inventive Activity: Economic and Social Factors [M]. Princeton: Princeton University Press, 1962.

[274] Arrow K J. The Economics of Information: An Exposition [J]. Empirica, 1996, 23 (2): 119-128.

[275] Bacevich A J. The Tyranny of Defense Inc. Boston: Atlantic Media, Ltd, 2011: 307, 74.

[276] Bérubé C, Mohnen P. Are Firms That Receive R&D Subsidies More Innovative? [J]. Canadian Journal of Economics, 2009, 42 (1): 206-225.

[277] Beucker S, Fichter K. Self-organizing Networks and Radical Innovations-The Emerging Phenomenon of Innovation Communities. [J]. Proceedings of ISPIM Conferences, 2012 (23): 1-17.

[278] Bloom N, Griffith R, Van Reenen J. Do R&D tax credits work? Evi-

dence from a panel of countries 1979 – 1997 [J]. Journal of Public Economics, 2002, 85 (1): 1 –31.

[279] Brandt L, Van Biesebroeck J, Zhang Y. Creative accounting or creative destruction? Firm-level productivity growth in Chinese manufacturing [J]. Journal of Development Economics, 2012, 97 (2): 339 –351.

[280] Broekel T. Using structural diversity to measure the complexity of technologies [J]. PLoS One, 2019, 14 (5): e216856.

[281] Browning L D, Beyer J M, Shetler J C. BUILDING COOPERATION IN A COMPETITIVE INDUSTRY: SEMATECH AND THE SEMICONDUCTOR INDUSTRY [J]. 1995, 38 (1): 113 –151.

[282] Buenstorf G. Self-organization and sustainability: energetics of evolution and implications for ecological economics [J]. Ecological Economics, 2000, 33 (1): 119 –134.

[283] Busom I, Corchuelo B, Martinez-Ros E. Dynamics of Firm Participation in R&D Tax Credit and Subsidy Programs. 2015.

[284] Busom I. An Empirical Evaluation of the Effects of R&D Subsidies [J]. Economics of Innovation and New Technology, 2000, 9 (2): 111 –148.

[285] Buxton A J. The Process of Technical Change in UK Manufacturing [J]. Applied Economics, 1975, 7 (1): 53 –71.

[286] Caldara D, Iacoviello M, Molligo P, et al. The economic effects of trade policy uncertainty [J]. Journal of Monetary Economics, 2020, 109: 38 –59.

[287] Cantner U, Pyka A. Classifying technology policy from an evolutionary perspective [J]. Research Policy, 2001, 30 (5): 759 –775.

[288] Cappelen Å, Raknerud A, Rybalka M. The effects of R&D tax credits on patenting and innovations [J]. Research Policy, 2012, 41 (2): 334 –345.

[289] Capron H, van Pottelsberghe De La Potterie B. PUBLIC SUPPORT TO BUSINESS R&D: A SURVEY AND SOME NEW QUANTITATIVE EVIDENCE [A]. OECD. Policy Evaluation in Innovation and Technology [M]. Paris, 1997.

[290] Carmichael J. The Effects of Mission-Oriented Public R&D Spending on Private Industry [J]. The Journal of Finance, 1981, 36 (3): 617 –627.

[291] Castellacci F, Lie C M. Do the effects of R&D tax credits vary across

industries? A meta-regression analysis [J]. Research Policy, 2015, 44 (4): 819-832.

[292] Choi J, Lee J. Repairing the R&D market failure: Public R&D subsidy and the composition of private R&D [J]. Research Policy, 2017, 46 (8): 1465-1478.

[293] Christensen C M, Roth E A, Anthony S D. Seeing What's Next: Using the Theories of Innovation to Predict Industry Change [M]. Boston: Harvard Business Review Press, 2004.

[294] Clausen T H. Do subsidies have positive impacts on R&D and innovation activities at the firm level? [J]. Structural Change and Economic Dynamics, 2009, 20 (4): 239-253.

[295] Coleman M P. War on cancer and the influence of the medical-industrial complex [J]. Journal of Cancer Policy, 2013, 1 (3-4): e31-e34.

[296] Corchuelo B, Martínez-Ros E. The Effects of Fiscal Incentives for R&D in Spain [EB/OL]. http://hdl.handle.net/10016/3870, (2009-03-01) [2020-03-28].

[297] Czarnitzki D, Delanote J. R&D policies for young SMEs: input and output effects [J]. Small Business Economics, 2015, 45 (3): 465-485.

[298] Czarnitzki D, Fier A. Do Innovation Subsidies Crowd Out Private Investment? Evidence from the German Service Sector [J]. Konjunkturpolitik, 2002, 48 (1): 1-25.

[299] Czarnitzki D, Hussinger K. The Link between R&D Subsidies, R&D Spending and Technological PerformanceZEW Discussion Paper No. 04-56. Mannheim: 2004.

[300] Czarnitzki D, Licht G. Additionality of Public R&D Grants in a Transition Economy: The Case of Eastern Germany [J]. Economics of Transition, 2006, 14 (1): 101-131.

[301] Czarnitzki D, Lopes Bento C. Evaluation of Public R&D Policies: A Cross-Country Comparison [J]. World Review of Science, Technology and Sustainable Development, 2012, 9 (2-4): 254-282.

[302] Czarnitzki D, Lopes-Bento C. Innovation Subsidies: Does the Funding

Source Matter for Innovation Intensity and Performance? Empirical Evidence from Germany [J]. Industry and Innovation, 2014, 21 (5): 380-409.

[303] Czarnitzki D, Lopes-Bento C. Value for money? New microeconometric evidence on public R&D grants in Flanders [J]. Research Policy, 2013, 42 (1): 76-89.

[304] Czarnitzki D, Toole A A. Business R&D and the Interplay of R&D Subsidies and Product Market Uncertainty [J]. Review of Industrial Organization, 2007, 31 (3): 169-181.

[305] David P A, Hall B H, Toole A A. Is public R and D a complement or substitute for private R and D? A review of econometric evidence [J]. Research Policy, 2000, 29 (4-5): 497.

[306] Desjardins J. How Many Millions of Lines of Code Does It Take? [EB/OL]. https://www.visualcapitalist.com/millions-lines-of-code/, (2017-02-28) [2021-03-16].

[307] Diamond A M. Does Federal Funding 'Crowd In' Private Funding of Science_Diamond (1998) [J]. Contemporary Economic Policy, 1999, 17 (4): 423-431.

[308] Dimos C, Pugh G. The effectiveness of R&D subsidies: A meta-regression analysis of the evaluation literature [J]. Research Policy, 2016, 45 (4): 797-815.

[309] Duguet E. Are R&D Subsidies a Substitute or a Complement to Privately Funded R&D An Econometric Analysis at the Firm Level [J]. Revue d'Economie Politique, 2004, 114 (2): 245-274.

[310] Duguet E. The Effect of the Incremental R&D Tax Credit on the Private Funding of R&D An Econometric Evaluation on French Firm Level Data [J]. Revue D'économie Politique, 2012, 122 (3): 405-435.

[311] Dumont M. Assessing the policy mix of public support to business R&D [J]. Research Policy, 2017, 46 (10): 1851-1862.

[312] Ergas H. Does Technology Policy Matter? [EB/OL]. (2009-07-30) [2022/08/20]. http://www.ssrn.com/abstract=1428246.

[313] Falk M. What drives business Research and Development (R&D) in-

tensity across Organisation for Economic Co-operation and Development (OECD) countries? [J]. Applied Economics, 2006, 38 (5): 533 – 547.

[314] Fu Q, Lu J, Lu Y. Incentivizing R&D: Prize or subsidies? [J]. International Journal of Industrial Organization, 2012, 30 (1): 67 – 79.

[315] Goldberg L. The Influence of Federal R&D Funding On The Demand For And Returns To Industrial R&D The Public Research Institute, 1979.

[316] González X, Pazó C. Do public subsidies stimulate private R&D spending [J]. Research Policy, 2008, 37 (3): 371 – 389.

[317] Görg H, Strobl E. The Effect of R&D Subsidies on Private R&D [J]. Economica, 2007, 74 (294): 215 – 234.

[318] Gross D P, Sampat B N. Inventing the Endless Frontier: The Effects of the World War II Research Effort on Post-war Innovation. National Bureau of Economic Research, Inc, 2020.

[319] Guellec D, Van Pottelsberghe De La Potterie B. The impact of public R&D expenditure on business R&D [J]. Economics of Innovation and New Technology, 2003, 12 (3): 225 – 243.

[320] Guerzoni M, Raiteri E. Demand-side vs. supply-side technology policies: Hidden treatment and new empirical evidence on the policy mix [J]. Research Policy, 2015, 44 (3): 726 – 747.

[321] Hægeland T, Møen J. The relationship between the Norwegian R&D tax credit scheme and other innovation policy instruments, Reports 2007/45 [R]. 2007.

[322] Hægeland T, Møen J. The relationship between the Norwegian R&D tax credit scheme and other innovation policy instruments [EB/OL]. https://www.ssb.no/en/virksomheter-foretak-og-regnskap/artikler-og-publikasjoner/the-relationship-between-the-norwegian-r-d-tax-credit-scheme-and-other-innovation-policy-instruments? fane = om, (2007 – 12 – 03) [2020 – 03 – 28].

[323] Hall B H. The Financing of Research and Development [J]. Oxford Review of Economic Policy, 2002, 18 (1): 35 – 51.

[324] Hamberg D. R&D Essays on the Economics of Research and Development [M]. New York: Random House, 1966.

[325] Hamel G, Prahalad C K. Competing for the Future [M]. Boston:

Harvard Business School Press, 1994.

［326］Harrison B, Bluestone B. The great U-turn: Corporate restructuring and the polarizing of America ［M］. New York: Basic Books, 1988.

［327］He Z, Tong T W, Zhang Y, et al. Constructing a Chinese Patent Database of listed firms in China: Descriptions, lessons, and insights ［J］. Journal of Economics & Management Strategy, 2018, 27（3）: 579 – 606.

［328］Hewitt-Dundas N, Roper S. Output Additionality of Public Support for Innovation: Evidence for Irish Manufacturing Plants ［J］. European Planning Studies, 2010, 18（1）: 107 – 122.

［329］Hidalgo C A, Hausmann R. The Building Blocks of Economic Complexity ［J］. Proceedings of the National Academy of Sciences-PNAS, 2009, 106（26）: 10570 – 10575.

［330］Higgins R S, Link A N. Federal support of technological growth in industry: Some evidence of crowding out ［J］. Ieee Transactions On Engineering Management, 1981, EM – 28（4）: 86 – 88.

［331］Hinloopen J. More on Subsidizing Cooperative and Noncooperative R&D in Duopoly with Spillovers ［J］. Journal of Economics（Zeitschrift fur Nationalokonomie）, 2000, 72（3）: 295 – 308.

［332］Hinloopen J. Subsidizing Cooperative and Noncooperative R&D in Duopoly with Spillovers ［J］. Journal of Economics（Zeitschrift fur Nationalokonomie）, 1997, 66（2）: 151 – 175.

［333］Howe J D, Mcfetridge D G. The determinants of R & D expenditures ［J］. Canadian Journal of Economics, 1976, 9（1）: 57 – 71.

［334］Hunermund P, Czarnitzki D. Estimating the Causal Effect of R&D Subsidies in a Pan-European Program ［J］. Research Policy, 2019, 48（1）: 115 – 124.

［335］Jones C I, Williams J C. Measuring the Social Return to R&D ［J］. The Quarterly Journal of Economics, 1998, 113（4）: 1119 – 1135.

［336］Kalberer J J T. Impact of the National Cancer Act on grant support ［J］. Cancer research（Chicago, Ill.）, 1975, 35（3）: 472 – 481.

［337］Kane M O A. Collaborating to a purpose ［EB/OL］. （2013 – 10 – 15）［2022/08/21］. http: //ict-industry-reports. com. au/wp-content/uploads/sites/4/

2013/10/2008 – Review-of-Cooperative-Review-Centres-OKane-DIISR-Jul-2008. pdf.

[338] Kleer R. Government R&D subsidies as a signal for private investors [J]. Research Policy, 2010, 39 (10): 1361-1374.

[339] Klette T J, Moen J. R&D Investment Responses to R&D Subsidies: A Theoretical Analysis and a Microeconometric Study [J]. World Review of Science, Technology and Sustainable Development, 2012, 9 (2-4): 169-203.

[340] Kline S J. Innovation Is Not a Linear Process [J]. Research Management, 2016, 28 (4): 36-45.

[341] Launius R D. An unintended consequence of the IGY Eisenhower, Sputnik, the Founding of NASA [J]. Acta Astronautica, 2010, 67 (1-2): 254-263.

[342] Lederman L, Maloney W. R&D and development. 2003.

[343] Levin R C, Reiss P C. Tests of a Schumpeterian Model of R&D and Market Structure [A]. NBER Conference Report [C]. Chicago and London: University of Chicago Press, 1984.

[344] Levy D M, Terleckyj N E. Effects of goyernment R&D on private R&D investment and productivity: a macroeconomic analysis [J]. Bell Journal of Economics, 1983, 14 (2): 551-561.

[345] Levy D M. Estimating the impact of government R&D [J]. Economics Letters, 1990, 32 (2): 169-173.

[346] Leyden D P, Link A N. Why Are Government R&D and Private R&D Complements [J]. Applied Economics, 1991, 23 (10): 1673-1681.

[347] Li L. China's manufacturing locus in 2025: With a comparison of "Made-in-China 2025" and "Industry 4.0" [J]. Technological Forecasting and Social Change, 2018, 135: 66-74.

[348] Lichtenberg F R. The Effect of Government Funding on Private Industrial Research and Development: A Re-Assessment [J]. The Journal of Industrial Economics, 1987, 36 (1): 97-104.

[349] Lichtenberg F R. The Private R and D Investment Response to Federal Design and Technical Competitions [J]. The American Economic Review, 1988, 78 (3): 550-559.

[350] Lichtenberg F R. The Relationship Between Federal Contract "R" and

"D" and Company "R" and "D" [J]. The American Economic Review, 1984, 74 (2): 73.

[351] Link A N. An Analysis of the Composition of R and D Spending [J]. Southern Economic Journal, 1982, 49 (2): 342.

[352] Liu, Y., and J. Mao. How Do Tax Incentives Affect Investment and Productivity? Firm-level Evidence from China [J]. American Economic Journal: Economic Policy, 2019, 11 (3): 261-291.

[353] Marino M, Lhuillery S, Parrotta P, et al. Additionality or crowding-out? An overall evaluation of public R&D subsidy on private R&D expenditure [J]. Research Policy, 2016, 45 (9): 1715-1730.

[354] Mccandless D. Information is Beautiful [EB/OL]. https://www.informationisbeautiful.net/visualizations/million-lines-of-code/, (2015-09-24) [2021-03-16].

[355] Mcquaid K. Sputnik Reconsidered: Image and Reality in the Early Space Age [J]. Canadian Review of American Studies, 2007, 37 (3): 371-401.

[356] Metcalfe, J S. Evolutionary Economics and Technology Policy [J]. Economic Journal, 1994, 104 (425), 931-944.

[357] Meuleman M, De Maeseneire W. Do R&D subsidies affect SMEs' access to external financing? [J]. Research Policy, 2012, 41 (3): 580-591.

[358] Mewes L, Broekel T. Technological complexity and economic growth of regions [J]. Research Policy, 2020: 104156.

[359] Miller R. Innovation is a Conversation, Not a Linear Process [EB/OL]. https://miller-klein.com/2017/07/24/innovation-is-a-conversation-not-a-linear-process/, (2017-07-24) [2021-03-17].

[360] Montmartin B, Herrera M, Massard N. The impact of the French policy mix on business R&D: How geography matters [J]. Research Policy, 2018, 47 (10): 2010-2027.

[361] Montmartin B, Herrera M. Internal and external effects of R&D subsidies and fiscal incentives: Empirical evidence using spatial dynamic panel models [J]. Research Policy, 2015, 44 (5): 1065-1079.

[362] Montmartin B. Intensité de l'Investissement Privé en R&D dans les Pays

de l'OCDE: impact et Complémentarité des Aides Financières à la R&D [J]. Revue économique, 2013, 64 (3): 541-550.

[363] Mukoyama T. Innovation, imitation, and growth with cumulative technology [J]. Journal of Monetary Economics, 2003, 50 (2): 361-380.

[364] Mundell R A. The Appropriate Use of Monetary and Fiscal Policy for Internal and External Stability [J]. Staff Papers-International Monetary Fund, 1962, 9 (1): 70.

[365] Nelson R R. The Simple Economics of Basic Scientific Research [J]. Journal of Political Economy, 1959, 67 (3): 297-306.

[366] Nixon R. Annual Message to the Congress on the State of the Union [EB/OL]. https://www.presidency.ucsb.edu/documents/annual-message-the-congress-the-state-the-union-1, (2021-04-03) [2021-04-08].

[367] Nixon R. Remarks on Signing the National Cancer Act of 1971 [EB/OL]. https://www.presidency.ucsb.edu/documents/remarks-signing-the-national-cancer-act-1971, (2021-04-30) [2021-04-08].

[368] Nye M J. Shifting Trends in Modern Physics, Nobel Recognition, and the Histories That We Write [J]. Physics in Perspective, 2019, 21 (1): 3-22.

[369] OECD. Government R&D Funding and Company Behaviour: Measuring Behavioural Additionality [EB/OL]. (2006-06-07) [2022/08/24]. https://doi.org/10.1787/9789264025851-en.

[370] Ortiz De Guinea A, Raymond L. Enabling innovation in the face of uncertainty through IT ambidexterity: A fuzzy set qualitative comparative analysis of industrial service SMEs [J]. International Journal of Information Management, 2020, 50: 244-260.

[371] Pappas I O, Kourouthanassis P E, Giannakos M N, et al. Explaining online shopping behavior with fsQCA: The role of cognitive and affective perceptions [J]. Journal of Business Research, 2016, 69 (2): 794-803.

[372] Plewa C, Ho J, Conduit J, et al. Reputation in higher education: A fuzzy set analysis of resource configurations [J]. Journal of Business Research, 2016, 69 (8): 3087-3095.

[373] Powell C. The Path to Glory [J]. American Scientist, 2019, 107 (3):

184.

[374] Powell J H, Bradford J P. Targeting intelligence gathering in a dynamic competitive environment [J]. International Journal of Information Management, 2000, 20 (3): 181-195.

[375] Ragin C C. Fuzzy-set social science [M]. Chicago: University of Chicago Press, 2000.

[376] Ragin C C. The Comparative Method: Moving Beyond Qualitative and Quantitative Strategies [M]. Berkeley: University of California Press, 1987.

[377] Ranjan J, Foropon C. Big Data Analytics in Building the Competitive Intelligence of Organizations [J]. International Journal of Information Management, 2021, 56: 102231.

[378] Robson M T. Federal Funding and the Level of Private Expenditure on Basic Research_Robson (1993) [J]. Southern Economic Journal, 1993, 60 (1): 63-71.

[379] Romano R E. Aspects of R&D Subsidization [J]. Quarterly Journal of Economics, 1989, 104 (4): 863-873.

[380] Romer P M. Endogenous Technological Change [J]. Journal of Political Economy, 1990, 98 (5, Part 2): S71-S102.

[381] Rosenthala S S, Strange W C. The Determinants of Agglomeration [J]. Journal of Urban Economics, 2001, 50 (2): 191-229.

[382] Rycroft R W, Kash D E. Self-organizing innovation networks: implications for globalization [J]. Technovation, 2004, 24 (3): 187-197.

[383] Rycroft R W. Does cooperation absorb complexity? Innovation networks and the speed and spread of complex technological innovation [J]. Technological Forecasting and Social Change, 2007, 74 (5): 565-578.

[384] Rycroft R W. Technology-based globalization indicators: the centrality of innovation network data [J]. Technology in Society, 2003, 25 (3): 299-317.

[385] Sanders T I. What is complexity? [EB/OL]. http://www.complexsys.org/downloads/whatiscomplexity.pdf, (2010-09-22) [2021-03-16].

[386] Schuelke-Leech B. A model for understanding the orders of magnitude of disruptive technologies [J]. Technological Forecasting and Social Change, 2018,

129: 261-274.

[387] Segerstrom P S. Innovation, Imitation, and Economic Growth [J]. Journal of Political Economy, 1991, 99 (4): 807-827.

[388] Seny Kan A K, Adegbite E, El Omari S, et al. On the use of qualitative comparative analysis in management [J]. Journal of Business Research, 2016, 69 (4): 1458-1463.

[389] Shayan A, Elahi S, Ghazinoory S, et al. Designing a model for learning self-organized innovation network: Using embedded case studies [J]. Computers & Industrial Engineering, 2018, 123: 314-324.

[390] Shin T. Behavioural additionality of public R&D funding in Korea [A]. Development O F E C. Government R&D Funding and Company Behaviour: Measuring Behavioural Additionality [C]. Paris and Washington, D. C, 2006.

[391] Shrieves R E. Market Structure and Innovation: A New Perspective [J]. The Journal of Industrial Economics, 1978, 26 (4): 329-347.

[392] Sorensen A, Kongsted H C, Marcusson M. R&D, Public Innovation Policy, and Productivity: The Case of Danish Manufacturing [J]. Economics of Innovation and New Technology, 2003, 12 (2): 163-178.

[393] Spencer B J, Brander J A. International R & D Rivalry and Industrial Strategy [J]. The Review of Economic Studies, 1983, 50 (4): 707-722.

[394] Stoll J D. Crisis Has Jump-Started America's Innovation Engine. What Took So Long [EB/OL]. https://www.wsj.com/articles/crisis-has-jumpstarted-americas-innovation-engine-what-took-so-long-11586527243, (2020-04-10) [2021-03-25].

[395] Tasaka H. Twenty-first-century Management and the Complexity Paradigm [J]. Emergence, 1999, 1 (4): 115-123.

[396] Tassey G. Policy Issues for R&D Investment in a Knowledge-Based Economy [J]. The Journal of Technology Transfer, 2004, 29 (2): 153-185.

[397] University C, Insead, Organization T W I. The Global Innovation Index 2020: Who Will Finance Innovation? [R]. Ithaca, Fontainebleau, and Geneva: 2020.

[398] Vijg J. The American Technological Challenge: Stagnation and Decline

in the 21st Century [M]. New York: Algora Publishing, 2011.

[399] Wallsten S J. The Effects of Government-Industry R&D Programs on Private R&D: The Case of the Small Business Innovation Research Program [J]. Rand Journal of Economics, 2000, 31 (1): 82 – 100.

[400] Wang J, Wu H, Chen Y. Made in China 2025 and manufacturing strategy decisions with reverse QFD [J]. International Journal of Production Economics, 2020, 224: 107539.

[401] Warda J. Measuring the value of R&D tax provisions: A primer on the B-index model for analysis and comparisons [R]. Brussels: JPW INNOVATION ASSOCIATES INC. , 2005.

[402] Warda J. Measuring the Value of R&D Tax Treatment in OECD Countries [EB/OL]. https://www.oecd.org/sti/37124998.pdf, (2021 – 04 – 26) [2022 – 06 – 08].

[403] Wilson D J. Beggar Thy Neighbor? The In-State, Out-of-State, and Aggregate Effects of R&D Tax Credits [J]. Review of Economics and Statistics, 2009, 91 (2): 431 – 436.

[404] Wolff G B, Reinthaler V. The effectiveness of subsidies revisited: Accounting for wage and employment effects in business R&D [J]. Research Policy, 2008, 37 (8): 1403 – 1412.

[405] Woodside A G. Moving beyond multiple regression analysis to algorithms: Calling for adoption of a paradigm shift from symmetric to asymmetric thinking in data analysis and crafting theory [J]. Journal of Business Research, 2013, 66 (4): 463 – 472.

[406] Chen Z, Liu Z, Serrato J C S, et al. Notching R&D Investment with Corporate Income Tax Cuts in China [J]. AMERICAN ECONOMIC REVIEW, 2021, 111 (7): 2065 – 2100.

[407] Zhu P, Xu W, Lundin N. The Impact of Government's Fundings and Tax Incentives on Industrial R&D Investments – Empirical Evidences from Industrial Sectors in Shanghai [J]. China Economic Review, 2006, 17 (1): 51 – 69.

后 记

岁月如流，5 年的博士研究生生活一晃就要结束了。

学点经济学是我一直以来的心愿，工作以后这一愿望就更强烈了。作为一名 80 后共产党员，我有幸亲眼见证、亲身参与了第一个百年奋斗目标的胜利实现，也将全程见证、全程参与实现第二个百年奋斗目标的伟大历史进程。我不会忘记，1990 年前后，父亲母亲带着年幼的我，租住在浙江义乌荷花芯的一间平房里闯荡生活的岁月。那原是房东家的牛棚，每到夜深人静的时候，皎洁的月光就会透过小小的天窗洒进家徒四壁的屋子，照亮那飞速横行在床边墙上的硕鼠，时常吓得我难以入眠。同时，月光也照亮了父亲母亲熟睡的脸庞，上面透露着日夜操劳的疲惫，更透露着对未来生活的向往。乘着改革开放的春风，我们家很快就摆脱了贫困，黑瓦白墙的荷花芯也已摇身成为热闹繁华的义乌之心，但那段贫穷的记忆和激情燃烧的岁月，始终印刻在我心里。我不会忘记，2016 年至 2017 年在广西扶绥渠黎镇挂职期间，在贫困村大陵村姑榨屯农家庭院内，与全体村民一起围坐炭火边，动员大家成立农业专业合作社的场景；在笃邦村结对帮扶贫困户家门口，自掏腰包、亲自动手，冒着台风为其修建水泥路的经历；为保障重大项目特别是义务教育均衡发展项目用地，深入碧髻、渠新、笃邦等村，进村入户协调解决征"神路"、迁祖坟、搬整村等难题的艰辛；说服上海证券交易所公益基金理事会，为所有贫困村每村建设 1 所为儿童及其家庭提供教育、娱乐、卫生、社会心理支持和转介等服务的"留守儿童家园"的历程；在单位机关党委支持下，开展"赠一本好书，圆一个梦想"爱心图书募捐活动，为全县第一所乡镇中心幼儿园——渠黎镇中心幼儿园捐赠图书 4561 册、玩具 230 件的喜悦等。2020 年，随着新安村的脱贫出列，渠黎镇同全国一道实现了全面脱贫、全面小康，但那段身下心下、苦干实干的扶贫之路，时常浮现在我脑海中。"人民对美好生活的向往，就是我们的奋斗目标。"作为一名共产党员、党的干部,多读经国济民之书,勤修经世致用之道,是时代所需,更是责任所系。

过了而立之年,能够再次回到校园,跨学科跨专业攻读博士学位,是难得的际遇,也是不小的挑战。一则,自己是单位的骨干,与许多公务员一样过着"5+2""白+黑"的生活,家里还有两个学龄前的宝宝,正是需要陪伴的年纪,学习时间只能靠挤。另一则,自己在本科和硕士阶段学的是法学,与经济学在基础理论和研究方法上差异很大,高数、高微、高宏、高计就像横亘在我面前的4座大山,需要花费巨大精力去翻越。可以说,没有老师的悉心指导、同学的热忱帮助,没有组织的关心厚爱、家人的全力支持,是难以顺利完成学业的。

感谢恩师马海涛教授博我以文、约我以礼,既教学问、又教做人。恩师强烈的家国情怀、深厚的理论素养、敏锐的战略洞察、求是的治学精神,使我深受教益。恩师对我的学位论文,从选题开题到成稿定稿,无不耐心细致地予以指导,倾注了大量心血,付出了巨大辛劳。恩师循循善诱、温文儒雅的师者风范,深深地感染着我,让我永远敬仰。

感谢赵全厚老师、吕冰洋老师、汪德华老师、姜爱华老师、任强老师、姚东旻老师、乔志敏老师、李小荣老师、李明老师、郭玉清老师、赵书博老师、邵磊老师、林东杰老师和论文评审专家们对我论文提出的宝贵意见。感谢李俊生老师、白彦锋老师、何杨老师、史宇鹏老师、王文素老师、伏霖老师、陈宇老师、杨龙见老师、葛岩老师等对我学习的指导。感谢李严波老师在学习生活上给予的无私帮助。老师们严谨负责的作风,使我永远难忘。

感谢亲爱同学们的莫逆情深、肝胆相照。我们班的19名同学来自五湖四海,年龄、经历各有不同,但大家团结友爱,互促共进,亲如一家。年纪最小的郝晓婧是我的同门,也是我们班的班长,更是名副其实的学霸,她和蔡杨等同学扎实的专业功底、过硬的学术能力,给予我极大帮助。

感谢家人一直以来对我无条件的支持。为了方便我工作学习,妻子王笑宜心甘情愿地和我租住在钟声胡同破旧的"鸽子窝"里,任劳任怨地承担了几乎全部家务,精打细算地经营着我们的生活,还代我操心父母、兄弟、亲朋。在孕育老大执中时,常常挺着大肚子、骑着共享单车独自前往医院产检;在孕育老二择善时,满七八个月了还飞往全国各地出差赚奶粉钱;两个孩子临盆前,都是妻子先进了产房,我才匆忙赶到医院签字。我的每一点进步,都有妻子默默奉献的功劳。

我们的父亲母亲是我们最坚强的后盾。因为工作性质，我和妻子都需要经年累月加班。2020年疫情暴发以来，我更是常常不能回家，长期吃住在单位。为了我们的工作和学业，岳父岳母无私地帮助我们照看两个孩子。岳母提前退休回家，日夜精心抚育两个孩子，累弯了腰，非常辛苦，但从来没有喊过苦和累。岳父是新三届的大学生，也是改革开放后最早的一批会计学专业博士，数十载潜心治学、教书育人，桃李遍布天下。作为学校知名博导，常常抱着孩子备课，几乎每套西装上都有宝宝吐奶的味道，还对我的论文写作提供了许多指导。父亲母亲从小家境贫寒，没有机会读书，但他们深知"遗子黄金满籝，不如一经"祖训的道理，竭尽全力为我和弟弟创造条件读书，不惜心、不惜力、不惜本。即使身体有恙，甚至开刀住院，父亲母亲也都严密对我"封锁"消息，担心干扰我在外求学和工作。父亲是一名对党和国家绝对忠诚的参战老兵，经常告诫我要勤勉工作，不要担心家里的事情，说"你这个儿子就是给党和国家生的"。1998年暑假，我们全家到南京拜谒中山陵，父亲在陵门前郑重地送给我一枚"天下为公"胸针。这是我成长中最珍贵的礼物，也是最重要的一课，犹如播种下一粒信仰的种子，在我心里生根、发芽、开花、结果。

还要感谢我一双可爱的儿女，在我写论文最艰难的时刻，是你们给了我勇气和力量，让我克难攻坚、继续前进。你们爱阅读的习惯，让我深感欣慰。希望你们能够允执厥中，择善固执，茁长成长为对党、对国家、对人民有用的人。

诗云，"投我以木桃，报之以琼瑶。"然而，我对老师的授业之恩、父母的生养之恩、妻子的相濡之恩，是很难报还的。唯有把深情厚恩转化为实际行动，在外努力做一名好党员、好干部、好公仆，在家努力做一名好儿子、好丈夫、好父亲，才能无愧于天、无愧于地、无愧于心。

韦烨剑

2022年11月18日

于北京市西城区府右街8号